Stefan Gottschling

Texten!

Stefan Gottschling

Texten!

Das So-geht's-Buch®

www.sgv-verlag.de

Bibliografische Information der Deutschen Nationalbibliothek

Die Deutsche Nationalbibliothek verzeichnet diese Publikation in der Deutschen Nationalbibliografie; detaillierte bibliografische Daten sind im Internet unter http://dnb.ddb.de abrufbar.

2. Auflage 2013 – Nachdruck 2015
© 2013 SGV Verlag e. K., Augsburg

Autor: Stefan Gottschling

Redaktion: Kristina Würz, Sonja Röhsler, Michael Hewuszt

Satz: SGV Verlag

Umschlaggestaltung und Abbildungen: SGV Verlag / Heinz Pichler

Themenfotos:
„Wegweiser“: © bluedesign – Fotolia.com
„Filmklappe“: © Sergio J Lievano – Fotolia.com
„Warenkorb“: © Martin Fally – Fotolia.com

Druck und Verarbeitung: lettero.de – Heimdall DTP & Verlagsservice, Rheine

Printed in Germany

ISBN 978-3-9815445-1-0

Warum „Texten!" mehr als ein Buch ist ...

☑ **Eine geballte Ladung Text-Know-how**
Praktisches und direkt anwendbares Wissen
aus über 20 Jahren Erfahrung, leicht verständlich
präsentiert. Von Text- und Dialogmarketing-Profi
Stefan Gottschling.

☑ **Mehr als nur Text: Über 30 Minuten**
Video & ein 1-stündiges Webinar im Buch
Einfach QR-Code mit dem Smartphone scannen,
Video laden, fertig! So wird Ihr Buch zu einem
multimedialen Erlebnis, das über den reinen Text
hinausgeht und Ihr Wissen weiter vertieft.

☑ **Gutscheine im Wert von 20 Euro**
Auf der letzten Seite Ihres Buches finden Sie
Gutscheine im Gesamtwert von 20 Euro. Nutzen
Sie diese persönlichen Rabatt-Codes einfach
beim nächsten Einkauf im Online-Shop des
SGV Verlags!

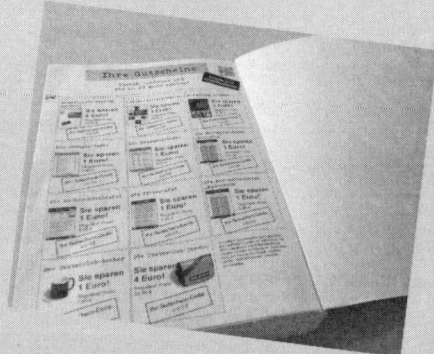

So-geht's-Bücher: Wissen einfach umsetzbar

So-geht's-Bücher sind etwas Besonderes. Jedes Buch ist so konzipiert, dass Sie seine Inhalte schnell umsetzen können. Keine graue Theorie, sondern konkretes Wissen mit der Theorie, die für eine gelungene Umsetzung nötig ist.

Machen Sie mit …

So-geht's-Bücher laden zum Mitmachen ein. Der breite Rand ist als schnelle Leseleiste konzipiert und bringt Inhalte schnell und präzise auf den Punkt. Hier notieren Sie auch einfach alles, was Ihnen zum Thema einfällt und was Ihre tägliche Arbeit verbessert.

Ein Buch mit Schnellstraßen

Egal wie viel Zeit Sie haben, So-geht's-Bücher bieten immer praktischen Nutzen. Tipp für Eilige: Steigen Sie einfach direkt in den einzelnen Kapiteln ein – oder lesen Sie gezielt nur Stellen, die für Sie wichtige Informationen enthalten. Die Randbemerkungen sind wie Schnellstraßen: Sie erlauben Ihnen, innerhalb Ihres Zeitkontingents die Kapitelinhalte zu erarbeiten. So konstruieren Sie ein Wissensnetz. Und neue Informationen bleiben in diesem Netz schneller hängen.

Doch nicht nur die Randbemerkungen helfen beim schnellen Erfassen der Inhalte. Auch die Kapitelstartseiten mit dem Überblick in Stichpunkten oder die vielen Hervorhebungen und Zusammenfassungen im Text helfen beim schnellen Aufbau Ihres Wissensnetzes zu einem Thema.

Klare und einfache Sprache

Zu guter Letzt noch ein Wort über die Sprache Ihres So-geht's-Buches: Wir achten ganz besonders darauf, dass Ihnen ein Thema in klarer und einfacher Sprache präsentiert wird. Nach dem Leitspruch: „Der Schreiber muss sich plagen und nicht der Leser" wollen wir Ihnen auch komplexe Inhalte einfach vermitteln.

Vorab eine kleine Gebrauchsanweisung

Liebe Leserin,
lieber Leser,

dieses Buch ist – wie der Name schon sagt – ein So-geht's-Buch. Das bedeutet für Sie: In kürzester Zeit können Sie prägnante und fundierte Informationen aufnehmen. Ein Leitsystem aus Symbolen führt Sie auf „Schnellstraßen" durch das Buch. So finden Sie gezielt die Stellen, die für Sie Wichtiges enthalten.

Das sind Ihre Wegweiser:

 Ihre Notizen

Dieses Symbol sagt: Hier ist genügend Platz für alles, was Ihnen zum Thema einfällt. Notieren Sie einfach alle Ideen und Anmerkungen auf dem breiten Rand Ihres So-geht's-Buches.

 Zusammenfassung

Hier sind die wichtigsten Punkte aus dem Kapitel noch einmal zusammengefasst. So können Sie in kürzester Zeit die Inhalte erfassen und bearbeiten.

 Praxis-Tipp

Jetzt wird es praktisch: Die Glühbirne zeigt Ihnen, wo Sie konkrete Übungen und Ansatzpunkte finden, die Ihre Werbetexte verbessern. Legen Sie Ihr So-geht's-Buch einfach neben sich auf den Schreibtisch und arbeiten Sie parallel an Ihren Texten.

Übung: Ihr eigener Text

Dieses Buch fordert Sie immer wieder auf, eigene Texte zu bearbeiten. Legen Sie einfach eigene Werbemittel oder Textentwürfe bereit.

 QR-Codes und Videos

„Texten!" ist mehr als ein Buch. Denn QR-Codes am Rand führen Sie zu insgesamt 90 Minuten Videomaterial. So werden die Inhalte noch lebendiger. Einfach mit dem Smartphone oder Tablet-PC einscannen und überraschen lassen! Oder Sie tippen die URL ab und landen ebenfalls direkt beim Video.

Glossar

Ein kleines Lexikon am Ende des Buches bietet zusätzliche Fachbegriffe und Worterklärungen rund um die Themen Text und Marketing.

Marginalien

Zahlreiche kurze Sätze auf dem Rand des Buches erläutern die wesentlichen Punkte des Textes. Gemeinsam mit den Zusammenfassungen fügen sie sich zu einer Schnell-Leseleiste zusammen. So lassen sich die wichtigsten Inhalte mit wenig Zeitaufwand lesen und bearbeiten.

Vorwort

Wie schreibt man starke Texte? Wie kann man das lernen? Welche Grundlagen brauche ich als Texter? Und was ist heute wichtig?

1. Basics

Wo fängt man an, wenn man eine Bedienungsanleitung „Texten" schreiben will: Bei den Buchstaben? Bei der Zielgruppe? Bei den Textern? Wir haben uns für den Einstieg einmal in die Schuhe des schreibenden Unternehmens gestellt – und aus der Texterperspektive überlegt, was denn eigentlich die Voraussetzungen eines guten Textes sein müssen. Mehr...

2. Führung

„Verkaufstexte sind vorausgedachte Gespräche mit starker Führung." Eine alte Texter-Weisheit. Doch das Führen eines Lesers geschieht auf vielerlei Art. Dieses Kapitel stellt Ihnen neun spannende Möglichkeiten vor. Mehr ...

3. Kopfkino und Gefühl

Die ersten beiden Kapitel sind bereits ein vollständiges Programm für wirkungsvolle Texte. Wären da nicht auch noch der Bauch und das Herz des Lesers, die umschmeichelt werden wollen. Wichtig ist eben nicht nur, was wir sagen, sondern wie wir etwas sagen. Deshalb dreht sich Kapitel 3 um zwei zentrale Themen, die Texte erst zum Leseerlebnis machen: um Bildsprache und Emotionen.

Mehr ...

4. Baupläne Print

Irgendwann muss er liefern, der Texter. Einen Brief, eine Anzeige, den fertigen Prospekt. Und nun wird Texterkunst konkret. In der Form. Entscheidend ist: Das „Schreiben-Können" ist nur die halbe Miete. Texten wird's erst, wenn wir wissen: Wie baue ich sie auf, die Werbemedien, die möglichst viel Response erzeugen? Kapitel 4 liefert Ihnen diese funktionierenden Gerüste für den Print-Bereich.

5. Baupläne Online

Texte fürs Internet, für E-Mails, Shops oder Social-Media-Plattformen. Alles keine Hexerei. Noch immer ist das Material dasselbe: die 26 Buchstaben des Alphabets. Nur die Baupläne sind auf mehr Geschwindigkeit getrimmt. Und es gibt noch einige Dinge, die Sie als Texter wissen sollten.

Nachwort

„Am Ende wird alles gut. Und wenn es nicht gut ist, dann ist es noch nicht das Ende."

Das kleine Lexikon

Von A wie „AdWords" bis Z wie „Zielgruppe": Hier finden Sie ein kleines Lexikon mit wichtigen Fachbegriffen und Fremdwörtern rund um den Verkaufstext in Print und Web. Zum Nachdenken und Nach-schlagen für alle, die noch mehr lesen wollen.

Literatur-Verzeichnis

Die Literaturliste ist ein kleiner Ausschnitt der vielen Informationen, die hier eingeflossen sind. Und sie soll Sie einfach zum Lesen anregen. <u>Mehr …</u>

Stichwort-Verzeichnis

Wo ist was? Der Index zum schnellen Nachschlagen.
<u>Mehr …</u>

Der Autor

Begeisterter Texter, Trainer, Fachautor, Buchstabentyp …
<u>Mehr …</u>

Weiter im Text …

… geht es auf der Website des SGV Verlags und mit den Büchern von Stefan Gottschling. <u>Mehr …</u>

Ihre Gutscheine

Gleich einlösen und bis zu 20 Euro sparen! <u>Mehr …</u>

Vorwort

Wie schreibt man starke Texte? Wie kann man das lernen? Welche Grundlagen brauche ich als Texter? Und was ist heute wichtig?

Liebe Leserin, lieber Leser,

dieses Vorwort beginnt mit vier Fragen. Und das, was folgt, liefert Antworten darauf. Von den Grundlagen des Verkaufstextes bis in die neue Social-Media-Welt hinein.

Die Substanz dieses Buches sind viele Gespräche in Seminaren und Vorträgen, Anregungen aus dem Texterclub auf Facebook, aber auch Material wie die Textertipps, die ich in den letzten Jahren geschrieben habe, oder Aspekte aus dem einen oder anderen meiner Bücher.

Nun ist ein Reader entstanden, eine „Bedienungsanleitung Texten", die bewährtes Wissen mit Neuem mischt. Und die Sie auf eine Reise mitnimmt: Wir begegnen Wortmonstern und Lesebremsen, erkunden Wortwelten, entschlüsseln Text-Baupläne und erleben großes Gefühlskino. Und das möglichst leserfreundlich und mit viel Spaß.

Viel Neues ist dazu gekommen:

- Weil wir in der Texterclub-Redaktion viele Dinge noch einmal überprüft haben (zum Beispiel die Grundlagen),
- weil wir vieles sehr konkret machen wollten (durch Tipps, Rezepte, Baupläne),
- weil sich werbliche Kommunikation heute in zwei Welten bewegt (Texte für Offline- und Online-Medien)
- und diese zwei Welten aber zusammengehören (QR-Codes, Augmented Reality).

Denkt man darüber nach, was Texten ausmacht, so sind es wahrscheinlich drei Dinge:

Für den Texter beginnt seine Arbeit stets mit der Frage „Wie führe ich einen Leser in den Text hinein?". Dabei hat Führung sehr viele Facetten. Sie startet mit der Nutzenargumentation, die Bestellaufforderung gehört dazu, und schließlich auch die Frage: „Wie verbinde ich als Texter Online und Offline miteinander?" Darum kümmert sich das Kapitel „Führung".

Auf der Seite des Lesers sind neben der Führung noch andere Dinge wichtig: Wie fühlt sich ein Text an, und welchen Film zeigt mein Kopfkino? Damit beschäftigt sich das Kapitel „Kopfkino und Gefühl". Denn gute Texte setzen ihre Leser mitten ins Geschehen. Zum Beispiel auf die rote Couch, die später in ihrem Wohnzimmer stehen soll. Und liefern auch noch die richtigen Gefühle mit: tiefes Wohlbehagen, verbunden mit leiser Dringlichkeit. Kann man das von einem Werbetext verlangen? Ja, man kann. Und Text und Texter schaffen das auch. Mit den richtigen Sprachbildern und in der richtigen Tonalität.

Und wenn ein Text konkret wird, wird er „Form". Als Brief oder E-Mail-Newsletter, Posting, Webseite oder Anzeige. Und nun braucht der Texter eines: Baupläne. Stimmige, funktionierende und führende Gerüste. Damit Wortartistik nicht im leeren Raum geschieht, sondern die gewünschte Wirkung erzielt. Diese Gerüste liefern die Kapitel 4 und 5.

Und nun: Loslegen! Losschreiben! Ausprobieren! Ich wünsche Ihnen viel Spaß mit diesem Buch. Und viel Spaß beim Texten!

Ihr

Stefan Gottschling

Ihre Notizen:

....

....

1

Basics

Was Sie in diesem Kapitel erwartet ...

Basics

Darum geht's in Kapitel 1 ...

Wo fängt man an, wenn man eine **Bedienungs-anleitung „Texten"** schreiben will: Bei den Buchstaben? Bei der Zielgruppe? Bei den Textern? Wir haben uns für den Einstieg einmal in die Schuhe des schreibenden Unternehmens gestellt – und aus der Texterperspektive überlegt, was denn eigentlich die Voraussetzungen eines guten Textes sein müssen. Stellen wir uns also vor, der Chef ist begeistert von den eigenen Produkten oder Dienst-leistungen. Und die Mitarbeiter auch. Und die Produk-te sind wirklich fantastisch. Wie kommt nun diese Begeisterung in den Kopf eines Kunden?

Hindernisse gibt's genug: Da wäre zunächst einmal die **interne Sprache**. Wenn Chef und Produktent-wickler über ihr neues Produkt reden, dann geschieht dies auf hohem Niveau. Und wahrscheinlich in einer eigenen Sprache, die im Unternehmen alle Kollegen verstehen. Unsicher ist, ob sie der Kunde versteht, denn der kennt weder Firma, Fachsprache, noch Abkürzungen – wenn sich das Unternehmen in der Kommunikation nicht an eine ausgesprochene Fachzielgruppe richtet.

Wie schafft man die erforderliche Wendung zur **Zielgruppe**? Woran muss ein Texter denken? Mit diesen Fragen beginnt professionelles Schreiben. Doch noch mehr Dinge wollen beachtet sein, soll aus Wörtern Werbetext werden.

Was hilft: zu wissen, **wie Menschen lesen** – weil sich hier bereits erste Regeln ergeben. Und die sind zwingende Voraussetzungen für das Gelingen eines Textes. Wer sie beachtet, gewinnt das Herz seiner Kunden, wer nicht, verliert. Viel Know-how aus **Gehirn- und Verständlichkeitsforschung** und der Psychologie kommen dazu. Texten ist eben auch ein Handwerk. Beharrlichkeit und das Wissen um bestimmte psychologische Mechanismen und Verkaufstechniken. Schließlich geht es eben nicht um das Verfassen eines Belletristik-Bestsellers, sondern um einen Text, der viele Bestellungen oder Klicks einfährt.

Damit Ihnen das sicher gelingt, liefert das erste Kapitel bereits ein unentbehrliches Werkzeug: einen **10-Schritte-Optimierungsplan** für bessere Texte. An anderer Stelle habe ich ihn „Redigiersystem" oder „Zauberkasten" genannt. Und zaubern können Sie damit. Aus Rohtexten verkaufsstarke Reintexte.

Viel Spaß mit Ihrem Kapitel 1.

Ihre Notizen:

....

....

Wir kaufen dort, wo wir verstehen ...

„... und mit dem Flux-Transmissions-Splinter DDP lässt sich der Kolportations-Overflow just in time interpolieren." Fachwissen, Kürzel, Anglizismen: Die betriebsinterne Sprache ist für Außenstehende und Laien meistens unverständlich. Ausgesprochen schlecht, wenn das auf den Dialog mit Ihren Kunden abfärbt. Es ist, als würden Sie in einer Fremdsprache zu Ihrem Kunden sprechen: Er wird nur einzelne Wörter verstehen und nicht genau wissen, was Sie ihm eigentlich anbieten – reicht das, um den Leser zum Handeln zu bewegen? Ein Werbetext muss leicht lesbar sein. Wenn unverständlicher Fachjargon eine Interpretation von Laien erfordert, kommt dabei selten etwas Fruchtbares für das Marketing heraus. Dieser Abschnitt zeigt, woran Unternehmen denken sollten, damit aus Fach-Formulierungen eine leicht verständliche Sprache wird.

Meiden Sie Fachjargon. Ein guter Werbetext ist leicht zu verstehen.

Der Standpunkt bestimmt die (Kunden-) Perspektive

Verkaufsstarke, leicht verständliche Texte lassen sich nicht auf Fehlerteufel komm raus mit der denkbar simpelsten Sprache schreiben. Je nach Thema muss das geschriebene Wort außer der Verständlichkeit noch weiteren Kriterien gerecht werden: Kompetenz, Seriosität, Referenzen etc. Oft muss ein Text eine hinreichende „fachliche Dichte" erreichen, um glaubwürdig zu sein. Diese Punkte machen das verständliche Schreiben dann oft schwer. Hinzu kommt, dass viele Texter an Betriebsblindheit leiden. In ihren Augen erscheinen die positiven Seiten des Produktes ganz selbstverständlich. Dabei fehlt ihnen oft der Blick aus der Kundenperspektive. Denn der Kunde hat nun nicht das

Verständliches Schreiben ist nicht immer ganz leicht.

ganze Fachwissen des Schreibers und kann Vorteile nicht sofort erkennen und entwickeln. Eine riesengroße Chance. Denn ein guter Text übersetzt Produktmerkmale in leicht nachvollziehbare Vorteile für den Leser.

Warum Produkt-Eigenschaften nicht verkaufen ...

Klingen Ihre
Texte
„betriebsblind"?

Was das bedeutet? Wer viel Zeit in sein Produkt steckt, kennt jedes Detail. Alle Feinheiten, die es zu etwas ganz Besonderem machen. Da können die vernickelten Schrauben am Gehäuse das absolute Highlight Ihres Produktes sein – für Sie. Aber warum eigentlich? Vernickelte Schrauben klingen ja ganz nett. Doch der lesende Laie fragt sich: „Was habe ICH davon?" Er kann mit den Material-Eigenschaften keinen direkten Nutzen verbinden.

Sie als Experte haben einen gewaltigen Informations-Vorsprung vor Ihren Kunden. Diese Lücke gilt es durch klare Formulierungen zu schließen. Wer nur die Produkt-Merkmale beschreibt, lässt den Leser selbst die Schlussfolgerung ziehen. Er muss selbst herausfinden, wie er von diesen profitieren kann. Ersparen Sie dem Kunden die Denkarbeit und sagen Sie ihm konkret, was seine Vorteile sind.

Der magische Moment: Entwickeln Sie Produkt-Merkmale zu Kunden-Nutzen

Fragen Sie
sich: Welchen
Nutzen bietet das
Produkt-Merkmal für
den Kunden?

Denken Sie noch einen Schritt weiter. Es gilt, die Produkt-Merkmale in Kunden-Nutzen zu übersetzen. In unserem Beispiel zeichnen die vernickelten Schrauben Ihr Produkt aus. Nicht jeder weiß, was diese Material-Eigenschaft (Nickel) bewirkt. Wenn Sie also einfach von vernickelten Schrauben schreiben, setzen Sie Fachwissen voraus. Führen Sie sich selbst in einer Gedanken-Kette die Eigenschaften Ihres Produktes vor Augen: Vernickelte Schrauben → rosten nicht → das Produkt hat eine längere Lebensdauer. Genau *das* ist der Vorteil für Ihren Kunden. Ein Gerät, das nicht rostet, muss seltener repariert werden, ist zuverlässiger und hat eine lange Lebenszeit. So entsteht

Kunden-Nutzen. Es geht stets darum, wie sich Produkt-Merkmale im Gebrauch positiv für den Nutzer auszahlen. Noch mehr zum Thema Nutzenargumentation lesen Sie übrigens im zweiten Kapitel dieses Buches.

Verständlich schreiben – auch eine Frage der Struktur

Ob ein Text leicht verständlich ist, hängt nicht nur von den Wörtern ab, sondern auch von der Satzstruktur. Vermeiden Sie komplizierte Schachtelsätze. Jedes Komma bedeutet eine weitere Kurve im Gedankengang. Und spätestens nach der dritten Abbiegung verliert der Leser langsam die Orientierung: Dann muss er den Satz entweder von vorne lesen oder steigt genervt aus dem Text aus. Lassen Sie es nicht so weit kommen! Orientieren Sie sich ruhig an der gesprochenen Sprache. Und bilden Sie kurze, klare Sätze. Über Satzlängen reden wir noch. Setzen Sie Ihrem Leser die Informationen Stück für Stück in kurzen Etappen vor. Mit jedem Punkt geben Sie ihm eine kleine Verschnaufpause, bevor er den nächsten Satz in Angriff nimmt. Gerade bei komplizierten Erklärungen ist das besonders wichtig. So kann der Leser Ihren Gedanken viel leichter folgen.

Bilden Sie kurze, klare Sätze – damit Ihnen der Leser gut folgen kann.

Mehr zum Thema gibt's hier im Video.

www.sgv-verlag.de/verstaendlichkeit1.html

Wortschätze auf der Goldwaage

Verständliches Schreiben orientiert sich an gesprochener Sprache – schreiben Sie so, als würden Sie einem Freund erklären, worum es geht. Besonders wichtig dabei: der aktive Wortschatz. Dieser umfasst bei Erwachsenen im Schnitt 8.000 bis 16.000 Begriffe. Diese Wörter werden vom Leser ständig gebraucht und sind ihm daher leicht zugänglich. Der Vorteil: Selbst bei geringer Lese-Konzentration werden Begriffe aus dem aktiven Wortschatz schnell erkannt. Der Nachteil: Ein Wort steht für vieles.

Verwenden Sie, wenn möglich, einfache und geläufige Wörter.

Anders hingegen der passive Wortschatz: Er beinhaltet Wörter, die nur gelegentlich zum Einsatz kommen. Der

Vorteil: Diese Begriffe zeichnen präzise Bilder. Ein Wort steht für „wenig". Kleiner Nachteil: Sie müssen genau überlegen, welche Begriffe Ihre Zielgruppe versteht. Ist ein Wort zu selten, zu exotisch oder stolpert Ihr Leser darüber?

Lassen sich Fremd- und Modewörter aus Ihren Texten streichen?

Praxis-Tipp: So finden Sie die richtigen Worte

Lassen Sie möglichst alles weg, was Ihre Leser verwirren könnte. Dazu gehören Szene-Anglizismen und Modewörter ebenso wie leere Floskeln. Bleiben Sie lieber einfach und direkt in der Wortwahl. Aber auch diese Regel hat eine Ausnahme: Bestimmte Begriffe können unverzichtbar sein, wenn Ihre Zielgruppe sie verwendet. Ebenso sind manche Anglizismen und Abkürzungen kaum ersetzbar. Fairness, downloaden, googeln. Etwas aus dem Internet herunterladen? In einer Suchmaschine recherchieren? Maßstab ist auch hier Ihre Zielgruppe!

Mit einem Ohr auf der Straße

Schreiben Sie so, wie wir sprechen. Aber immer zielgruppengerecht.

Als kleiner Tipp: Achten Sie mal in Zukunft verstärkt darauf, wie die Leute, denen Sie im Alltag begegnen, sprechen. Hören Sie genau hin! Welche Unterschiede in Wortwahl, Satzbau und Betonung fallen Ihnen auf? Wie begrüßen sich die Menschen? Wie reden sie miteinander? Übungen wie diese helfen Ihnen, sich in bestimmte Zielgruppen und deren Denkweisen und Wortschätze hineinzuversetzen. Ein gutes Training für jeden Werbetexter. Denn wer weiß, *wie* die Zielgruppe denkt und spricht, der weiß auch, *welche* Art Text die Zielgruppe anspricht.

Produkttreue vs. Kundennähe?

Vorsicht: Bleiben Sie Ihrem Produkt-Image treu!

Doch nicht nur die Sprache der Zielgruppe zählt. Sie macht Ihre Werbebotschaft zwar leichter verständlich, aber nicht unbedingt erfolgreicher. Denn Ihre Kunden haben nicht nur eine Erwartungshaltung gegenüber Ihrem Produkt, sondern bereits gegenüber Ihrer Werbebotschaft.

Wenn Sie zum Beispiel einen Kleinanleger-Fonds bewerben, muss Ihr Werbetext (bei aller Verständlichkeit) eine gewisse Seriosität und Kompetenz ausstrahlen. Es geht hier immerhin um gutes Geld, das der Kunde sicher angelegt wissen will. Diesen Eindruck bekommt er jedoch nicht, wenn Sie das Angebot zu kumpelhaft und komplett ohne Fachjargon („Depot", „Ausgabeaufschlag" etc.) präsentieren. Also Vorsicht: Sie müssen einerseits verständlich für Ihre Zielgruppe sein, andererseits aber auch Ihrem Produkt-Image treu bleiben.

Ihre Notizen:

....

....

Ihre Notizen:

....

....

→ Informationskette bilden
„Dialog führen"

→ kurz fassen ⟹ einfach ausdrücken!
→ Angst u. Druck ⟹ Leser will lesen
                              muss

→ in die Zielpers. einfühlen → was ist bekannt?

→ Nutzen! Produktmerkmale + Vorteile verwandeln
   „das bedeutet für sie"

→ Neugier wecken (Fragen - Antworten)

Wie geht Lesen?
- Wörter gut erkennen   - Bekanntes einbauen
- kurze Sätze
- Roter Faden
- Bildliche Sprache
      + Emotionen

Wie Texte wirken ...

Von den Voraussetzungen im Unternehmen geht's nun zu den Voraussetzungen im Kopf eines Lesers. Warum lesen wir Texte? Was geschieht beim Lesen? Und wie kann man die Wirkung eines Textes ganz einfach verbessern? Wer sich fragt, wie Texte wirken, stößt schnell auf verblüffende Erkenntnisse und auf ganz praktische Regeln. Wer sie kennt, bekommt Werkzeuge, die Texte und Konzepte deutlich verbessern. Und ganz nebenbei eine Menge Hintergrundwissen für die oft ermüdende Diskussion hinter dem Satz „Aber mir gefällt das besser". Denn Texten ist mehr als Schreiben. Es ist Schreiben mit viel Wissen um Verkaufstechnik, Psychologie und die Wirkungsweise unseres Gehirns. Aber sehen Sie selbst.

Wer weiß, was beim Lesen im Kopf passiert, weiß auch, dass Texten ein bisschen mehr als „nur" Schreiben ist.

Die Welt, in der wir werben ...

Die Welt, in der wir werben, ist schnell und voller Informationen. In allen Lebensbereichen herrscht ein Überangebot von Informationen und wir nehmen nur einen Bruchteil davon zur Kenntnis.

Bereits Ende der 80er-Jahre sprach der Werbewirkungsforscher Professor Werner Kroeber-Riehl von einer Informations-Überlastung von 98 Prozent. Gerade einmal 2 Prozent der angebotenen Informationen können wir beim ersten Kontakt bewusst verarbeiten, hieß es da. Heute liefert die moderne Gehirnforschung neue Daten. Und die lassen die erwähnten 2 Prozent sehr optimistisch wirken. Allerdings verstehen wir immer besser, welche Schlüsselreize und Stimuli an Kaufprozessen beteiligt sind. Und wie sehr unbewusste Wirkungen und Prägungen unser Handeln beeinflussen, bevor unser Gehirn überhaupt auf „bewusstes Handeln" umschaltet.

Nur 2 % aller angebotenen Informationen nehmen wir bewusst wahr.

Die Kernfragen: Wie ergattern wir ein Stück der freien Aufmerksamkeit? Was tun, um die bewusste Bestellung, das Ausfüllen eines Bestellfaxes, den Klick zum Verkauf auszulösen? Und welche Rolle spielt der Text?

Warum wir überhaupt Informationen aufnehmen …

Kontrollieren Sie Ihre Texte: Ist mindestens einer dieser Gründe vorhanden?

Gerade im Dialogmarketing ist es wichtig, möglichst schnell eine Informationskette mit dem Ziel „Reaktion" aufzubauen. „Dialoge" sind hier zielorientiert und führen sehr stark. Schon in der ersten Begegnung mit einem Medium legen wenige Augenblicke fest, ob Botschaften eine weitere Beschäftigung wert sind. Bilder, Grafiken, Headlines und klare Strukturen aktivieren noch vor dem Text. Dabei muss mindestens einer der folgenden guten Gründe in Bild und Text erkennbar sein – sonst landet Werbung im Papierkorb oder wird weggeklickt.

1. Was einfach auszuwerten ist, kommt zuerst.

Fassen Sie sich kurz!

Unser Gehirn tendiert dazu, sich zunächst mit Informationen zu beschäftigen, die einfach zu erfassen sind. Bilder werden vor Text angeschaut, wir lesen kurze Absätze vor langen. Deshalb sollten Sie Sätze kurz, einfach und klar formulieren. Dialogmarketing braucht in Konzept und Text eine Struktur, die signalisiert: Dieser Text ist einfach auszuwerten.

2. Wir lesen, wenn wir lesen müssen.

Druck von außen ist ein starker Motivator. Vorsicht bei Druck, den Sie selbst erzeugen.

Angst und Druck sind starke Motive, sich mit Informationen zu beschäftigen. Sie wirken, wenn das Finanzamt schreibt, Gerichtspost ins Haus flattert oder eine betriebliche Mitteilung die eigene Karriere betrifft. Solche Post lesen wir – ohne über stilistische Merkmale zu diskutieren. Druck ist auch ein starker Motivator für Werbeleser. Wenn er von außen gesetzt wird. Zum Beispiel durch Naturkatastrophen, Gesetzesänderungen oder sonstige unaufhaltsame Ereignisse. Denken Sie an Abgeltungssteuer oder Euro-Umstellung. Hier entsteht Druck – und wer nun mit seinen

Angeboten hilft, den Druck abzubauen, gewinnt Aufmerksamkeit.

Allerdings Vorsicht, wenn Sie selbst Druck erzeugen. Menschen lassen sich durch allzu durchsichtige Angstmache immer weniger unter Druck setzen und reagieren verärgert. Viele Verbraucher erkennen sehr wohl, was Werbung ist und was nicht.

3. Was wir kennen, interessiert uns mehr.

Entdecken wir Bekanntes in einer Information, sind wir eher geneigt, uns mit dieser Information zu beschäftigen. Haben Sie sich zum Beispiel für den Kauf eines bestimmten Automodells entschieden, fallen Ihnen plötzlich Anzeigen, Bilder, Testberichte dazu in allen Zeitschriften auf – auch wenn Sie vorher der Meinung waren, hier stehe nichts über „Ihr Modell". Dieses Phänomen nennt man selektive Wahrnehmung.

> Bekanntes kommt besser an.

In der Werbung macht man sich dieses Wissen zunutze: Welche bekannten Dinge, Schlüsselwörter, Gemeinsamkeiten finden Sie, wenn Sie an Ihre Zielgruppe denken? Diese Punkte eignen sich hervorragend, um einen Leser an die Hand zu nehmen und in den Text zu führen. Auch bekannte Klänge, die an Sprichwörter oder Songtitel erinnern, erhalten hohe Aufmerksamkeit. Grundsätzlich gilt: Je genauer sich ein Texter, Konzeptioner oder Grafiker in die Zielperson einfühlen kann, desto größer sind die Chancen, etwas Bekanntes für den Leser zu platzieren.

4. Wir sind auf der Suche nach Vorteilen.

Erkennt ein Leser schnell Vorteile für sich, steigt sein Interesse. Übrigens ist ein auf den Leser bezogener Vorteil ein Nutzen. Nutzen sind die magischen Momente, der Punkt, an dem Verkaufen anfängt. Achten Sie also darauf, Produktmerkmale in Nutzen zu verwandeln. Wenn ein Verkäufer sein Fahrrad als „superleicht" anpreist, ist das noch kein konkreter Nutzen. Nutzen für den Leser wären Aussagen wie „Das können Sie ganz einfach mit einer Hand auf den Dachgepäckträger heben" oder „Damit fahren Sie

> Zeigen Sie leserbezogene Vorteile = Nutzen.

Steigungen leichter hoch". Das Muster: Übersetzen Sie Produktmerkmale in Nutzen mit der einfachen Formel „das bedeutet für Sie …".

5. Wer Neugier erzeugt, erhält Aufmerksamkeit.

Wecken Sie Neugier! Zum Beispiel durch Rätsel, aber bitte nicht zu schwer.

Ein weiterer Grund, warum wir uns mit Informationen beschäftigen: Die Neugier. In der Werbung nutzt man sie durch Rubbelbilder oder Stanzungen, die eine Botschaft in Teilen vermitteln. Im Text geht's um Headlines, starke Teaser, aktivierende Anschreiber. Oft wird hier nur die halbe Wahrheit verraten, aber so viel Spannung erzeugt, dass der nächste Klick oder ein Weiterlesen garantiert erfolgt. Wichtig: Eine Lösung muss für den Leser im Dialogmarketing problemlos erreichbar sein. Nur dann funktioniert sie noch, die Führung zur Reaktion. Ist ein „Rätsel" zu schwierig oder zu kompliziert, wird aus Lust schnell Frust. Und das heißt dann: wegwerfen beziehungsweise wegklicken.

Was beim Lesen geschieht …

Lesen ist ein komplexer Vorgang.

Lesen ist ein komplexer Vorgang, der sich in drei Stufen gliedert. Auf jeder Stufe des Lesevorgangs laufen Prozesse im Gehirn Ihres Lesers ab. Kennt man als Texter diese Prozesse, kann man sie „gestalten".

Stufe 1: Das Erkennen von Wörtern

Stufe 2: Das Verstehen von Sätzen und Satzfolgen

Stufe 3: Der Einbau des Gelesenen in das Vorwissen

Stufen des Lesevorgangs	Geistige Prozesse	Gestaltungsansatz Text
Erkennen von Wörtern	→ Visuelles Entziffern → Umkodierung in Lautsprache → Aktivierung von Begriffen	**Leserlichkeit** durch drucktechnische Beeinflussung von Text und Textanordnung
Verstehen von Sätzen und Satzfolgen	→ Grammatikalische Struktur / Satzbau erkennen, Aufteilung in Sinneinheiten → Herstellung inhaltlicher Bezüge, „roter Faden" → Anknüpfung an eigenes Wissen, eigene Worte, Abruf von „geistigen Bildern"	**Verständlichkeit** durch sprachliche und stilistische Gestaltung
Einbau in das Vorwissen, „zu Eigen machen"	→ Verarbeitung durch Assoziationen, Verknüpfungen, Einfälle beim Lesen → Verarbeitung zur Zusammenfassung des Wesentlichen	**Aktivierung** durch Stil, Wortwahl, Beispiele, rhetorische Mittel und klare Textstruktur

Lesen ist ein dreistufiger Vorgang. Jede Stufe bietet Chancen, die Aufnahme von Textinformation für den Leser zu vereinfachen.

Stufe 1: Das Erkennen von Wörtern

Zunächst einmal lesen wir anders als man denkt. Denn ein geübter Leser entziffert selten Buchstabe für Buchstabe. Das ist nur bei unbekannten Wörtern üblich. Das Auge bewegt sich beim Lesen nicht kontinuierlich über die Zeilen, sondern es springt von Augenhaltepunkt zu Haltepunkt. Dabei dauern solche „Fixationen" gerade einmal ca. 200 bis 500 Millisekunden und entsprechen im normalen Leseabstand etwa einem Kreis von 2 bis 3 cm Durchmesser. Bei geübten Lesern oder beim Lesen eines einfachen

Das Auge liest nicht Buchstabe für Buchstabe, sondern springt über die Zeilen.

29

Ihre Notizen:

....

....

Textes springt das Auge nun gleichmäßig über die Zeile. Ungeübte Leser brauchen bzw. schwierige Texte erfordern mehr Fixationen und zahlreiche Rücksprünge zur Vergewisserung. Augenhaltepunkte überlappen sich und dauern länger.

Außerhalb des Fixationsbereichs nimmt das Auge Strukturen, Farben und grobe Merkmale der Schrift wahr, die auf die unscharfe Randzone der Netzhaut fallen. Diese Informationen reichen jedoch aus, um eine vorbewusste Entscheidung über das nächste Sprungziel der Augen zu treffen. Dabei sind Großbuchstaben, Ober- und Unterlängen, Wortzwischenräume und Wortlängen wichtige Anhaltspunkte.

So wird ein einfacher Text gelesen: gleichmäßig und flott.

Fixationen eines geübten Lesers oder das Lesen eines einfachen Textes: Das Auge „springt" zügig über die Zeile:

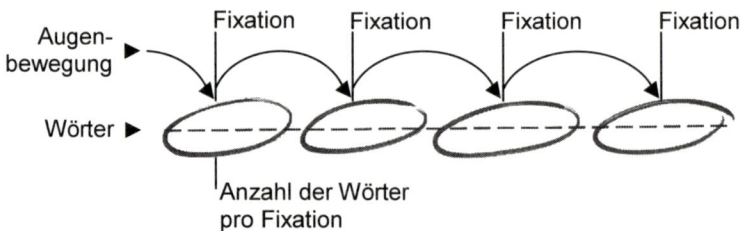

Bei einem komplizierten Text springen die Augen häufiger und ungleichmäßiger.

Fixationen eines ungeübten Lesers: Kürzere Sprünge, das heißt weniger Wörter pro Fixation. Außerdem gibt es Irritationen wie Rücksprünge (zur Vergewisserung) und Abschweifungen:

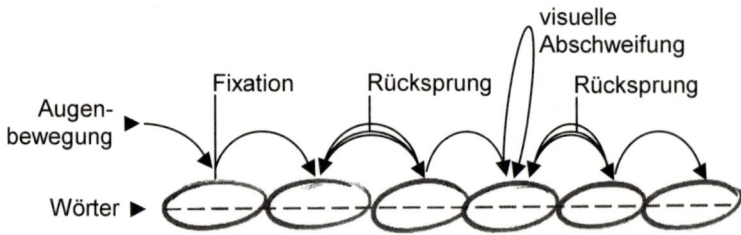

Um Wörter zu erkennen, sind nun drei Dinge nötig. Ein Leser muss zunächst visuell entziffern, was da steht. Das betrifft vor allem die Schrift. So „geht" die altdeutsche Druckschrift sicher nur noch älteren Lesern mühelos „in den Kopf". Die eigene Handschrift entziffert meist nur der Schreiber völlig ohne Probleme. Deshalb wählen wir Schriften, die einfach zu lesen sind.

Neben dem visuellen Entziffern kodieren wir Wörter in Lautsprache zurück. Hier geht es um das sogenannte innere Hören. Deshalb bewegen Menschen die Lippen beim Lesen. Ein Phänomen, das Sie täglich in Bussen oder Straßenbahnen beobachten können. Spannend: Einige Begriffe müssen nicht mehr dekodiert werden, denn sie werden wie Bilder gespeichert und wirken deutlich schneller.

Ihre Notizen:

....

....

Um ein Wort zu entschlüsseln, fehlt noch ein weiterer Schritt: Das Gehirn des Lesers muss die Zeichen auf Papier oder Bildschirm als Buchstaben erkennen. Durch richtige Zuordnung der Symbole entsteht ein Wort im Kopf und dieses Wort ruft im Idealfall ein Bild aus dem Bildspeicher ab.

Stufe 2: Das Verstehen von Sätzen und Satzfolgen

Die Kernfrage: Erkennen und behalten wir den roten Faden eines Textes? Je länger und komplizierter ein Satz, desto schwieriger ist das. Denn ein Werbeleser wird kaum die Geduld aufbringen, Schachtelsätze über mehrere Zeilen zu lesen. Und darüber lange grübeln, was Sie ihm über Ihre Produkte denn nun eigentlich mitteilen wollen, wird er auch nicht.

Bilden Sie kurze Sätze!

Stufe 3: Der Einbau des Gelesenen in das Vorwissen

Schließlich – und das ist der dritte geistige Prozess beim Verstehen von Texten – sollte sich ein Wort mit dem vorhandenen Wissen des Lesers verbinden. Das geschieht nur, wenn wir es kennen. Lesen Sie „Rasenmäher", wird das Bild eines Rasenmähers aus Ihrem Gehirn abgerufen. Lesen Sie „Hrrdlbrmpft", sehen Sie nichts.

Knüpfen Sie an Bekanntes an!

Ihre Notizen:

....

....

Dies geschieht durch Assoziationen, durch Verknüpfungen und durch Einfälle beim Lesen. Für den Text ist es hier besonders wichtig, durch Sprachstil, Sprachbilder und Wortwahl die richtigen Assoziationen im Gehirn eines Lesers abzurufen. Doch das ist nur möglich, wenn ich als Texter über meine Zielgruppe informiert bin – und wenn ich weiß, wie und wo Wörter im Gehirn wirken.

Wie Wörter im Gehirn wirken

Bildhaft, bildnah oder bildleer: Die Art und Weise, wie Wörter „aufgeladen" sind, entscheidet über den Erfolg Ihrer Werbebotschaften. Je nach Klang und Aussage wirken sie in verschiedenen Arealen des Gehirns. Und setzen so unterschiedliche Impulse. Damit beschäftigt sich dieser Abschnitt. Und geht noch einen Schritt weiter – in die Forschung. Denn auch die hat sich in den vergangenen Jahrzehnten mit der Textverständlichkeit beschäftigt. Mit spannenden Ergebnissen ...

Wo Sprache wirkt ...

Wenn es um die Sprache ging, unterschied man in der Gehirnforschung bis vor einigen Jahren zwei Areale in der linken Hälfte des Großhirns: Das Wernicke- und das Brocca-Areal. Im Wernicke-Areal findet das Verstehen von Sprache statt, das Brocca-Areal ist für die Sprachproduktion zuständig. Sprache wäre ausschließlich eine Funktion der linken Großhirnhälfte. Und „links" sollte auch der Speicherplatz für Wörter sein. Meinte man. Doch die moderne Gehirnforschung hat längst mit diesen Theorien aufgeräumt. Während links Wörter und Grammatik verarbeitet werden, hat auch die rechte Seite des Großhirns mit Sprache zu tun. Sie ist für Sprachmelodie, Ton und Klang zuständig.

Heute weiß man: Beim Sprechen wirken beide Gehirnhälften zusammen.

Sprache schafft Klarheit, emotionalisiert und bewegt

„Wörter werden an unterschiedlichsten Stellen im Gehirn verarbeitet und gespeichert. Und diese feinen Unterschiede in der Wortverarbeitung und Sprachverarbeitung sind es, die darüber entscheiden, ob eine Werbebotschaft oder ein Produktangebot wirkt oder nicht", so Hans-Georg Häusel in seinem Buch „Brain View". Was das bedeutet? Die unterschiedliche Speicherung von Wörtern hat etwas mit den Funktionen der Sprache zu tun.

Die Sprache entscheidet, ob und wie Ihre Botschaft aufgenommen wird.

33

Was Sprache alles
kann ...

Sprache macht kenntlich und schafft Klarheit. Mal mehr bei bildhafter Sprache, mal weniger, wenn Sie abstrakte Wörter verwenden, die kein Bild abrufen.

Sprache emotionalisiert. Da Emotionen im Gehirn Vorfahrt haben, sind bildhafte und emotionale Wörter und Wendungen besonders stark. Denn in der Folge muss ja unter Umständen schnelles Handeln ausgelöst werden.

Sprache bewegt. Aktiviert ein Wort nicht nur das Bild, sondern auch das Bewegungsgehirn, das heißt die Stellen unseres Gehirns, die Bewegung steuern, wirkt es ebenfalls besonders stark. Ein Beispiel – in zwei Versionen:

```
Wie Wörter im Gehirn wirken:
Wählen Sie aktivierende Sprache!

Wie Wörter im Gehirn wirken:
Wählen Sie die Tigersprache!
```

Aktivieren Sie Ihre Leser

Schreiben Sie
bildhaft und aktivieren
Sie Ihre Leser!

Welcher Ausdruck bekommt wohl mehr Aufmerksamkeit: „Aktivierende Sprache" oder „Tigersprache"? Ganz genau: „Tigersprache". Der Grund: Dieses simple Wort aktiviert andere Gehirnregionen als der abstrakte Ausdruck. Während unser Gehirn bei „aktivierende Sprache" sinnbildlich noch ruhig im Sessel bleiben kann, aktiviert der Tiger andere Gehirnbereiche: Jetzt ist Aufmerksamkeit angesagt, mögliche Gefahr droht. Angriff oder Flucht könnten nötig werden.

Und nun überlegen Sie einmal, welche Wendung hat mehr Brisanz: wenn einer „den Stier bei den Hörnern packt", das „Problem direkt angeht" oder in „medias res geht"?

Wie Wörter und Wendungen wirken: Eine Rangfolge

1. Stärkste Wirkung

Da Emotionen im Gehirn Vorfahrt haben, sind bildhafte und emotionale Wörter und Wendungen besonders stark. Denn in der Folge muss ja unter Umständen schnelles Handeln ausgelöst werden.

Wie wirken Ihre Texte? Wie viel Emotion und bildhafte Wendungen sind enthalten?

2. Starke Wirkung

Auch mit weniger Emotion erreichen wir noch eine starke Aktivierung, wenn ein Wort nicht nur das Bild-, sondern auch das Bewegungsgehirn anspricht. Hier geht es um bildhafte Wörter und Wendungen, die Bewegung oder Handlung im weitesten Sinne auslösen.

3. Mäßige Wirkung

Bildhafte Wörter und Wendungen: Weniger Emotion, keine Bewegung, aber noch bildhaft.

4. Wenig Wirkung

Abstrakte Begriffe – und nicht bildhafte Wörter und Wendungen.

Zwei Quellenangaben:

Zum Thema „Gehirn" möchte ich Sie auf zwei Bücher aufmerksam machen, die nicht nur höchst interessant sind, sondern ausführlich darstellen, was hier für den Bereich der Sprache verkürzt wiedergegeben wird.

- Hans-Georg Häusel: Brain View. Freiburg: Haufe-Lexware, 3. Auflage, 2012.
- Christian Scheier und Dirk Held: Wie Werbung wirkt. Freiburg: Haufe-Lexware, 2. Auflage, 2012.

Buch-Tipps zum Weiterlesen ...

Textverständlichkeit: Was die Forschung sagt ...

Was Texte verständlich macht – wissenschaftlich erwiesen.

Auch die Wissenschaft beschäftigt sich immer wieder mit den oben genannten drei Stufen des Lesenvorgangs. Und das schon lange. Seit den 20er-Jahren verfolgt die Verständlichkeits- und Lesbarkeitsforschung zwei große Ansätze:

1. Die Orientierung an auszählbaren Textmerkmalen und ihre weitere „Verarbeitung" in Verständlichkeitsformeln. Zudem gibt's weitere Formeln, die Einzelaspekte der Sprache untersuchen: zum Beispiel die Frage nach Abstraktheit oder persönlicher Wirkung eines Textes.

2. Kriterienkataloge, die eine Zielgruppeneinschätzung wiedergeben.

Textverständlichkeit messen – mit dem Reading Ease nach Rudolf Flesch.

Die Tabelle auf der nächsten Seite folgt dem ersten Ansatz. Zugrunde liegt hier der sogenannte Reading Ease oder Verständlichkeits-Index eines Herrn Flesch aus dem Jahr 1948, entwickelt für die englische Sprache. Das Verfahren: Man nehme eine Textstichprobe von 100 Wörtern, zähle Satz- und Wortlängen und setze die Durchschnittszahlen in folgende Formel ein: $RE = 206{,}835 - 0{,}846\ wl - 1{,}015\ sl$. Dabei steht „wl" für die Anzahl der Silben pro 100 Wörter, „sl" steht für die durchschnittliche Anzahl der Wörter pro Satz.

Das Ergebnis ist eine Indexzahl. Und die finden Sie mit den zugeordneten Texten in der folgenden Tabelle. Für die deutsche Sprache anwendbar machte A. Mihm den Index in den siebziger Jahren. Er verschob jedoch wegen der größeren durchschnittlichen Wortlänge im Deutschen die Reading-Ease-Scores (linke Spalte).

Reading Ease für deutsche Texte	Entsprechender RE-Score für englische Texte	Charakteristik	Typischer Text	Mittlere Wortlänge	Mittlere Satzlänge
-20 bis +10	0 - 30	Sehr schwer	Wissenschaftliche Abhandlung	Über 2,20	Über 30
10 bis 30	30 - 50	Schwierig	Fachliteratur	1,90	25
30 bis 40	50 - 60	Anspruchsvoll	Sachbuch, Roman (z. B. Thomas Mann: „Buddenbrooks")	1,78	21
40 bis 50	60 - 70	Normal	Roman (z. B. Max Frisch: „Stiller")	1,70	17
50 bis 60	70 - 80	Einfach	Unterhaltungsliteratur (z. B. „Karl May")	1,62	14
60 bis 70	80 - 90	Leicht	Heftchenroman	1,54	11
70 bis 80	90 - 100	Sehr leicht	Comics	Unter 1,45	Unter 9

Der Verständlichkeits-Index nach Flesch (Quelle: Norbert Groeben, Leserpsychologie, Münster 1982, S. 179)

In den USA werden solche Formeln tatsächlich genutzt. So teilt man Kongressrednern oft einen geforderten Reading Ease mit, um zu verhindern, dass eine Präsentation in unverständliches Kauderwelsch abgleitet.

Dem Ansatz Nr. 2 „Einschätzung eines Textes durch eine Zielgruppe" folgt zum Beispiel das Hamburger Modell der Verständlichkeitsforschung. Hier haben die Psychologen Langer, Schulz von Thun und Tausch zunächst eine Liste von Eigenschaften angelegt, die sich zur Beschreibung und Einschätzung von Texten eignen. Diese Liste wurde zu polaren Skalen verarbeitet, die vier „Dimensionen der Verständlichkeit" genauer beschreiben. Experten beurteilen nun verschiedene Texte hinsichtlich dieser Merkmale. Wichtig ist hier: Es handelt sich um Eindrucks-Merkmale.

Die vier Dimensionen der Textverständlichkeit.

Sie werden also nicht objektiv ausgezählt, sondern intuitiv bei der Lektüre erfasst.

Die Dimensionen der Textverständlichkeit

Linke Seite: So soll
Ihr Text sein. Rechte
Seite: So nicht.

Einfachheit	Kompliziertheit
Gliederung / Ordnung	Ungegliedertheit / Zusammenhanglosigkeit
Kürze / Prägnanz	Weitschweifigkeit
Zusätzliche Stimulanz	Keine zusätzliche Stimulanz

Die Verständlichkeit Ihres Textes können Sie auch ganz einfach mit dem Textinspektor prüfen. Er geht auf die Formeln von Flesch und Mihm zurück.

Der Textinspektor: Das kostenlose Verständlichkeits-Werkzeug des Texterclubs

Wie verständlich ist Ihr Text? Testen Sie es gratis mit dem Textinspektor ...

 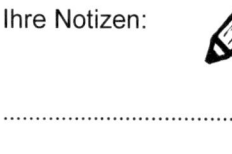
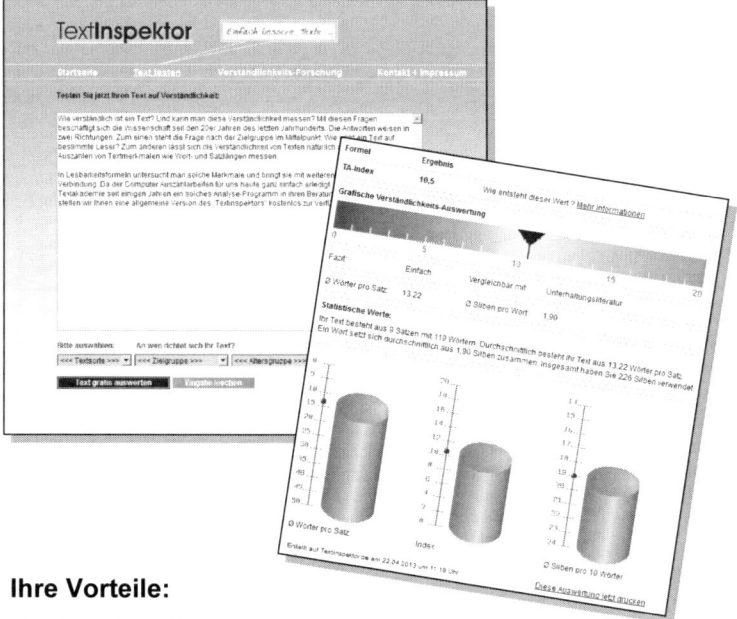

Ihre Vorteile:

Der Textinspektor ...

- zeigt kostenlos, ob Ihr Text verständlich ist,
- liefert einen Verständlichkeitswert und setzt Ihren Text in Beziehung zu Vergleichstexten,
- zeigt Schwächen in Satz- oder Wortlängen auf einen Blick,
- demonstriert ganz objektiv Optimierungspotenziale und begleitet Ihre Optimierung,
- ist als Analyseprogramm des Texterclubs und SGV Verlags seit Jahren in Projekten erprobt.

Eigene Texte ☑ einfach per Copy + Paste eingeben und prüfen lassen!

Einfach ausprobieren unter <u>www.textinspektor.de</u>!

Ihre Notizen:

....

....

Werkzeugkasten: 10 Tipps, die Ihre Texte sofort verbessern

Ihr Textentwurf steht? Der erste Schritt ist getan? Jetzt geht es an den Feinschliff. Und hier kommen die 10 Tipps ins Spiel, die Texte sofort besser machen. Zusammengefasst in einem einfachen Baukasten: dem Redigiersystem. „Styleguide" nennt man solche Regelwerke oft in Unternehmen. Klingt vielleicht flotter, meint aber genau dasselbe. Schritt für Schritt überarbeiten Sie damit – genau wie die Profis – Ihre Texte und kommen so ganz systematisch zu einem spannenden, aktivierenden, leicht lesbaren Endergebnis. Dem Reintext.

Texten ist ein Prozess ...

Schreib-Profis arbeiten mit System. Sie wissen: Texten ist ein Prozess! Deshalb zielen versierte Texter nie sofort auf den druckreifen Reintext. Sie schreiben einfach einen ersten Entwurf. Und dabei geht's erst einmal darum, das Thema zu fassen – nicht um „Druckreife". „Rohtexte" nennt man solche Entwürfe. Sie entstehen schneller und machen mehr Spaß. Erst wenn der Rohtext steht, bearbeiten Sie ihn Schritt für Schritt weiter bis zum endgültigen Resultat. Diese Bearbeitung nennt man in der ersten Phase „Redigieren". Dazu öffnen Texter ihre Trickkiste und folgen klaren Schritten, die Sie gleich kennenlernen.

 Mehr zum Thema gibt's hier im Video.

www.sgv-verlag.de/rohtext-reintext.html

Tipp 1: Markieren Sie zu lange Sätze!

Zu lange Sätze machen es dem Leser schwer. Und schwer haben's Leser nicht gern. Die Folge: Sie lesen nicht weiter. Also kontrollieren Sie Ihre Sätze. Ist ein Satz zu lang, dann teilen Sie ihn. Bei 14 Wörtern setzt man die Obergrenze für gesprochene Texte an. Deshalb lautet Ihre praktische Schreibregel für den Alltag: Ihre Sätze sollten nicht länger als 14 bis 20 Wörter sein. Setzen Sie lieber früher Ihren

Sind Ihre Sätze zu lang?

Ihre Notizen:

....

....

Wählen Sie
Wörter, die
Ihr Leser sofort
versteht.

Sprechen Sie
Ihren Leser
mit Pronomen
direkt an.

Punkt. Überlegen Sie, ob Sie Sätze aufteilen können. Vergessen Sie dabei nicht: Wenn ein sehr umfangreicher Text ein paar längere Sätze enthält, macht das nichts. Die Satzmonster sollen nur nicht überhandnehmen.

Tipp 2: Jagen Sie Wortmonster!

Wortmonster sind Wörter mit fünf oder mehr Silben. Die sind so lang, dass sie den Schärfebereich unseres Auges – ein Oval mit ca. 3 cm Durchmesser – überschreiten. Um Wortmonster zu entziffern, braucht Ihr Leser Konzentration und Zeit, denn das Auge muss mehrmals ansetzen. Das heißt, es wird wieder schwer. Und Sie wissen ja, was Werbeleser tun, wenn's schwer wird … Überlegen Sie, ob Sie den Begriff mithilfe des Genitivs umschreiben können (aus „Billardtischoberfläche" wird „Oberfläche des Billardtisches"). Oder Sie trennen ganz einfach durch einen Bindestrich („Billardtisch-Oberfläche").

Tipp 3: Fremdwörter und Fachbegriffe adieu!

Werbetexte müssen mühelos im Gehirn Ihrer Leser landen. Denn die fragen: „Erkenne ich Vorteile? Macht der Text neugierig? Entdecke ich Bekanntes? Muss ich etwas tun?" Heißt die Antwort häufig „Ja", schalten die Leser auf Empfang. Deshalb: Bleiben Sie verständlich. Fremdwörter und Fachbegriffe stehen hier meist im Weg und machen den Text wieder schwieriger. Suchen Sie nach Begriffen, die der Leser einfacher versteht. Führen Sie wichtige Fachbegriffe behutsam ein und erklären Sie diese. Übrigens: Ganz klar, dass „verständlich" gerade in Fachzielgruppen immer wieder etwas anderes bedeuten kann.

Tipp 4: Bleiben Sie persönlich!

Die Pronomen *Sie, Ihnen* und *Ihr* sind Stellvertreter für den Namen des Lesers. Sie machen Ihren Text persönlicher und bringen das beschriebene Produkt oder die Dienstleistung noch näher zum Kunden. Schreiben Sie also nicht nur bildhaft, sondern stellen Sie gleich den Bezug zum Leser her: „Hier sehen Sie *Ihr* neues Auto" – und nicht „Hier sehen Sie *unser* neues Auto". Mein Tipp: Im Brief sollten zwei Drittel der Pronomen *Sie, Ihr, Ihnen* und ein Drittel *ich, wir, unser* sein. Überprüfen Sie Ihre eigenen Texte: Wo lassen sich *ich / wir / unser* in *Sie / Ihr / Ihnen* verwandeln?

Wo lassen sich „ich" oder „wir" durch leserbezogene Pronomen ersetzen?

Tipp 5: Streichen Sie Hilfsverben!

Je weiter vorn im Satz Ihr Verb erscheint, desto schneller ist dieser Satz. *Müssen, können, möchten, dürfen, wollen, sollen* oder *würden* sind Hilfsverben. Und die verbannen den lebendigen Teil Ihres Satzes – das Verb – ans Satzende. Die Folge: Der Satz verliert an Geschwindigkeit. Sagen Sie ganz klar, was Ihr Produkt kann. Was es leistet, und nicht, was es leisten könnte. Streichen Sie Hilfsverben und bringen Sie Ihre Verben wieder nach vorn. So wird aus „können wir Ihnen schicken" das konkretere und schnellere „schicken wir Ihnen".

Tipp 6: Keine Chance dem Hauptwort-Stil!

„Für die Zurverfügungstellung Ihrer Produktneuheit und das unterbreitete Kooperationsangebot ..." Stopp!, denkt Ihr Gehirn. Und das völlig zu Recht. Wörter, die auf *-ung, -heit, -keit, -ät, -ive, -ion, -ik* oder *-ismus* enden, signalisieren: Hier versteckt sich wahrscheinlich ein abstraktes und bildleeres Substantiv. Für einen lebendigen und schnellen Text gilt: Meiden Sie den Hauptwort- oder Nominalstil. Verwenden Sie lieber Substantive, die konkrete Bilder abrufen – also „Rose" oder „Orchidee" anstatt „Blume". Und setzen sie auf aktive Verben. Dann wird aus „Es erfolgte keine Antwort von ihrer Seite" ein aktives „Sie antwortete nicht".

Schreiben Sie aktiv – und im Verbalstil.

Tipp 7: Formulieren Sie positiv!

Denken Sie jetzt nicht an einen lila Elefanten! Nein! Nicht dran denken! Sie merken: keine Chance. Schuld ist unsere rechte Gehirnhälfte. Die kennt nur Bilder. Nicht-Bilder gibt es nicht. Was das mit Texten zu tun hat? Mit Begriffen wie „keine Gefahr" oder „kein Risiko" generieren Sie automatisch Bilder von Gefahr und Risiko im Kopf Ihres Lesers. Und das wollen Sie vermutlich nicht ... Suchen Sie nach negativen Begriffen und formulieren Sie um. Aus „keine Gefahr" wird „absolut sicher". Aus „kein Problem" wird „einfach" und so weiter.

Nicht-Bilder gibt es nicht!

43

Tipp 8: Achtung Unwörter, Floskeln und Worthülsen!

Definieren Sie
sprachliche
No-gos.

Jedes Unternehmen sollte schriftliche Standards und absolute No-gos definieren. Also alle sprachlichen Fehlgriffe, die „nicht gehen". Dazu gehören zum Beispiel abgedroschene Floskeln, Worthülsen oder negativ besetzte Wörter, die sich immer wieder einschleichen. Da sind dann alle Produkte „praktisch" oder „innovativ". Aber mal ehrlich: Was bedeutet das für den Kunden? Überlegen Sie, wie Sie anstelle von Worthülsen oder Floskeln besser, konkreter formulieren können. Damit bringen Sie frischen Wind in Ihre Texte.

Tipp 9: Kennzeichnen Sie Passiv-Konstruktionen!

Streichen Sie
Passiv-
Konstruktionen.

Im Werbetext hat das Passiv nichts verloren! Denn es wirkt distanziert und hölzern. Es macht Ihren Text unpersönlich. Aktiv formulierte Sätze wirken dagegen viel dynamischer und freundlicher. Hier wird nicht etwas getan. Hier tut jemand etwas, hier gibt's „Action". Der Kunde bekommt das Gefühl, aktiv mit Ihnen im Gespräch zu stehen.

Tipp 10: Trend- und Modewörter? Nur mit Augenmaß.

Hier ist es ganz besonders wichtig, seine Zielgruppe klar vor Augen zu haben. Sind es Jugendliche? Senioren? Wie ist der Sprachgebrauch? Machen Sie sich bewusst, wie viele Trend- und Modewörter (zum Beispiel Anglizismen) Sie nutzen. Verwenden Sie solche Begriffe mit Augenmaß. Denn sie sind mitunter schnelllebigen Trends unterworfen und oft nicht klar definiert. Das führt schnell zu Missverständnissen. Überlegen Sie auch hier: Lässt sich das Wort durch einen üblicheren (deutschen) Begriff ersetzen?

Ausnahmen sind
erlaubt.

Natürlich hat beim Redigieren nur einer das letzte Wort: Sie! Denn den einzig richtigen Weg zu texten gibt es nicht. Sonst klängen alle Texte gleich. Denken Sie also daran: Nichts, was Sie hier lesen, ist in Stein gemeißelt. Aber: Die einzelnen Redigierschritte sensibilisieren Sie für umständlichen Korrespondenzstil und andere Dinge, die Ihre Texte schwer lesbar machen. Und wer dieses Handwerkszeug aus dem Effeff beherrscht, dem sind geniale Regelverstöße natürlich ausdrücklich erlaubt! Aber bis dahin heißt es (vielleicht) erst einmal: üben, üben, üben …

Praktisches Werkzeug: Die Redigiertafel …

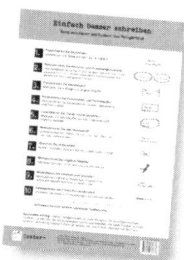

Mehr zum Thema Redigieren landet vielleicht schon morgen auf Ihrem Schreibtisch – per Redigiertafel. Ein Texter-Werkzeug, das wir oft in Unternehmen einsetzen. Laminiert und im A4-Format. Zeigt alle Optimierungs-Tricks auf einen Blick. Mit Checkliste und praktischen Erklärungen. Trotzt Kaffee-, Senf- und Schokoladenflecken, gehört auf jeden Schreibtisch und begleitet Sie auch in die Badewanne. Man weiß schließlich nie, wo einen geniale Einfälle überraschen. Bestellbar unter www.sgv-verlag.de.

Alle Optimierungs-tricks auf einen Blick.

 Zusammenfassung

Wie's weitergeht …

Ganz schön umfangreich. Und das ganz schön spannend. Das war das Fundament. Jetzt wissen Sie, warum Werbetexte so sind, wie sie sind. Kurz, knackig und schnell auf den Punkt. Und Sie haben ein Programm kennengelernt, das hilft, aus Rohtexten Werbetexte zu machen. Wie gesagt. Diese 10 Schritte bilden oft die Grundpfeiler sogenannter Styleguides. Denn noch immer gibt's in Unternehmen viel zu tun – wenn es um den Text geht. Noch immer ist Text ein unterschätzter Wettbewerbsfaktor. Und noch immer legen Firmen ihre Corporate Identity fest, kümmern sich bis ins Kleinste um die Grafik – aber vergessen den Text. Wichtig ist eben nicht nur, was wir sagen, sondern wie wir etwas sagen. Deshalb dreht sich dann auch eines der folgenden Kapitel um die Themen Emotion und Tonalität.

 Ihre Notizen:

....

....

Vorher geht's aber um das Offensichtliche: Eine alte Texterregel sagt: Verkaufstexte sind vorausgedachte Gespräche mit einer starken Führung. Denn wer Response will, Bestellungen, Klicks, Anfragen – der muss seine Leser dorthin führen. Wie bringt man also das Auge eines Lesers an die richtigen Punkte, und wie bringt man seinen Kopf und sein Herz dazu, „Ja" zu sagen? Darum geht's in Kapitel 2.

2 Führung

Was Sie in diesem Kapitel erwartet ...

2

FÜHRUNG

Führung

Darum geht's in Kapitel 2 ...

„Verkaufstexte sind vorausgedachte Gespräche mit starker Führung." Eine alte Texter-Weisheit. Doch das Führen eines Lesers geschieht auf vielerlei Art.

Manchmal ganz offensichtlich, manchmal ganz subtil, doch ohne sie geht es nicht: Führung im Text findet auf vielen Ebenen statt. Natürlich am offensichtlichsten in **Führungsfloskeln und -sätzen**. „Bitte wenden" oder „In den Einkaufskorb" wären zwei solche Floskeln. Oder jede Bestellaufforderung: „Am besten überzeugen Sie sich selbst! Gleich anrufen oder mailen!"

Aber Führung ist vielschichtig. Sie findet auf vielen Ebenen statt. Dieses Kapitel zeigt neun Wege, im Text zu führen. Dreimal geht's um die Führung in den Text hinein. Zunächst ganz einfach: Wir betrachten den Lesevorgang selbst noch einmal genauer und lernen, dass wir sehr wohl bestimmen können, **was ins Auge fällt**. Weil wir den Blick des Betrachters im Lesevorgang beeinflussen können. Das kann aber nur, wer grundsätzlich versteht, wie ein Lesevorgang abläuft.

Headlines und Anreißertexte – ob in Print oder Internet – gehören zur „hohen Kunst" des Texters. Muss er doch in wenigen Zeichen so viel Druck aufbauen, dass seine Zielperson mit dem Lesen beginnt. Oder weiterklickt. Besonders zum Thema Teaser finden Sie hier viel Neues und ganz praktische Anleitungen.

Und dann: drin. Wir lesen! Doch die Führung zu einer veränderten Haltung oder einem neuen Verhalten geht weiter. Wie stark **Satzzeichen** dabei mithelfen, zeigt einer der folgenden Abschnitte. Und auch der **Aufbau einer Ja-Straße** und die Führung über „Ja / Nein"-Antworten gehören zu den etablierten Führungstechniken im Verkaufstext. Und natürlich: **die Nutzenargumentation**. Auf welchem Weg erreicht man den magischen Moment, an dem sich Kopf und Herz für ein Angebot entscheiden?

Nun geht es um das „Kauf mich", um es einmal in der Sprache der „Toten Hosen" zu sagen. Erinnern Sie sich noch an diesen Hit? In der Literatur steht hier der Terminus technicus „call to action", aber wir merken uns einfach: **Verkauf braucht das „Kauf mich!"** – sonst findet er nicht statt. Zwei Beiträge spitzen das Thema noch etwas zu und beschäftigen sich unter anderem mit dem **Ausstieg aus E-Mail und Brief**. Weil es unglaublich wichtig ist, den Leser bis in die Bestellung zu führen.

Intermedial wird es mit dem letzten Teil dieses Kapitels. Mit einem Thema, das immer wichtiger wird: Wie komme ich **vom Print ins Web**? Wie schön wäre es doch, könnte man die Produkte aus dem Print-Katalog direkt im Web lebendig werden lassen. Zukunftsmusik? Schon lange nicht mehr. Mit dem IKEA-Katalog ist „Augmented Reality" in der breiten Öffentlichkeit angekommen. Was das heißt, wie man QR-Codes einsetzen kann, warum Smartphone und iPad Print und Web wirklich effektiv verbinden, lesen Sie am Ende des Kapitels.

Aber lesen Sie doch einfach los!

2 FÜHRUNG

Ihre Notizen:

....

....

Hervorhebungen: Zeigen Sie dem Auge, wo's langgeht ...

... denn da geht die Führung los. Kapitel 1 hat gezeigt, was beim Lesen alles passiert. Vor allem, dass das Auge verschiedene Haltepunkte braucht, um kontinuierlich über den Text zu fliegen. Wichtig für Ihren Text: Wer weiß, wie sich das Auge durch eine Zeile bewegt, erhält wertvolle Rückschlüsse für den Umgang mit Hervorhebungen. Denn Hervorhebungen wecken beim Leser Interesse und führen auf den ersten Blick in den Text.

In nur wenigen Zehntelsekunden entscheidet es sich: Lesen oder Nicht-Lesen eines Werbemittels. In dieser kurzen Zeit geht es für Ihren Brief, Ihre Anzeige oder Ihren E-Mail-Newsletter um alles! Denn für den ersten Eindruck gibt es bekanntlich keine zweite Chance. In der ersten Begegnung geht es nur ums „Sehen" – ein erstes Überfliegen der Seiten. Hier werden nur bestimmte Punkte erkannt. Meistens sind das Bilder, Headlines oder Grafiken. Erst in einer zweiten Phase geht es dann um den eigentlichen Lesevorgang.

Für den ersten Eindruck gibt's keine zweite Chance.

Was bedeutet das für Brief, E-Mail und die anderen Werbemittel?

Beim ersten Überfliegen einer DIN-A4-Seite hält das Auge des Betrachters bis zu zehnmal an. Dies ist ein schwer zu erreichendes Maximum. Für Ihre Texte bedeutet das: Jeder Haltepunkt sollte das Interesse des Betrachters wecken, neugierig machen und am besten einen Vorteil übermitteln. So führen Sie Ihren Leser durch Brief, Newsletter und Co. und holen sich immer wieder seine Zustimmung (das „Ja") ab. Steht am Ende dieser Zustimmungskette eine positive Bilanz, beginnt der Lesevorgang.

Die größte Optimierungschance liegt in der Phase vor dem Lesen. Also in der Konzeption.

Platzieren
Sie Vorteile
möglichst prominent.

Sie sollten Ihr Werbemittel für das erste „Scannen" also unbedingt klar strukturieren. Heben Sie Vorteile durch Bilder und Headlines deutlich hervor. Ihr wichtigster Leservorteil hat hier natürlich die größte Prominenz. Das schaffen Sie durch Größe oder Farbe. Lässt sich der Vorteil nicht zeigen und es bleibt bei einer reinen Produktabbildung, platzieren Sie den Vorteil durch Einklinker, Bulletpoints oder Headline am Bild. Natürlich braucht auch Ihr Text eine Struktur, die sagt: Ich bin leicht auszuwerten. Machen Sie also Textblöcke, die mit Headlines eingeleitet werden (vor allem in Prospekt, Anzeige und E-Mail-Newsletter) und achten Sie bei Langtext auf eine klare Absatzstruktur.

Der erste Blick: Bilder und Grafiken

Mit Bildern und Grafiken legen Sie die erste Spur im Kopf Ihrer Leser. Das bedeutet: Bilder müssen immer zur Botschaft, zu Ihrem Produkt oder Unternehmen passen.

2 wichtige Grundregeln zum Bild-Einsatz in Print und Web:

Wählen Sie
verständliche
Bilder.

1. Verwenden Sie nur Bilder, wenn deren Aussage klar ist. Mit missverständlichen Bildern verwirren Sie Ihren Leser. Er macht sich Gedanken über die Grafik, der Text wird zweitrangig und unter Umständen nicht mehr gelesen. Deshalb sollten Bilder immer eine Botschaft besitzen. Reine „Schmuckbilder" nehmen Ihnen nur wichtige Augenhaltepunkte weg.

Die optimale Position
für Bilder: links oben.

2. In DIN-A4-Briefen verläuft der Blick fast immer von links oben nach rechts unten. Deswegen ist der perfekte Platz für Bilder die linke obere Hälfte der Seite. Steht ein Bild am unteren Ende der Seite, im schlimmsten Fall auch noch rechts, ziehen Sie Ihre Leser direkt zum Ausgang. Genauso ist es übrigens auch in der E-Mail. Auch hier gilt: Oben vor unten und links vor rechts. In einem Fall können Sie Bilder und Grafiken auch an das Ende setzen. Und zwar dann, wenn Sie einen starken

Vorteil vermitteln, der Ihre Leser wieder in den Text zieht. Klassisches Beispiel: Abonnenten-Geschenke oder Rabatt-Aktionen.

Noch vor dem Inhalt: Hervorhebungen im Text …

Heben Sie einzelne Textpassagen hervor, um Ihren Texten noch mehr Struktur zu geben. Ob Brief, Prospekt oder E-Mail – sie alle haben eines gemeinsam: die Kernbotschaft! Sie ist der wichtigste Teil Ihres Textes. Sie muss auf jeden Fall vom Leser wahrgenommen werden und weckt das Interesse, in den Lesevorgang einzusteigen. Damit Ihre Kernbotschaft möglichst schnell ankommt, heben wir sie hervor. Eine Hervorhebung ist also eine optische Kennzeichnung Ihrer zentralen Aussage. So versteht Ihr Wunschkunde auch ohne die Lektüre des gesamten Textes Ihre Kernbotschaft! In wenigen Sekunden-Bruchteilen. Sie müssen dabei nur folgende Regeln beachten:

Der wichtigste Leservorteil sollte am meisten auffallen.

Hervorheben ja – aber ohne abzulenken

Setzen Sie Hervorhebungen sparsam ein! Richtig verwendet, lenken Sie den Blick Ihrer Zielperson auf eine von Ihnen gelegte Spur. Auch wenn sich Ihr Wunschkunde nur kurz mit Ihrem Text beschäftigt, wird er Ihre Kernbotschaft erkennen und behalten. Und das ist ja auch Ihr Ziel! Zu viele Hervorhebungen jedoch wirken wie ein optischer Block. Denn ist in einem Text alles fettgedruckt, kann der Leser nicht mehr zwischen wichtig und unwichtig unterscheiden. Und obendrein lässt sich dieser Text dann auch wesentlich langsamer lesen und auswerten!

Gehen Sie mit Hervorhebungen sparsam um.

6 wichtige Details: So funktioniert's …

1. Verwenden Sie für die Headline eine größere Schrift und / oder Fettdruck.

2. Entscheiden Sie sich für eine Schriftgröße. Diese wird während des gesamten Textes beibehalten. Der Grund:

Auf den Punkt: So heben Sie gekonnt hervor.

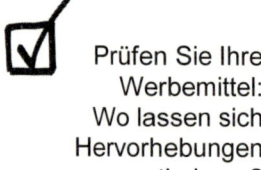

Prüfen Sie Ihre
Werbemittel:
Wo lassen sich
Hervorhebungen
optimieren?

Unterschiedliche Schriftgrößen innerhalb eines Absatzes führen beim Leser zu Verwirrung.

3. Nutzen Sie Fettdruck oder unterstreichen Sie. Beides ist möglich. Fettdruck ist die moderne Form, Inhalte herauszuheben. Denn im Zeitalter des Internets assoziieren wir unterstrichene Wörter immer häufiger mit einem Link. Aber Achtung: Auf keinen Fall sollten Sie variieren. Entweder Sie unterstreichen oder Sie verwenden Fettdruck.

4. Eine Hervorhebung pro Absatz ist optimal. Mehr als zwei sollten es nicht werden. Packen Sie also nicht zu viele Hervorhebungen in denselben Textabschnitt. Das macht unübersichtlich!

5. Auf eines sollten Sie ganz besonders achten: Vermeiden Sie gebrochene Hervorhebungen. Mit anderen Worten: Bringen Sie Hervorhebungen in der gleichen Zeile unter. So kann Ihr Leser die betonte Information mit einem Blick erfassen.

6. Verzichten Sie auf zu lange Hervorhebungen. Denn der Schärfebereich unseres Auges ist ein Kreis mit etwa 2-3 cm Durchmesser. Daumenregel: nicht mehr als 3-5 Wörter.

Ein schneller
Word-Tipp ...

Praxis-Tipp: Textverarbeitung leicht gemacht

1. Markieren Sie den Textabschnitt mit Hilfe der Tastatur: („Strg" + Umschalttaste + Navigations-Pfeile)

2. Drücken Sie „Strg" + Umschalttaste + „F" und das Markierte wird fett.

3. Funktioniert übrigens auch mit Kursiv (+ „K") und (+ „U") für Unterstreichungen.

Mit etwas Übung geht das Hervorheben von Textpassagen schneller. Der Griff zur Maus wird überflüssig und Sie bleiben gedanklich im Text.

Wie textet man eine Headline, die zieht?

Headline, zu Deutsch „Kopfzeile", nennt man die werbliche Überschrift in Anzeigen, Prospekten, Briefen, E-Mails und sonstigen Werbemitteln. Im Werbebrief haben Headlines längst die Betreffzeile ersetzt. Sie sind mehr als bloße Inhaltsangabe, denn sie führen in den Text oder setzen ein geistiges Bild. Dieses Bild soll Ihren Leser motivieren, sich mit einem Angebot zu beschäftigen.

Die Headline ist der Wegweiser in den Text.

Das Ziel entscheidet

Je nach Zielsetzung unterscheidet man Headlines der klassischen Werbung und Dialogmarketing-Headlines. Klassische Headlines dürfen oft mutiger sein als ihre Kollegen aus dem Dialogmarketing. Denn während Letztere unter allen Umständen die Führung zur Reaktion halten müssen, erlauben klassische „Kopfzeilen" mehr Sprachspielereien, fördern kognitive Dissonanzen.

Sprachspiele, mutiger!

Klassische Headlines bauen ein Image auf.

↓ ganze Sätze, allein verständlich

Es geht um die Änderung einer Einstellung, um Image oder Bekanntheit. Der Leser soll über den Text und das geistige Bild nachdenken, darf ruhig innehalten, denn seine Denkzeit ist Beschäftigung mit Marke, Produkt, Unternehmen. Hier dürfen Kühe lila sein oder Autos laufen und laufen und laufen. Und manchmal versuchen wir, einem Leser ganze Sätze einzuprägen: „Der neue Passat. Luxus, an den man sich schnell gewöhnt." Klassische Überschriften präsentieren wie unser Beispiel oft eine vollständige Aussage. Sie ist komplett – und auch ohne den Folgetext verständlich.

Führende Headlines: Mit Rückenwind in den Lesevorgang

Die Dialogmarketing-Headline will eine Reaktion.

Anders die Dialogmarketing-Headline. Die Information, die sie liefert, ist selten vollständig. Ihre Hauptaufgabe: Sie soll den Leser motivieren, den Rest des Textes zu lesen. Sie führt in den Text, der Text motiviert zur Reaktion. Dialogmarketing-Konzepte bauen Spannungsbögen, wecken über Headlines und Texte Begehrlichkeiten und fordern die Bestellung. Dialogmarketing-Prospekte werfen Headlines wie Köder aus und hoffen, dass beim schnellen Durchblättern eines Prospekts der Blick hängen bleibt.

Es geht stets um die schnelle Führung in den Lesevorgang. Und der beginnt eine Zeile tiefer. Texten Sie so, dass eine Headline nicht zu langen Überlegungen führt. Sorgen Sie für ein „Weiter-Signal" im Kopf des Lesers. Bauen Sie eine inhaltliche Brücke zwischen Überschrift und dem folgenden Text.

Nur die richtige Information lässt Ihren Kunden weiterlesen

Auf die richtige Motivation kommt es an!

Ihr Kunde liest, was ihn interessiert und wovon er sich einen Nutzen verspricht. Nun ist Ihr Mailing ungeliebter Lesestoff, Ihr E-Mail-Newsletter auch bei vorliegender Permission als Werbung erkennbar. Nur mit der richtigen Motivation und den richtigen Schlüsselreizen können Sie den Empfänger zum Lesen animieren.

Im Folgenden finden Sie fünf Grundmotive der Informationsaufnahme mit jeweils einer passenden Headline. Es sind Antworten auf die Frage: Warum soll ich mich mit den folgenden Informationen beschäftigen? Im nächsten Abschnitt verraten dann vier Texttechniken, wie führende Headlines ganz einfach entstehen.

Ihre Notizen:

Übrigens: Die folgenden Motive sind Ihnen in Kapitel 1 bereits begegnet. Dort haben wir uns mit der Frage beschäftigt, warum Menschen überhaupt Informationen aufnehmen. Wer also noch einmal nachlesen will, findet weitere Details im Abschnitt „Wie Texte wirken" ab Seite 25.

Fünf starke Motive, die zum Lesen animieren

Mehr zum Thema gibt's hier im Video.

www.sgv-verlag.de/info-aufnahme.html

1. Neugier

Bauen Sie einen Spannungsbogen zwischen Headline und Text auf. Ihr Leser muss unbedingt wissen wollen, wie es weitergeht!

```
So bringen Sie Ihren Kunden zum Lesen ...
```

2. Angst / Druck

Gemeint ist die Angst, etwas zu versäumen oder eine wichtige Information nicht zu kennen.

```
Nur noch diese Woche: Alles zum Thema
Headlines
```

3. Etwas Bekanntes

Kann Ihr Leser die Information aus der Headline mit etwas Bekanntem verknüpfen, ist die Chance groß, dass er weiterliest.

Bedient Ihr Text ☑ mindestens eines dieser Motive?

```
Wie Sie Ihren Textertipp zum Texterbuch
ausbauen ...
```

4. Etwas Nützliches

Erwähnen Sie einen starken Vorteil in der Headline. Ihr Leser muss erkennen, dass er nur durch die Lektüre des Textes zu dem angesprochenen Vorteil gelangt.

```
Jetzt gratis: So testen Sie unser Angebot
der Woche
```

5. Eine schnelle Information

Menschen haben die Tendenz, sich zuerst den Informationen zuzuwenden, die sich einfach auswerten lassen. Je kürzer die Headline, desto „schneller" ist sie.

```
Neu: Alles über Headlines ...
```

Vier Techniken für Ihre Headline

1. Die Inhaltsangabe mit Turbo

Headline-Technik Nr. 1: Aktivierendes Vorsatzwort plus drei Punkte am Ende.

Der Text-Inhalt wird in der Headline kurz aufgenommen. Drei Punkte (...) am Ende der Zeile führen in den nächsten Absatz. Hier empfiehlt sich ein weiteres aktivierendes Element am Zeilenanfang, wie zum Beispiel: „Neu", „Gleich jetzt bestellen" etc.

```
Neu: Ihr Textertipp zum Thema
Headlines ...
```

2. Die verblüffende Inhaltsangabe

Headline-Technik Nr. 2: Direkt-Ansprache plus Sprachbild plus Auslassungspunkte.

Diese Headline vereint drei aktivierende Impulse: ein verblüffendes Bild, die direkte Ansprache und die drei Punkte (...) am Ende. Lassen Sie Ihrer Fantasie freien Lauf ...

```
So starten Sie mit Rückenwind in den
Lesevorgang ...
```

Sehr wirkungsvoll sind hier Sprachbilder. Also überlegen Sie: Lässt sich Ihr Produkt verwandeln? „Kochbuch" wird zu „Meisterkoch" – in einer Headline, die lautet: `Holen Sie sich einen Meisterkoch in die Küche ...`

3. Fragemechanik

Headline-Technik Nr. 3: Zwei Über-schriften spielen zusammen.

Mit dieser Technik fesseln Sie den Blick Ihres Lesers. Hier arbeiten zwei Überschriften zusammen. Die Headline Nr. 1 enthält eine vollständige Aussage, ein Wortspiel oder wird so kurios formuliert, dass der Leser unbedingt wissen muss, was dahinter steckt. Durch eine zweite Überschrift (auf gleicher Ebene als Headline, aber auch in untergeordneter Ebene als Subline) führen Sie auch hier gekonnt in den Text.

Beispiele dazu:

```
Aussage: Mann beißt Hund!
Führung: So konnte es geschehen ...
```

Aussage: `Headline gesucht?`
Führung: `Hier werden Sie fündig ...`

Aussage: `Headlines im Handumdrehen!`
Führung: `So geht's ...`

4. Leserfragen-Technik

Für Dialogmarketing-Headlines eine der beliebtesten Varianten. Mit dem Einstieg „So ..." oder „Wie Sie ..." sprechen Sie den Leser direkt an. Sie erwähnen einen Vorteil und machen ihn damit neugierig! Leserfragen-Technik, weil zwischen Überschrift und dem Folgetext eine Frage im Kopf des Lesers erzeugt wird. Da die Antwort im Folgetext steckt, werden wir so in den Lesevorgang „gezogen".

Beispiel: `So werden Sie Profi-Texter ...`
(Frage im Kopf des Lesers: „Wie?" – auf der Suche nach einer Antwort liest er weiter.)

Headline-Technik
Nr. 4: Gelungener
Einstieg plus Vorteil.

Zur Konzeption: Was für die Headline gilt ...

Machen Sie es dem Betrachter so einfach wie möglich, gleich zu bestellen. Ihn dahin zu bekommen, ist aber nicht immer ganz einfach. Hier hilft ein klares Konzept, das bereits bei der Headline beginnt: Schon dort nennen wir den Hauptvorteil, der in den Text führt. Falls eine Subhead definiert wird: Sie erklärt den Hauptnutzen oder weist untergeordnete Vorteile aus:

In der Headline steht der Hauptvorteil.

`Wie Sie reich werden, ohne zu arbeiten ...`
`So schaffen Sie es in 10 Schritten`

Hier machen Sie per Leserfragen-Technik neugierig. Sie setzt die Frage „Wie kann ich den skizzierten Vorteil erreichen?" in den Text. Typische Einstiege wie „So ..." oder „Wie Sie ..." sprechen den Leser persönlich an und zeigen im weiteren Verlauf Vorteile. Übrigens: Zeitdruck erzeugen Sie mit Beschleunigern wie „jetzt", „gleich", „schnell".

Vorteilswörter sind garantierte Augenhaltepunkte.

Natürlich wirken hier auch die magischen Wörter des Dialogmarketings, die wir immer wieder gerne lesen: „neu", „gratis" oder „Gewinn" sind wie Bilder in unserem Gehirn gespeichert. Und sie sagen: Vorteil, Vorteil, Vorteil! Daher nutzt man sie für den Text in der Headline. Denn: Sie sind sichere, positive Augenhaltepunkte. Aber: Auch Headlines wirken im Dialogmarketing oft wie Bildelemente. Und da unser Gehirn die schnellere Information immer zuerst auswertet, entsteht eine Rangfolge, die sich per Eye-Tracking nachweisen lässt. Was wird zuerst betrachtet? Hier ist die Rangliste für Ihre Konzeptionen:

Wichtig für die Konzeption: Was am schnellsten im Gehirn ankommt ...

1. Große vor kleinen Headlines

So werden Sie Profitexter ...

So werden Sie Profitexter ...

2. Einzeilige vor mehrzeiligen Headlines

Wie Sie reich werden, ohne zu arbeiten ...

Hier lernen Sie in einfachen Schritten viele wichtige Kniffe und Tricks kennen, wie man seinen eigenen Lebensunterhalt ganz ohne Arbeit finanzieren kann.

3. Kurze vor langen Headlines

Reich werden ohne Arbeit!

Lernen Sie, wie man ohne Arbeit reich wird.

Ihre Notizen:

4. Farbige vor schwarzen Headlines

5. Unterlegte vor reinen Text-Headlines

So werden Sie reich, ohne zu arbeiten.

So werden Sie reich, ohne zu arbeiten.

....

....

Hier gilt jedoch: Sind die Kontraste zu gering, die Farben von Unter- oder Hinterlegung zu ähnlich, dann verschwindet der Effekt einer bewussten Hervorhebung merklich.

Wie steht's mit Ihren Headlines?

Ganz klar: Überschrift ist nicht immer gleich Überschrift. Natürlich kommt es jetzt darauf an, in welchem Medium Sie Ihre Headlines einsetzen. Für die werbliche Kommunikation wissen Sie nun, wie's geht. Aber auch für alle anderen Texte gilt: Die brave Inhaltsangabe in Kurzform, die wir in Aufsätzen oft als Überschrift nutzen, lässt sich allemal mit den eben gelernten Techniken auffrischen. Probieren Sie's einfach aus!

Für welches Medium und welche Zielgruppe schreiben Sie? Dazu muss auch Ihre Headline passen.

Die Headline im Internet

Ist da nun alles anders? Nein. Sicher nicht. Nur, die Headline im Internet muss vielleicht noch einen Tick schneller sein als im Print. Entscheidend sind hier vor allem die ersten drei Wörter. Ganz egal, wo auf einer Internet-Seite sich Ihre Headline befindet. Und kurz soll sie sein. Das verlangt der typische Blickverlauf am linken Rand von oben nach unten. Die Headline ist das Element, das den Kunden per Klick in tiefere Ebenen zu mehr Informationen beziehungsweise zu mehr Text führt.

INTERNET

Die Headline im Internet ist kurz und schnell.
Erste drei Wörter entscheiden.

Die folgenden zwei Punkte sollten Sie besonders im Auge haben:

1. Denken Sie daran, Ihre Headline kann auf einer der folgenden Ebenen als Link auftauchen. Das bedeutet, der Sinngehalt muss sich noch erschließen, auch wenn der folgende Text erst nach Klick ersichtlich ist. Die Folge: Auch eine Headline, die neugierig macht, funktioniert. Trotzdem sollten Sie darauf achten, nicht nur Aufmerksamkeit, sondern thematisch orientierte Aufmerksamkeit zu erzeugen.

Die Headline soll auch für sich allein stehen können.

thematisch orientiert

Keywords an
den Anfang der
Headline!

2. Google liest mit. Sie texten auch für den Google-Robot. Und der will eben die wichtigsten Schlüsselbegriffe finden. Deswegen heißt die Regel: Keywords an den Anfang der Headline. Bei wichtigen Heads hilft die Doppelpunkt-Technik. Schreiben Sie nicht einfach „Vom Print ins Web führen", sondern „QR-Codes: Vom Print ins Web führen".

Doch nicht nur Headlines machen im Internet Appetit auf mehr, führen zum nächsten Klick und damit in den Inhaltstext hinein. Jedes Web-Portal, jeder Newsletter braucht Anreißer-Texte oder „Teaser". Auch sie gehören zur hohen Kunst des Texters. Denn sie müssen schnell auf den Punkt kommen und in wenigen Worten vermitteln, warum sich das Weiterlesen lohnt.

Teaser texten: Tuning für Web-Portal und Newsletter

Spannung, Spannung, Spannung! Auf gut gemachten Internetportalen begegnen uns klassische Anreißer-Texte. Sie zwingen durch einen kurzen Text von 160 bis 300 Zeichen in den nächsten Klick. Und manchmal wiederholt sich dieses Spiel. Der Teaser führt zum Kurztext. Und der ist wiederum so spannend, dass der Langtext angeklickt werden muss.

Definition: Teaser

Schlagzeile(n), die den Leser ursprünglich zum Öffnen der Briefhülle (engl.: *to tease* = „aufreißen)" und damit zum Lesen eines Mailings veranlassen sollte(n). In der Werbesprache auch verwendet für hinführende, aktivierende Anreißertexte.

Teaser – eine kleine Definition ...

Gerade im Internet ist ein gelungener Teaser entscheidend. Denn hier wollen Besucher sofort wissen, worum es geht. Der Teaser ist dabei zusammen mit der Headline das wichtigste Kriterium bei der Entscheidung „Weiterlesen oder nicht?". Was die Headline andeutet, führt der Teaser näher aus. Im Internet werben viele Anreißer um die Gunst des Lesers – und alle möchten den Klick auf „weiter" auslösen. Doch nicht alle stoßen auf Leseinteresse. Zwar entscheiden über Leselust oder Lesefrust oft nur Nuancen – aber gerade auf die kommt es an.

Der Teaser macht da weiter, wo die Headline aufhört.

Zwei Grundtypen ...

Trotzdem ist der klassische Anreißer nur eine Möglichkeit, den Leser tiefer in die Information hineinzuführen. Neben dem Anreißer steht der journalistische Anschreiber. Das Fettgedruckte am Anfang des Artikels. Die vorweggenom-

Zwei Teaser-Typen ...

63

mene Kurz-Zusammenfassung. Sie ist weniger reißerisch, transportiert die ganze Meldung in wenigen Worten und reizt durch die Meldung selbst zum nächsten Klick.

Sie haben also grundsätzlich zwei Möglichkeiten, in einen Text hineinzuführen:

Welcher Anschreiber passt zu Ihrem Text?

1. Durch den **klassisch-werblichen Teaser** oder Anreißer. Er baut Spannung und Motivation auf. Kennzeichen: starke Führung!

2. Durch den **journalistischen Anschreiber**. Er baut sich um die klassischen W-Fragen herum auf: Wer, was, wann, warum, wen betrifft das? Kennzeichen: vollständige Info!

Je seriöser Ihr Medium oder Ihr Internet-Auftritt, desto eher werden Sie zum journalistischen Anschreiber tendieren. Allerdings findet sich heute in vielen Internetportalen ein Wechsel zwischen beiden Methoden.

Der journalistische Anschreiber: Die Antwort auf die W-Fragen

Der journalistische Anschreiber ist eine kurze Zusammenfassung des ganzen Textes.

Der journalistische Anschreiber, auch **Nachrichtenlead** oder **Lead-in** genannt, ist in seiner Art zurückhaltend. Er ist nicht so reißerisch wie sein werblicher Bruder und reizt durch die Kurzmeldung selbst zum Weiterlesen. Er eignet sich deshalb besonders für Texte mit hohem Nachrichtenwert.

Der journalistische Anschreiber versucht, möglichst die vollständige Nachricht in Kurzform darzustellen. Sein Ziel: Themeninteresse wecken. Orientieren Sie sich beim Texten dieses Teaser-Typs also an den klassischen W-Fragen.

1. Wer? / Was? / Wo?
2. Wann? / Wie? / Warum?
3. Wen betrifft das? / Wie lange? / Welche Folgen?

Selten beantwortet ein journalistischer Anschreiber alle W-Fragen. Meist werden nur die wichtigsten und die ersten fünf der obigen Reihenfolge thematisiert. Je nach Nachrichtenwert und Fülle der Neuigkeit reicht das aber aus, um dem Leser schon eine schnelle Zusammenfassung anzubieten. So kann er dann zügig herausfiltern, welche Artikel interessant sind, um sich dann der vollständigen Meldung zu widmen.

Beispiele:

Ihre Notizen:

....

....

> **Neue Chancen, neues Glück**
> Ab März 2009 gelten bei Lotto Müller für
> Spieler neue Regeln: Jedes zweite Los
> gewinnt! Mit dieser Qualitätsoffensive
> will Müller Marktführer werden. (<u>Mehr</u>)
>
> **Spanien ist Weltmeister**
> Die internationalen Medien feiern den
> neuen Weltmeister. Die Iberer schlugen
> die Niederlande verdient mit 1:0 nach
> Verlängerung. (<u>Mehr</u>)

Zwei Beispiele für journalistische Anschreiber.

Immer mehr vermischen sich journalistischer und werblicher Teaser: Nicht immer wird hier das gesamte Ereignis in Kurzform präsentiert. Wer wissen möchte, was geschah, muss klicken. Das hat immer noch den Anschein von seriösen und ungetrübten Informationen, bringt aber einen Schuss Aktivierung in den Anschreiber.

Der journalistische Anschreiber wird immer werblicher.

> **Der Süden ist die sonnigste Region der**
> **Republik, im Norden regnet es meist?**
> Meteorologen haben für SPIEGEL ONLINE
> die neuesten Wetterdaten ausgewertet –
> mit überraschenden Ergebnissen. (SPIEGEL
> Online)
>
> **Dem argentinischen Torwart schlottern**
> vor dem Viertelfinale gegen Deutschland
> beim Gedanken an ein Elfmeterschießen
> die Knie. Für die Begegnung hat er einen
> Wunsch. <u>mehr ...</u> (sport1.de)

Der werbliche Anreißer: Macht Appetit auf mehr

Der werbliche Teaser liefert nur eine Teilinformation.

Der werbliche Teaser funktioniert nach einer anderen Logik: Während der journalistische Anschreiber eine kurze Zusammenfassung des Langtextes liefert, lässt der Anreißer den Leser noch kurzzeitig im Dunkeln. Hier verraten Sie noch nicht alles, bestimmte Teilinformationen halten Sie bewusst zurück. So reizen Sie Ihren Leser und bauen Spannung und Motivation auf. Er muss klicken, um seiner Neugier nachzukommen. Denn nur der weitere Text liefert ihm die Antwort auf seine Frage(n).

Beispiele:

```
Neue Chancen, neues Glück
Bei Lotto Müller sorgt eine neue Regel
für satte Gewinne. Warum sich Spieler
darauf freuen, lesen Sie hier. (Mehr)

Warum gute Pfannen aus Eisen sind ...
Eine Bratpfanne muss hohe Temperaturen
aushalten und die Hitze direkt an das
Bratgut weitergeben. Entdecken Sie, warum
keine andere Pfanne an die naturbelasse-
ne Eisenpfanne heranreicht ...
```

Die Krux: den Mittelweg zwischen zu wenig und zu viel Info zu finden.

Beim Texten von Teasern bewegen wir uns immer auf einem schmalen Grat: Verraten wir zu viel, sinkt für den Leser die Motivation, sich auch dem Langtext zu widmen. Denn er glaubt bereits alles zu kennen. Zu wenig Information kann Ihren Leser im Gegenzug aber auch verwirren. Wenn ihm der Teaser nicht vermittelt, was ihn im Text erwartet, sinkt die Lust am Weiterlesen. Doch mit ein wenig Übung hat man schnell den Dreh raus. Texten Sie also Teaser, denen Ihre Leser nicht widerstehen können!

Wie Sie mit ganz kurzen Teasern umgehen …

Ihre Notizen:

Teaser oder Headline?

Manche Unternehmen arbeiten mit stark verkürzten Anschreibern von 100 bis 150 Zeichen. Der Grund: Selten ist genügend Platz, um eine vollständige Botschaft unterzubringen. Trotzdem geht es auch hier darum, mit 150 Zeichen genügend Aktivierung zu erzeugen, damit ein Leser klickt. Kleiner Vorteil: Der Teaser ist nicht ganz allein. Denn oft koppelt man den kurzen Text mit einem Bild.

Nun sind zwei Dinge wichtig:

1. Texten Sie Ihren Teaser wie eine Headline

Üblicherweise erscheint Ihr Teaser zusammen mit einer Headline: Texten Sie auch Ihre Teaser wie Headlines. Nutzen Sie die wahrnehmungspsychologischen Motive und erzeugen Sie so viel Zug wie möglich. Allerdings: Verknappen Sie die Information nicht zu sehr. Der Leser soll in den wenigen Zeichen schon wissen, was er bekommt.

Texten Sie Ihre Teaser wie Headlines.

```
30 Fotoabzüge
inklusive Versand für jetzt nur 0,99
Euro! mehr

Akku-Gartenschere
Kabelloses Trimmen von Hecken & Rasen!
mehr
```

2. Der Trick mit dem Doppelpunkt

Nützlicher Tipp: Oft hilft es, die Doppelpunkt- oder Bindestrich-Technik einzusetzen. Dadurch montieren Sie eine zweite Info-Einheit in Ihren Teaser und bauen zusätzliche Spannung auf.

Doppelpunkt und Bindestrich im Teaser bauen Spannung auf.

```
Backen von A-Z
Portofrei: Backofenzauberei à la Dr. Oetker

Topmarken - für jeden etwas dabei
Bench, Adidas oder s.Oliver: große
Markenvielfalt bei OTTO.
```

Psychologische Kniffe: So texten Sie Teaser, denen Ihre Leser nicht widerstehen können

Ein Anreißer soll das Problem lösen, mit dem Texter schon immer zu kämpfen hatten: die Schwierigkeit, Neugier auf Texte zu wecken. Denn Leser stellen sich beim Überfliegen eines Textes immer die Frage: „Warum soll ich mich mit den folgenden Informationen beschäftigen?". Die Antwort versucht der Teaser zu liefern. Auch hier greifen die im vorhergehenden Kapitel besprochenen fünf Motive der Informationsaufnahme:

Auch im Teaser:
5 Motive, warum wir Informationen aufnehmen.

1. **Neugier**
2. **Angst**
3. **Bekanntes**
4. **Nutzen**
5. **Eine schnelle Information**: Je kürzer die Information, desto schneller ist Ihr Teaser. Halten Sie Ihren Teaser deshalb bewusst kurz. Die Faustregel: 160 bis 350 Zeichen.

Drei Extra-Tipps für Werbe-Teaser: Spannung erzeugen

Das stärkste Motiv für den werblichen Anreißer ist wohl die Neugier. Daher kommen hier noch einmal drei Extra-Tipps, wie Sie Spannung und Neugier in Ihrem Teaser aufbauen.

Tipp 1: Lassen Sie Ihren Teaser mit einer Frage enden

Warum den Teaser nicht mit einer Frage beenden?

In meinen Seminaren empfehle ich meinen Teilnehmern, den Teaser mit einer Frage enden zu lassen. Mit der Neugier und der Angst, etwas zu verpassen, zwingen Sie Ihren Leser förmlich zur gewünschten Aktion.

```
TFT-Monitore sind oft breit wie ein Fern-
seher, aber welche Geräte sind die besten?
```
(AOL-Homepage)

> Viel zu trinken ist gerade im Sommer
> wichtig. Aber welches Getränk ist bei
> sommerlicher Hitze wirklich gesund?

Tipp 2: Dramatisieren Sie Ihre Aussage

Was auch funktioniert: das übertriebene Statement am
Ende Ihres Teasers. Reizen Sie Ihren Leser ein Stück weit,
indem Sie den letzten Satz des Anreißers bewusst dramati-
sieren.

Drama, baby!

> Damit brutto auch netto ist!

> Nie mehr das Bad schrubben!

Tipp 3: Formulieren Sie einen Wunschtraum

Eine dritte Möglichkeit, Spannung und Neugier in Ihrem
Teaser zu erzeugen, ist der Blick in die Zukunft. Formulieren Sie eine Idealsituation, die Ihren Leser erwartet, wenn
er sich mit Ihrem Text beschäftigt.

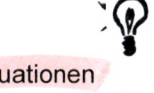

Idealsituationen
machen neugierig!

> Wie Sie reich werden, ohne zu arbeiten ...
> (mehr)

> Ihre Rente ist sicher, Ihr Bankkonto gut
> gefüllt. Wie das geht ...

69

Ihre Notizen:

....

....

Dirigieren mit Satzzeichen: So klingen Texte richtig gut

In manchen Texten spüren wir sie noch: die Macht der Satzzeichen. Wenn man nach dem Lesen eines Textes sagt: „Das klingt gut", wenn man von Texten einfach durch ihren eigentümlichen Rhythmus und Klang in den Bann gezogen wird. Herta Müller kann das. Oder Kafka. Und manche Werbeslogans: „Alle reden vom Wetter. Wir nicht." (Legendär: Deutsche Bahn, 1966). Wir können das innere Hören eben nicht einfach abschalten. Und so spielen Wortmelodie, Rhythmus und Satzmelodie im geschriebenen Wort eine wichtige Rolle. Im Text sind Satzzeichen ganz klar mitverantwortlich für Betonung und Klang – und eine oft ungenutzte Optimierungs-Chance. Dirigieren Sie doch ganz bewusst mit den richtigen Satzzeichen am Satzende. Wie's geht, verrät der folgende Abschnitt.

Satzzeichen sind eine oft unterschätzte Optimierungschance.

Punkt und Auslassungspunkte, Frage- und Ausrufezeichen: Die Zeichen am Satzende

Der Punkt: Vater aller Satzzeichen

Satzzeichen sind Zeichen „mit Vergangenheit". Sie stammen zum Großteil aus der Rhetorik, waren wichtige Hilfen für Redner. So auch der Punkt: das älteste Satzzeichen – und das wichtigste. Schon im römischen Altertum sagte er einem Vortragenden: Stopp! Mach hier eine kurze Pause! Gib deinen Zuhörern Gelegenheit, über deine Rede nachzudenken. Und gib dir selbst Gelegenheit, einmal tief Atem zu holen.

Der Punkt sagt dem Leser: Stopp. Hier kannst du dich kurz ausruhen.

In der heutigen Grammatik ist die Funktion ähnlich. Der Punkt trennt Sätze voneinander ab. Auch hier schafft er eine geistige Verschnaufpause – nur diesmal für den Leser, nicht den Zuhörer. Durch die Trennung gliedert der Punkt ganz natürlich den Aufbau Ihres Textes: Gedanke 1 – Punkt.

Ihre Notizen:

....

....

Gedanke 2 – Punkt. Und so weiter. Das zeigen auch die Aufforderungen „Mach mal 'nen Punkt" oder „Komm jetzt endlich auf den Punkt". Sie sagen im Grunde: Fasse dich kurz und gliedere deine Gedanken sauber. Kein schlechter Leitspruch für den Texter.

Das Fragezeichen ...

... ist noch relativ jung; seine heutige Funktion erhielt es erst im 15. Jahrhundert. Auch das Fragezeichen war zuerst ein Mittel, dem Sprecher die richtige Betonung des Satzes zu zeigen: Es zieht die Stimme am Satzende automatisch nach oben (zum Beispiel: „Du spielst Tennis?"). Beginnt die Frage mit einem Fragewort wie „wer", „wo" oder „warum", kann sich die Satzmelodie ändern und die Stimme am Ende des Satzes abfallen (zum Beispiel: „Wer war das?").

Das Fragezeichen schließt nicht ab, sondern führt den Leser weiter.

Im schriftlichen Gebrauch hat das Fragezeichen eine weitere Funktion. Wie der Punkt trennt es Sinneinheiten voneinander ab. Jedoch ist hier die Bedeutung eine andere. Der Punkt sagt: Dieser Gedanke ist abgeschlossen. Was ich sage, ist Fakt. Das Fragezeichen öffnet, verweist auf ein „weiter". Es fordert (meist) eine Antwort, sagt: „Hier ist noch etwas offen." Dramaturgisch ist das spannend – weil es im Verkaufstext um Führung geht. Varianten:

Direkte Fragen ziehen den Leser in den Text hinein, er wird Teil des Gedankengangs. Er vollzieht nach, wie der Texter denkt. Doch Vorsicht: Falsch eingesetzt kann das Fragezeichen Ihren Leser verwirren oder ihn sogar aus dem Text lenken. Besonders im Verkaufstext erwarten Leser jedoch Information und Führung. Richtig eingesetzt nutzt man Fragen, um Leser in den Text hineinzubringen. Daher: Nutzen Sie das Mittel richtig! Wenn Sie Fragen stellen, sollten Sie im nächsten Satz antworten. Etwa nach dem Modell: „Wie kam es zu dieser Entwicklung? Drei Gründe gaben den Ausschlag: 1. ..."

Wichtig:
Vergessen Sie
die Antwort nicht!

Und wenn Sie sich im Dialogmarketing bewegen, gilt ganz besonders: Texte sind vorausgedachte Gespräche. Fragen

Sie also nur, wenn Sie sicher sind, Ihr Leser bleibt durch seine Antwort im Text. Oder wenn Sie, wie oben, die Antwort gleich mitliefern oder andeuten können.

Die rhetorische Frage: Sie beteiligt den Leser am Gedankengang, und Sie als Texter behalten trotzdem die Führung. Warum? Weil bei der rhetorischen Frage die Antwort schon vorgegeben ist. Auf die Frage „Bestimmt sparen Sie auch gern Kosten?" antwortet Ihr Leser (im Normalfall) mit einem (gedachten) „Ja". Doch Vorsicht! Hier ist Augenmaß gefragt. Denn schnell wirken rhetorische Fragen zu banal.

Fragen als „Köder": Im Text oder in der Headline können Fragen auch als verbale Köder dienen. Der Leser denkt nach und will die Lösung. Der nachfolgende Text hilft bei der Beantwortung der Frage, und dieses Ich-will-die-Antwort motiviert dazu, weiterzulesen oder sich mit einem Produkt oder einer Marke intensiver zu beschäftigen. Beispiel: „Welche Farbe hat ein Zebra?"

Doch auch hier gilt: Setzen Sie solche Fragen zumindest im Dialogmarketing sparsam ein. Denn wenn Ihre Zielperson nun zu intensiv über die Frage nachdenkt, liest sie unter Umständen nicht weiter. In der klassischen Werbung ist die Beschäftigung mit einer Frage, die unsere Marke thematisiert, oft schon das Ziel, ein gedanklicher Stopp („Wohnst du noch oder lebst du schon?"). Im Dialogmarketing muss unser Leser weiter: zu Klick, Telefon, Fax. Zur Response eben. Deshalb schiebt man ihn hier mit Floskeln – und stellt zum Beispiel mit einem „So geht's" die Führung wieder her („Wohnen oder gleich besser leben? So geht's …").

Das Ausrufezeichen

Wie das Fragezeichen ist es ein sogenanntes Tonzeichen, das heißt, es beeinflusst die Melodie eines Satzes. Doch das Ausrufezeichen gibt keine genaue Satzmelodie vor. Es zeigt dem Sprecher nur, dass er mit voller Stimme vortragen soll.

Ihre Notizen:

....

....

Nutzen Sie Fragen als verbale „Köder".

Im Dialogmarketing soll die Frage vor allem in den Text führen.

Geschrieben hat das Ausrufezeichen eine doppelte Funktion:

1. Wie Punkt und Fragezeichen trennt es Bedeutungseinheiten voneinander ab. So gliedert sich Ihr Text, wird zu einer nachvollziehbaren Kette von Gedanken.

Das Ausrufezeichen betont Aussagen ...

2. Es unterstreicht Ihre Aussagen, macht sie lauter. Es ist die Möglichkeit, nur mit Zeichensetzung die Kernpunkte Ihres Textes herauszuarbeiten.

Der besondere Vorteil des Ausrufezeichens: Es „erhöht" sogar kurze Ausrufe zu vollwertigen Sätzen. Nur mit einem Ausrufezeichen machen Sie aus „Aua!" oder „Jetzt neu!" vollständige Einheiten.

... und es kann Bedeutungen verändern.

Und noch eine Leistung vollbringt das Ausrufezeichen: Es beeinflusst die Bedeutung von Sätzen – auch wenn alle Wörter gleich bleiben! An folgendem Beispiel erkennt man das:

> Das kannst du nicht tun.

Der Punkt macht diesen Satz sehr nüchtern. Der Sprecher hat entweder die Macht, etwas zu verbieten – oder er zweifelt daran, dass sein Gegenüber in der Lage ist, es zu tun.

> Das kannst du nicht tun!

Ihre Notizen:

Hier ist die Lage ganz anders. Der Satz ist wesentlich emotionaler – und das ändert auch seine Aussage: Der Sprecher ruft sein Gegenüber auf, etwas nicht zu tun. Anscheinend liegt ihm daran sehr viel, und er kann es gleichzeitig nicht verhindern. Auch möglich: Es ist bereits geschehen und der Ausruf zeigt den Ärger oder das Entsetzen des Sprechers darüber.

....

....

Vorsicht, Stakkato-Sätze!

> Endlich da! Das neue Sonderheft! Ab
> morgen am Kiosk. Gleich vorbeikommen!
> Anschauen! Kaufen!

Sätze wie diese nennt man Stakkato- oder Asthmatiker-Sätze. Warum? Sie wirken atemlos, bringen Tempo in den Text – und sind ein wichtiges Stilmittel, wenn es darum geht, einen Text rasanter zu machen. Hier reiht man kurze Sätze oder Teilsätze einfach aneinander oder wählt die Aufzählung. Nachteil: Zu viele Ausrufezeichen hintereinander wirken zu laut, machen Druck! Und ein Leser erkennt sie durch bloßes Ansehen der Satzstruktur. Überlegen Sie also, ob Sie beide Wirkungen, das Tempo und die Lautstärke, wirklich wollen.

Tempo! Lautstärke! Stakkato-Sätze!

Die Auslassungspunkte ...

... sind das letzte Satzschluss-Zeichen – und auch das letzte Tonzeichen. Die drei Punkte halten die Stimme am Satzende in derselben Tonlage. Anders als beim Punkt oder dem Fragezeichen bleibt die Satzmelodie hier also unabgeschlossen, offen. Damit aktivieren die Auslassungspunkte wie kein anderes Satzzeichen die Neugier des Lesers. Wenn schon die Stimme signalisiert: „Hier kommt noch etwas ...", dann geht das Gehirn sofort mit – und man liest automatisch weiter.

Punkt, Punkt, Punkt ... Da kommt noch was!

Darum sind die Punkte ... wie geschaffen für Werbetexte. Ganz besonders in führenden Überschriften oder Anreißer-Texten. Denn der Teaser soll den Kunden locken, er ist eine Art Köder. Das Ziel des Schreibers: Gib dem Leser den kleinen Finger – und bring ihn dazu, gleich die ganze Hand zu wollen. Wie erreichen Sie das als Texter? Mit der gezielt unvollständigen Information! Zwei Beispiele:

Unvollständige Infos machen neugierig.

```
Reich werden, ohne zu arbeiten? Hier sind
drei Wege, wie Sie's sicher schaffen ...

So werden Sie Profi-Gärtner ...
```

Ihre Notizen:

Die Satzmittelzeichen: Doppelpunkt, Strichpunkt, Komma und Gedankenstrich

....

....

Der Doppelpunkt: Steigert die Spannung

Der Doppelpunkt erschien zum ersten Mal vor mehr als tausend Jahren. Damals, im neunten Jahrhundert, war auch er auf den Vortrag ausgerichtet, kennzeichnete das Ende eines Verses. Bis vor etwa 300 Jahren teilte sich der Doppelpunkt seine Funktion im Großen und Ganzen mit dem Komma: einen langen Satz in mehrere Abschnitte gliedern. Heute ist sein Gebrauch viel differenzierter. Kaum ein Satzzeichen erfüllt so viele Aufgaben wie der Doppelpunkt. Hier eine Übersicht:

Ein Satzzeichen –
viele Funktionen ...

- Der Doppelpunkt leitet Zitate ein.

  Beispiel: `Er sagte zu seiner Chefin: So kann es nicht weiter gehen.`

- Der Doppelpunkt steht vor Aufzählungen.

  Beispiel: `Folgende Dinge brauchen wir zum Fest: Getränke, Becher, Teller und Stehtische.`

- Der Doppelpunkt steht gerade in offiziellen Schreiben und Listen, sei es in Besetzungslisten, Dosierungsanleitungen oder Lebensläufen:

  `Geburtsort: München`
  `Nationalität: deutsch`
  `Größe: 1, 68 m`
  `...`

Nutzen Sie den
Doppelpunkt, um Ihre
Aussagen zu
strukturieren.

- Der Doppelpunkt setzt ein Fazit, er bringt einen langen Abschnitt auf einen kurzen Nenner.

  Beispiel: `Lange Rede, kurzer Sinn: Das Projekt ist so nicht finanzierbar.`

Das macht den Doppelpunkt zu einem hervorragenden Zeichen, um den Gedankengang eines Textes nachvollziehbar zu machen. Denn er hat eine zweifache Funktion: Erstens schließt er einen Satz ab, hat damit ein ähnliche Funktion wie der Punkt. Zweitens ähnelt er auch dem Gedankenstrich, denn er sagt dem Leser: Lies weiter, hier kommt noch etwas!

Ein wichtiger Tipp zur Rechtschreibung: Für die Groß- und Kleinschreibung nach dem Doppelpunkt gelten folgende einfache Regeln:

Regel 1: Wenn der Satzteil, der nach dem Doppelpunkt steht, unvollständig ist, schreibt man nach dem Doppelpunkt klein. Beispiel:

> Das Auto ist schnell, modern und sicher:
> wie geschaffen für Sie!

Bei unvollständigen Sätzen nach dem Doppelpunkt klein weiterschreiben.

Regel 2: Folgt auf den Doppelpunkt dagegen ein vollständiger Satz, schreibt man diesen groß:

> Mein Bruder kann heute nicht kommen:
> Er hat die Grippe und liegt mit Fieber
> im Bett.

Regel 3: Groß oder klein kann man schreiben, wenn anstelle des Doppelpunktes auch ein Gedankenstrich stehen könnte:

> Das Haus, die Scheune, die Garage: Alles
> (alles) hatte der Sturm vernichtet.

Ausnahmen bestätigen die Regel(n). Hier sind es zwei an der Zahl:

Ausnahmen: direkte Rede und Überschrift

- **Ausnahme 1**: Die direkte Rede schreibt man immer groß, auch wenn sie nur aus einem Wort besteht:

> Sie zischte ihn an: Schweig!

- **Ausnahme 2**: In der Überschrift darf nach dem Doppelpunkt groß geschrieben werden, auch wenn es sich

Das ideale
Satzzeichen
für Headlines!

um keinen vollständigen Satz handelt. So fällt der zweite Teil der Überschrift besser ins Auge. Beispiel:

`Der Doppelpunkt: Steigert die Spannung.`

Der Gedankenstrich

Die Wurzeln des Gedankenstriches liegen ebenfalls im Sprachgebrauch; im 18. Jahrhundert wird er als „Pause"-Zeichen erstmals in der deutschen Grammatik erwähnt. Der Gedankenstrich ist heute das Zeichen mit den wohl meisten Anwendungen:

- Der Gedankenstrich setzt eine Pause im Satz.

  Beispiel: **Er sagte: Wenn es nur das wäre! Doch alles ist noch schlimmer, denn ... – hier versagte ihm die Stimme.**

Überlegen Sie:
An welcher
Stelle könnte ein
Gedankenstrich Ihren
Text aufpeppen?

- Der Gedankenstrich zeigt eine Wende im Satz, einen neuen Gedanken.

  Beispiel: **Die Sache ist ziemlich riskant – könnte uns aber viel Geld bringen.**

  Hier ähnelt er dem Doppelpunkt, hebt aber den Widerspruch zwischen zwei Aussagen noch stärker hervor.

- Der Gedankenstrich ist ein Gliederungszeichen, etwa in einer Aufzählung oder Liste.

  Beispiel:
  **- Telefonat mit Dr. Müller
  - Besprechung wegen Projekt mit Firma Schmidtmann
  - Meeting mit Frau Hauser**

Der Strichpunkt (Semikolon)

Das Semikolon ist im
Dialogmarketing eher
weniger geeignet.

Der Strichpunkt ist das „schriftlichste" Satzzeichen – er hat von Beginn an keine Verbindung zur gesprochenen Sprache. Seine Funktion lässt sich etwa in der Mitte zwischen Punkt und Komma einordnen. Denn das Semikolon steht

Ihre Notizen:

....

....

da, wo ein Punkt ein zu harter Schluss wäre, ein Komma aber kein ausreichendes Satzende darstellt.

Die Nachteile: Das Semikolon ist das wohl seltenste Satzzeichen der deutschen Sprache; entsprechend kennen viele Menschen seine Funktion nicht. Nachteil Nr. 2: Der Strichpunkt sorgt bei vielen Menschen für eine kleine Irritation auf der Ebene des inneren Hörens. Wie betont man ein Semikolon? Die Antwort: gar nicht. Der Ton bleibt in der Schwebe. Ein gewichtiges Argument gegen das Semikolon – schließlich wollen wir alle Irritationen im Lesevorgang so gut es geht ausschließen.

Der Vorteil: Manchmal nutzt man das Semikolon auch in Sätzen, die man grammatikalisch richtig auch mit einem Punkt abschließen könnte. Der Grund: Man will noch einmal nachsetzen, eine Begründung nachliefern oder die Spannung in der Schwebe halten.

> Beispiel: `Das Spiel ist gewonnen; ein Tor in der ersten Halbzeit hat gereicht.`

Das Komma

Das Komma ist der Verwandlungskünstler unter den Satzzeichen. Im Lauf der Jahrhunderte wurde es auf verschiedene Arten geschrieben und genutzt. Ein Unterschied zu den anderen Satzzeichen ist heute entscheidend: Das Komma trennt nicht nur vollständige Sätze voneinander, wie etwa der Strichpunkt, sondern Kommas reihen die unvollständigen Glieder eines längeren Satzes aneinander.

Das Komma ist ein echtes Multitalent.

Einige Punkte sollten Sie beim Komma beachten:

* Das Komma gliedert längere Sätze. Das heißt: Schon auf den ersten Blick sieht jeder Leser: Hier wird's kompliziert, hier muss ich mich anstrengen. Bei einem Komma im Satz ist das meist noch in Ordnung. Halten Sie sich an die Faustregel: Nach dem dritten Komma wird ihr Satz schwer verständlich. Setzen Sie

Nicht mehr als drei Kommas pro Satz!

dieses notwendige Satzzeichen deshalb in Maßen ein und vermeiden Sie Schachtelsätze.

- Eine weitere Besonderheit, auf die Sie achten sollten: Das Komma beeinflusst den Sinn Ihrer Sätze. Je nachdem, wo und ob Sie es setzen, schaffen Sie eine andere Wortbedeutung – ohne ein einziges Wort zu ändern! Ein Beispiel:

`Schreib, Julia!` → Julia soll schreiben.
`Schreib Julia!` → Jemand soll an Julia schreiben.

 Komma-setzung prüfen!

Falsch oder nicht gesetzte Kommata verfälschen den Sinn eines Satzes.

- Das große Aber: Auch das Komma bereichert einen Text – wenn Sie es richtig einsetzen. Das Komma ist ideal als „Tempomacher" bei Aufzählungen, denn hier gibt es den Rhythmus des inneren Hörens vor. Zum Beispiel in dem Satz „Ich kam, ich sah, ich siegte". Hier könnten sie auch Punkte setzen. Doch das Komma, verbunden mit einer ganz klaren Satzaussage, macht diesen Satz noch schneller.

Leser führen: Der Umgang mit „Ja" und „Nein"

Eigentlich dreht sich jeder Werbetext um diese Alternativen: „Ja, ich lese weiter" oder „Nein, das interessiert mich nicht". Doch soll ein Verkaufstext gelingen, gehört es zu den wesentlichen Aufgaben des Texters eine „Ja-Straße" oder „Zustimmungskette" aufzubauen. Eine alte Regel des Dialogmarketings sagt: Wer auf dem Weg zur Bestellung immer wieder Ja sagt, wird auch beim Kaufabschluss Ja sagen. Deshalb zeigt Ihnen der folgende Abschnitt, wie Sie die Neins in Ihrem Text vermeiden – oder noch besser: sie gleich in Jas verwandeln. Damit die Führung des Lesers gelingt ...

Denken Sie jetzt *nicht* an einen roten Elefanten! Oder: Wie unser Gehirn funktioniert ...

Na, haben Sie kurz an einen roten Elefanten gedacht? Wenn ja – das ist völlig normal! Unser Bildspeicher im Gehirn arbeitet von Natur aus positiv. Es kann Verneinungen zwar verstehen, aber nicht zeigen. Denn Bild bleibt Bild. Nicht-Bilder gibt es nicht. Alle „Nichts" oder „Keins" werden schnell ausgeblendet. Ein Beispiel: Was löst folgender Satz bei Ihnen aus?

> Nicht-Bilder gibt's nicht.

    Mit unserem neuen Produkt gehen Sie kein
    Risiko ein, nie wird es einen Schaden
    haben und muss deshalb sicher nicht zur
    Reparatur.

Als Kunde überlegen Sie sich hier doch: Von welchem Risiko spricht der Schreiber, welche Schäden können auftreten und wie viel kostet mich eine eventuelle Reparatur? Die bessere Möglichkeit: Sie schreiben nicht, was Ihr Produkt verhindert, also negativ – sondern schildern positiv, was es bringt! So lautet das Angebot dann gleich viel freundlicher:

> Formulieren Sie positiv und sagen Sie, was Ihr Produkt kann.

Ihre Notizen:

Unser Produkt hält ein Leben lang. Dank
Top-Qualität und Spitzen-Materialien
trotzt es allen Herausforderungen.

....

....

Doch positive Formulierungen schaffen nicht nur ein gutes
Klima. Sie helfen dem Leser auch sehr, den Text zu verstehen ...

**Warum „Kosten verringern", wenn man auch „sparen"
kann? Die Schönheit einfacher Sprache ...**

Es gibt Wörter, die sind wunderbar einfach und klar – und
dazu noch positiv! „Günstig", „schön", „einfach" zum Beispiel. Doch auch solche Wörter kann man kompliziert
machen. Einfach das Gegenteil bilden und dann mit einer
Vor- oder Nachsilbe wieder umdrehen. Das klingt kompliziert – und macht auch Ihren Text schwer verständlich.
Trotzdem gibt es Texte, die ihren Lesern solche Verdre-
hungen zumuten. Aus „schön" wird dann kompliziert
„nicht unschön". Nachfolgend einmal einige besonders
schwere Fälle und Möglichkeiten, wie Sie hier ganz
„positiv" eingreifen können:

**Streichen Sie
negative Wörter und
Formulierungen!**

```
geräuschlos = ganz leise
schadstoffarm = schont Ihre Lunge und die
Umwelt
eine nicht geringe Menge = viel
Das verringert die Kosten des Produktes =
So wird das Produkt günstiger!
```

Warum kompliziert,
wenn's auch
einfach geht?

Besonders verwirrend: doppelte oder mehrfache Verneinungen. Hier sollten Sie unbedingt einschreiten ...

```
Darauf dürfen Sie nicht verzichten =
Das müssen Sie haben / Hier sollten Sie
zugreifen
Es ist nie unmöglich, ... = Sie können
jederzeit ...
Das verhindert, dass Energie verloren
geht = So sparen Sie Strom / Das hält Ihr
Haus schön warm
Niemand will hier fehlen = Jeder ist
dabei!
```

> Dem Produkt mangelt es an nichts = Mit
> unserem Produkt haben Sie die Komplett-
> Ausstattung / Das Rundum-sorglos-Paket

Und im folgenden Beispiel versteht man vor lauter Verneinungen gar nichts mehr. Traurig, aber wahr – solche Texte
gibt es tatsächlich:

> Ich möchte nicht unerwähnt lassen, dass
> durch unsere Produkte so wenig Wärme wie
> noch nie verloren geht. = Ich verspreche
> Ihnen: Unser Produkt isoliert / dämmt
> besser als je zuvor.

Nicht unwich-
tig: Meiden Sie
doppelte Verneinun-
gen.

Es gibt jedoch zwei Möglichkeiten, mit Neins positiv umzugehen ...

Fall 1: Das „treibende Nein" in der rhetorischen Frage

Das „treibende Nein" ist für Sie als Texter die Möglichkeit, aus etwas Negativem einen positiven Impuls zu
machen. Das bedeutet im Klartext: Sie stellen Ihrem Leser
eine negative rhetorische Frage – und bringen ihn dadurch
zum Handeln. Zwei Beispiele:

> Wollen Sie etwa noch länger Telefon-
> kosten zahlen? Nein? Dann holen Sie sich
> Telefonie kostenlos – das Internet-
> Angebot TestIt macht's möglich.

> Lust auf Erkältung, Fieber und Husten?
> Wenn nicht, dann haben wir etwas für
> Sie ...

Ein „Nein" kann auch
hilfreich sein – wenn
Sie es „treibend"
verwenden oder
vorwegnehmen.

Fall 2: Das vorweggenommene Nein, um Einwände aufzugreifen

Hier haben Sie als Texter ein Luxus-Problem: Sie bewerben ein Produkt, das so günstig, leistungsstark oder effektiv ist, dass man es kaum glaubt. Hier regen sich beim
Leser oft Zweifel: „Wie ist das möglich?", „Kann das
sein?" und das berühmte „Da ist doch wohl ein Haken

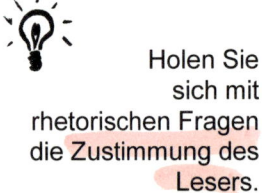

Ihre Notizen:

....

....

dran!". Auf diese Neins im Kopf des Lesers müssen Sie reagieren – indem Sie sie aufgreifen! Das sieht dann so aus:

```
(...), und all das / dieses Produkt kostet
Sie ganze 200 Euro. Sie meinen: Das gibt's
doch nicht! Mit bisherigen Methoden nicht,
da haben Sie Recht. Doch wir haben ein
Verfahren entwickelt, das die Produktion
einfacher und günstiger macht. Und diesen
Vorteil geben wir direkt an Sie weiter!
```

```
Der Spezialfilter wiegt ganze 3 Gramm und
hat einen Durchmesser von nur 5 Milli-
metern. Nun fragen Sie sich: Kann dieses
kleine Teil wirklich alle Rückstände
beseitigen? Es kann – und zwar besser als
seine klobigen Geschwister. Dieser Test
beweist es ...
```

Rhetorische Fragen, die Zweite ...

Holen Sie sich mit rhetorischen Fragen die Zustimmung des Lesers.

Hier treffen wir noch einmal auf die rhetorische Frage. Sie ist ein willkommenes Stilmittel für jeden Texter. Denn sie bietet die Möglichkeit, Ihren Leser in den Text mitzunehmen. Das bedeutet: Die rhetorische Frage beteiligt den Leser am Gedankengang und Sie als Texter behalten trotzdem die Führung. Warum? Weil bei der rhetorischen Frage die Antwort schon vorgegeben ist. Auf die Frage „Sparen Sie nicht gern Kosten?", antwortet praktisch jeder mit „Ja". So holen Sie sich mit jeder rhetorischen Frage ein „Ja" bei Ihrem Leser ab. Er fühlt sich eingebunden in den Text, angesprochen im direkten Sinne – trotzdem geben Sie nie die Führung aus der Hand.

Die Bedingung dazu: Fragen, deren Antworten ganz eindeutig sind, wie „Wollen Sie Steuern sparen?". Und hier liegt auch das Risiko der rhetorischen Frage: Schnell wirkt sie banal und nimmt dem Text die Spannung. Ein gutes Mittel also – wenn es wohlüberlegt verwendet wird.

Praxis-Tipp: Von „Ja" zu „Ja" – hangeln Sie sich durch die Zustimmungskette

Sehr oft nutzt man rhetorische Fragen auch nur als Abschluss einer sogenannten Zustimmungskette. So bezeichnet man die Aneinanderreihung von Aussagen und Fragen, die den Leser immer zu einer Ja-Antwort führen:

> Sie sind Architekt (Ja). Sie setzen Wünsche des Bauherrn um (Ja) und wollen gleichzeitig eigene Vorstellungen verwirklichen (Ja). Und Sie tragen viel Verantwortung (Ja). Zu viel (Ja). Wäre es da nicht wünschenswert, einen Teil dieser Verantwortung abzugeben und trotzdem noch bessere Qualität abzuliefern? (Ja).

Auch beim Aufbau einer Zustimmungskette gilt: Achten Sie darauf, dass hier echte Zustimmungen abgeholt werden. Zu banale Fragen, zu simple Aussagen verwandeln auch eine Zustimmungskette schnell in ihr Gegenteil. Denn wenn's zu simpel wird, wirkt Ihre Argumentation wie Didaktik für Anfänger und gibt einem Leser schnell das Gefühl, Sie nehmen ihn nicht ernst.

Führen Sie Ihren Leser über eine Ja-Straße.

Aufpassen, dass die Fragen nicht zu banal klingen.

Ihre Notizen:

....

....

Verkaufen braucht Vorteile: Die Nutzenargumentation

Wer sein Portemonnaie öffnet, um Geld für ein Produkt auszugeben, braucht dafür einen konkreten Grund. Egal, wie sehr der Entwicklungsingenieur bei Betrachtung der 327 vernickelten Schrauben eines neuen Produktes in Verzückung gerät: Warum soll sich ein Kunde heute für dieses Produkt entscheiden? Solche Gründe müssen gefunden und formuliert werden. Und sind eine mächtige Möglichkeit, Ihren Leser an die Hand zu nehmen.

Die Haupt-Frage, die sich der Leser stellt: Warum soll ich dieses Produkt kaufen?

Ob Print oder E-Mail: Mailings sind Verkäufer

Mailings entstehen immer unter Zeitdruck. Ganz selten hat man genügend Zeit bis zur Abgabe. Ist alles perfekt? Es geht um bares Geld. Denn jedes Mailing oder E-Mailing ist ein Verkäufer, der in Ihrem Namen im Markt unterwegs ist. Würden wir über einen Menschen reden, wäre es selbstverständlich, Ihren Verkäufer nur bestens vorbereitet auf den Weg zu schicken. Das Kernstück dieser Vorbereitung: eine klare Nutzenargumentation.

„Das bedeutet für Sie ..." führt in die Nutzenargumentation

Eigentlich tragisch: Da kommt Ihre Botschaft an, doch dem Empfänger wird nicht klar, warum er dieses Produkt hier und heute erwerben soll. Wenn Sie Ihrer Zielgruppe dieses „Warum?" nicht beantworten, wird keiner der Adressaten eine Kaufentscheidung treffen. Machen Sie sich klar: Sie kennen Ihr Angebot, sind begeistert von Ihren Produkten und haben gegenüber Ihren potenziellen Kunden einen Informationsvorsprung. Der Empfänger Ihrer Post muss jedoch an Ihr Angebot herangeführt werden – und er muss schnellstmöglich Vorteile für sich erkennen.

Damit Ihr Text verkauft, braucht er eine klare Nutzenargumentation.

Merkmal – Vorteil – Nutzen: Was ist was?

Ein Nutzen ist ein kundenorientierter Vorteil.

Ganz einfach. Jedes Produkt und jede Dienstleistung hat Merkmale oder Eigenschaften. Nehmen wir einmal ein Fahrrad, das aus Carbon gefertigt ist. Daraus lassen sich Vorteile ableiten. Zum Beispiel die Tatsache, dass ein solches Fahrrad besonders leicht ist. Wird nun ein Vorteil auf die Lebenswelt des Kunden bezogen, sprechen wir von Nutzen. So lässt sich ein leichtes Fahrrad mühelos auf den Dachgepäckträger heben, in den dritten Stock tragen oder macht Bergfahrten einfacher. All das sind unterschiedliche Nutzen für unterschiedliche Zielpersonen, die aus demselben Merkmal abgeleitet sind.

Mit der Formel „... das bedeutet für Sie ..." argumentieren Sie aus der Sicht des Lesers.

Stellen Sie sich also einmal in die Schuhe Ihrer Zielpersonen, vergessen Sie Ihren Informationsvorsprung und übersetzen Sie die Merkmale Ihres Produktes in Vorteile. Klar, einfach und passend zu den Schuhen, die sie gerade tragen. Dabei hilft die Übersetzungsformel „... das bedeutet für Sie ...". Das folgende Beispiel zeigt, wie's geht.

Produkt: Ein sogenannter Aufsitz-Rasenmäher für die Zielgruppe Landschaftsgärtner. Das Produktmerkmal, welches hier bearbeitet wird: ein neuer, ergonomischer Sitz.

Schritt für Schritt wird der Leservorteil konkreter.

```
Ein neuer, ergonomischer Sitz
... das bedeutet für Sie, lieber Leser ...

Sie sitzen bequem, Ihr Rücken wird gestützt
... das bedeutet für Sie, lieber Leser ...

Sie haben keine Rückenschmerzen beim
Mähen
... das bedeutet für Sie, lieber Leser ...

Sie können länger mähen als bisher ...
... das bedeutet für Sie, lieber Leser ...

Sie mähen größere Flächen in einem Stück,
können dadurch schneller arbeiten, mehr
Aufträge annehmen usw., usw.
```

So entstehen nicht nur leserbezogene Vorteile, sondern auch Argumentationsketten für den Textblock, Rohmaterial für Headlines. Dieses Material muss nun noch kritisch gesichtet werden. Fragen Sie sich hier: Was sind die wichtigsten Vorteile für meine Zielgruppe? Denn die erscheinen auf dem Titel Ihres Prospekts, in den Headlines von Newsletter und Brief und kombiniert in Headline und Teaser Ihres Web-Portals.

Übrigens: In Fachzielgruppen oder bei bekannten Produkten erschließen wir uns den Nutzen automatisch. Wir schreiben „superleicht" und unser Kopf signalisiert „leicht zu tragen". Das ist nicht schwer bei einfachen Produkten. Doch je komplexer ein Produkt, desto schwieriger ist das Erschließen für Menschen ohne Produktkenntnisse. Setzen Sie also keinesfalls Ihren eigenen Kenntnisstand voraus. Wie viele Laien können aufgrund der Produktmerkmale eines neuen Computers die Nutzen für sich erschließen?

Welche Argumentation bietet den stärksten Nutzen?

Die folgenden Rohtext-Beispiele zeigen unterschiedliche Ansatzpunkte aus unserer „Übersetzung". Fragen Sie sich: Was ist das drängendste Problem Ihrer Zielgruppe? Welcher Nutzen und welche Nutzenargumentation sind in einer Zielgruppe stärker als andere? Welchen besonderen Aspekt müssen Ihre Argumente berücksichtigen?

1. Aspekt: „Große Fläche / Wirtschaftlichkeit"

Problem: Mangelnde Effizienz, weil große Flächen nur mit Pausen gemäht werden konnten.

```
Jetzt mähen Sie große Flächen an einem
Stück. Ganz bequem, ohne zeitraubende
Pausen. Der Grund: Ein neuer, ergonomi-
scher Sitz stützt Ihren Rücken und macht
auch langes Sitzen zum Vergnügen.
```

Ihre Notizen:

....

....

Fachsprache: Setzen Sie nicht Ihren eigenen Kenntnisstand voraus.

Betrachten Sie Ihr Produkt: Welcher Nutzen ist für welche Zielgruppe am wichtigsten?

89

Ihre Notizen:

....

....

2. Aspekt: „schmerzfrei"

Problem der Zielgruppe: Schmerzen bei langem Sitzen.

> Schluss mit Rückenschmerzen. Ein neu-
> artiger, ergonomischer Sitz stützt Ihren
> Rücken da, wo's wehtut, und lässt Sie
> schmerzfrei Ihrer Arbeit nachgehen.
> Probieren Sie's einfach aus. Sie sitzen
> ganz bequem und gehen einfach Ihrer
> Arbeit nach.

3. Aspekt: „Komfort"

Problem der Zielgruppe: Mangelnder Komfort auf bisherigen Arbeitsgeräten.

> Jetzt erleben Sie ein ganz anderes
> „Arbeitsgefühl". Sie sitzen bequem, schwe-
> ben fast über der Rasenfläche und fühlen
> sich rundum wohl. Der Grund: Ein neuer,
> ergonomischer Sitz stützt den Rücken an
> den richtigen Stellen.

Mehrere Merkmale untermauern Ihre Argumente.

Natürlich lassen sich mehrere Argumente in einem Textblock zusammenfassen. Auch bei unserem Produkt
„verdichten" weitere Produktmerkmale die unterschiedlichen Aspekte.

- zu „Komfort": leiser Motor, selbstreinigende Messer.
- zu „schmerzfrei": hochgezogener Lenker für aufrech-
  tes Sitzen, Luftpolster.
- zu „Wirtschaftlichkeit": höhere Geschwindigkeit, lange Laufleistung, wenig Wartungsaufwand.

Ein guter Verkäufer passt nun seine Argumentation an den
konkreten Gesprächspartner an. Für Ihren schriftlichen
Verkäufer kann dies je nach Größe und Erkennbarkeit
trennender Merkmale bedeuten:

1. Sie schreiben drei unterschiedliche Briefe für die Teilzielgruppen „Komfort", „schmerzfrei" und „Wirtschaftlichkeit" zum gemeinsamen Prospekt.

2. Sie entwickeln drei unterschiedliche Mailings.

3. Brief und Prospekt berücksichtigen drei Teilzielgruppen durch drei Argumentationsstränge.

Praxis-Tipp: Welche Vorteile für wen?

Überprüfen Sie einfach die Argumentationsketten in Ihren Texten. Vermitteln sie Produktmerkmale oder Nutzen? Haben Sie klare Vorteile für Ihre Zielgruppe formuliert? Welcher ist der wichtigste? Können Sie für unterschiedliche Adressgruppen unterschiedliche leser-bezogene Vorteile formulieren?

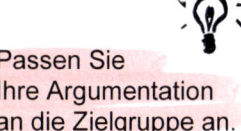

Passen Sie
Ihre Argumentation
an die Zielgruppe an.

Ihre Notizen:

....

....

Bestellaufforderung: Wie oft und wo sagen Sie „Kauf mich"?

Ganz am Schluss eines Textes kommt dann die Stunde der Wahrheit. Egal wie gut Einstieg oder Führung im Text sind – wenn Sie jetzt nicht in Bestellungen, Klicks oder sonstige Response umwandeln, war alles umsonst. Aber wie macht man das? Löst Ihr Response-Element schnelle Antworten und Bestellungen aus? Machen Sie es Ihrer Zielgruppe leicht, zu reagieren? Knacken Sie Hemmnisse mit Zugaben, „Schnellermachern" und weiteren Anreizen? Jeder Verkaufstext hat nur ein Ziel: den Leser zu einer Reaktion zu bewegen. Wie das am besten gelingt, erfahren Sie hier ...

Das Ziel eines jeden Verkaufstextes: die Reaktion.

„Werbung muss die Leute zum Handeln bewegen."

Dieses Zitat des britischen Werbetexters David Ogilvy gilt auch heute noch. Für das Dialogmarketing allemal! Denn wer in Marketing-Maßnahmen investiert, möchte neue Kunden gewinnen oder bestehende Kunden zu erneuten Käufen aktivieren. Doch eine ansprechende Gestaltung allein genügt nicht, um zu verkaufen. Der Text muss es tun: Wer richtig führt, lockt in den Lesevorgang. Und wer mit dem ersten Absatz fesselt und durch Vorteile überzeugt, löst positive Leser-Reaktionen aus. Entscheidend auch: der letzte Absatz. Denn hier führen Sie zur Reaktion. Sagen Sie dem Leser ganz konkret, was er tun muss, um die Vorteile zu bekommen:

Sagen Sie Ihrem Leser ganz konkret, was er tun muss.

```
Wenn Sie jetzt mehr erfahren wollen,
geht das ganz einfach: Unter Telefon
333333 erreichen Sie direkt Ihren
Kundenservice. Und der hat bereits
ein kleines Informationspaket für Sie
vorbereitet. Einfach abrufen!
```

Personalpronomen
verwickeln den Leser
noch mehr in den
Text.

Aus Prospekten, Anzeigen, Shops oder Versandhauskatalo-
gen kennen wir sie auch, die typischen Stilmittel des Dialogmarketings: „Sie", „Ihr" oder „Ihnen" als Stellvertreter
für den Namen des Lesers. Diese Personal- und Possessiv-
pronomen machen persönlicher und bringen das beschriebene Produkt oder die Dienstleistung noch näher zum Kunden.

Der Effekt: Damit wird eine konkrete Verbindung
zwischen Verfasser und Empfänger aufgebaut. Und natürlich tauchen klare Handlungs-Aufforderungen wie „jetzt
gleich bestellen", „einfach anrufen", „unverbindlich bera-
ten lassen" schon mit einem Vorteil kombiniert auf: „bei
Erstbestellung 15 % Rabatt", „jetzt bestellen und 30 Euro
sparen".

So führen Sie
direkt zur
Reaktion.

Sagen, wie's geht ...

Ein Text kann noch so gut geschrieben sein – ohne Hand-
lungsaufforderung verfehlt er sein Ziel. Sagen Sie Ihrem
Leser direkt, was Sie erwarten. Soll er eine Produktliste
oder ein Angebot anfordern? Soll er zum Telefon greifen,
mailen oder direkt im Shop bestellen? Sie möchten, dass er
reagiert. Also sagen Sie ihm, wie!

... ganz konkret!

Wählen Sie lieber klare Ansagen statt veraltete Floskeln:
Also nicht „Wenn Sie mehr über unser Angebot erfahren
wollen, stehen wir Ihnen für Nachfragen gerne zur Verfügung", sondern besser:

> Sicher wollen Sie nun ganz genau erfah-
> ren, was wir Ihnen bieten können. Nichts
> einfacher als das: Gleich anrufen unter ...

Übertriebene
Höflichkeit?
Nicht in der Response-
Aufforderung.

Verzichten Sie auch auf Phrasen wie „Über eine Antwort
würden wir uns freuen". Übernehmen Sie hier die Führung,
mit starken Sätzen wie „Rufen Sie einfach an! Wir freuen
uns auf das erste Gespräch!" Mit dieser direkten Ansage
wird der Leser viel schneller zum Hörer greifen. Ganz klar:
„Bestellen Sie jetzt Ihr neues Smartphone unter Tel. ...!"

oder mit Link „Gleich bestellen! www.smart-telefonieren.de" ist deutlich stärker als „Ihr neues Smartphone können Sie jetzt bestellen, wenn Sie …".

Wünsche wecken und erfüllen

Mit Wenn-dann-Aussagen machen Sie die Reaktion zur logischen Schlussfolgerung:

> Wenn Sie ein Lächeln schenken wollen, dann bestellen Sie jetzt den Happy-Blumenstrauß …

Wie wichtig die schnelle Antwort des Lesers ist, verdeutlichen Sie mit einer Zusammenfassung. Hier erhält der Leser auf einen Blick noch einmal alle Vorteile des Angebots. Liefern Sie ihm beispielsweise „3 gute Gründe, jetzt zum Telefonhörer zu greifen". Auch die einfache Wiederholung des stärksten Kauf-Arguments gibt zusätzliche Sicherheit.

Eine zeitliche Begrenzung für die Antwort vermittelt dem Kunden das Gefühl: Hier wirst du etwas versäumen, wenn du nicht schnell genug reagierst. Die Entscheidung erleichtern Sie Ihrem Kunden, wenn Sie betonen, dass er noch keine endgültige Verpflichtung eingeht. Dazu dient beispielsweise eine Rücknahme-Garantie:

> Wenn Sie mit unserem Produkt nicht zufrieden sind, schicken Sie es einfach innerhalb von 14 Tagen kostenlos zurück. Ihr Gratis-Geschenk dürfen Sie natürlich behalten!

Der letzte Satz macht es schon deutlich: Kleine Zugaben sind ein zusätzlicher Anreiz. In Verbindung mit dem Element des Zeitdrucks wirken sie besonders stark. Diese sogenannten „Early-Bird-Offers" versprechen beispielsweise ein Geschenk, wenn man unter den ersten 100 Einsendern ist.

Für den richtigen Ausstieg können Sie neben zusätzlichen Beratungsangeboten auch auf weitere Services wie die

Phrasen und Floskeln machen den Weg zur Bestellung nur länger. Also: klare Ansagen.

Ein Plus für den Kunden: die Rückgabe-Garantie.

Der frühe Vogel … Nutzen Sie Early-Bird-Angebote für noch mehr Aktivierung.

Ihre Notizen:

....

....

Print und Landing-
Page müssen
aufeinander
abgestimmt sein.

Bieten Sie
Antwort-Alternativen!

einfache Bestellung oder die unkomplizierte Lieferung hinweisen. Erwähnen Sie im Print beiliegendes Material, das
die Vorzüge des Produkts noch einmal ausführlich darstellt,
im Shop verweisen zusätzliche Links auf passende Produkte oder Zusatzservices (zum Beispiel Geschenkservice).

Machen Sie es dem Kunden so leicht wie möglich

Heute fordern Unternehmen Response auf vielen Wegen
ein. Da ist noch immer die klassische Antwortkarte, die per
Post an Sie zurückgeht, die aber heute auch faxbar sein
muss. Die meisten Adressaten wählen schnelle Wege wie
Fax, Telefon, E-Mail oder den Weg über das Internet.
Richten Sie für die schnelle Reaktion auf Print eine
Landing-Page ein, die auf Ihre Print-Information abge-
stimmt ist. Sie präsentiert sofort die gewünschte und erwar-
tete Vorteilsinformation. Leiten Sie zum Beispiel über QR-
Codes auch direkt dorthin (darum geht es am Ende dieses
Kapitels) und denken Sie daran – auch im Internet muss die
Bestellung ganz einfach sein.

Planen Sie den Trend zur schnellen Reaktion mit ein.
Deshalb sind die Angabe Ihrer Telefonnummer, Ihrer Internet-Adresse und der E-Mail-Adresse ein Muss. Generell
gilt: Viele Antwortmöglichkeiten erhöhen die Chance auf
Response. Für Antwortkarte oder -fax gilt: Da mit der Reaktion für den Kunden einiges an Aufwand verbunden ist,
sollten sie übersichtlich und attraktiv gestaltet sein. Am besten haben Sie auch das Absenderfeld bereits vervollständigt.

Im Idealfall muss Ihr Adressat

- möglichst wenig ausfüllen,
- verständliche Ja-Nein-Optionen ankreuzen.

Bedenken Sie bei der Gestaltung und Auswahl Ihrer
Response-Elemente immer: Antwortelemente sind das
Abschlussgespräch des Verkäufers mit dem Kunden. Hal-
ten Sie's also am besten mit David Ogilvy: Fordern Sie zur
Reaktion auf. Sagen Sie Ihren Lesern immer, was Sie von
ihnen erwarten. Und erhöhen Sie mit den richtigen Worten
Ihre Response!

Wirklich gelungene Ausstiege aus E-Mail oder Brief

„Servus", „Ciao", „Ade" oder „Tschüss": alles mündliche Abschiedsgrüße für den täglichen Gebrauch, mehr oder weniger dialektal gefärbt. Recht uninspiriert kommen dagegen die meisten Briefe und E-Mails daher – und verabschieden sich meist mit „freundlichen Grüßen". Das kennt man, es verwirrt nicht und deshalb ist es immer richtig. Aber: Die „freundlichen Grüße" fallen auch nicht besonders auf und hinterlassen keinen bleibenden positiven Eindruck beim Leser. Wie sich Ihre Briefe und E-Mails eindrucksvoll verabschieden und warum das PS immer noch ein Muss ist: Das lesen Sie in diesem Abschnitt.

 Mehr zum Thema gibt's hier im Video.

www.sgv-verlag.de/
verkaufstext.html

Was neben der Response noch zählt ...

Das standardisierte „Mit freundlichen Grüßen": In der Regel sind das zwei Klicks im Textprogramm – Einfügen, Auto-Text, Grußformel –, nicht viel Aufwand also, und das weiß auch Ihr Kunde. Klar ist aber auch: Eine solche 08/15-Verabschiedung lässt sich bei Massen-Mailings kaum umgehen.

Manchmal müssen die altbekannten „freundlichen Grüße" einfach sein.

Vielfältiger sind die Möglichkeiten bei individuellen Schreiben an Ihre Kunden und Geschäftspartner. Mein Tipp hier: Ändern Sie doch ab und zu Ihre Abschiedsfloskel. Wünschen Sie Ihrem Leser zum Abschied schöne Ostern oder frohe Weihnachten. Oder lassen Sie einfach Ihren Charme spielen!

Ein paar Vorschläge:

```
Einen guten Rutsch ins neue Jahr ...
Eine wunderbare Vorweihnachtszeit ...
Mit besten Grüßen aus Augsburg ...
Einen schönen Sommer wünscht Ihnen ...
```

Aber Sie fallen mehr auf, wenn Sie ein bisschen kreativer grüßen.

Weitere Chancen ergeben sich je nachdem, in welcher Branche Sie tätig sind. So kann die Schokoladenfirma eine „süße Weihnachtszeit" wünschen. In jedem Fachgebiet finden sich Möglichkeiten, genau auf Ihre Zielgruppe einzugehen.

Werden Sie ab und zu ganz persönlich ...

Beim Erstkontakt empfiehlt es sich, Grußwort und Abschied formell zu halten. Sobald Sie Ihren Leser aber schon eine Weile kennen, gilt: Je persönlicher, desto besser. Ein persönlicher Satz im Brief oder eine kurze Mail zeigen Ihrem Leser, dass er eine individuelle Persönlichkeit für Sie ist – und nicht „irgendjemand aus der Kundenkartei". Achten Sie mal darauf! Sie werden erstaunt sein, wie viele Möglichkeiten sich durch Gespräche und schriftliche Kontakte finden, Ihre Kunden persönlicher anzusprechen. Wünschen Sie einen schönen Urlaub, gratulieren Sie kurz zum neugeborenen Baby oder zur Beförderung. Die Möglichkeiten sind vielfältig.

Gehen Sie auf die persönliche, aktuelle Situation Ihres Lesers ein!

```
Einen angenehmen Messeaufenthalt in
Hamburg ...
Viel Erfolg mit dem neuen Großprojekt ...
Ich wünsche Ihnen einen stressfreien
Umzug ...
```

Tabu bei Glückwünschen oder einem einfachen Danke: der Verkauf.

Praxis-Tipp: Herzlichen Glückwunsch!

Ganz besonders beeindrucken Sie Ihren Leser natürlich, wenn Sie an seinen Geburtstag denken. In XING-Zeiten sollten Ihnen die „wichtigen" Personen schon eine eigene Mail oder – noch wirkungsvoller – eine eigene Postkarte wert sein. Und bitte meiden Sie bei einem Anlass wie dem „Danke" jeden ausdrücklichen Verkauf. Ihre schöne persönliche Geste würde dadurch einfach entwertet.

Ein oft unterschätzter Absatz: Das PS

Viel zu oft wird es vernachlässigt: das PS. Notwendig ist es zwar längst nicht mehr. Doch wenn Sie sich für ein PS entscheiden, hat es in Briefen und E-Mails eine ganz besonders wichtige Funktion. Denn das PS ist unter Umständen der Absatz, der zuerst gelesen wird.

....

....

Die Erklärung für dieses Phänomen ist ganz einfach: Wer seine Werbepost öffnet, überfliegt die einzelnen Bestand-teile in wenigen Sekunden von links oben nach rechts unten. Erst wenn das Interesse des Betrachters geweckt ist, beginnt er gründlicher zu lesen. Und weil wir zuerst die Informationen aufnehmen, die am einfachsten auszuwerten sind, beginnt der Lesevorgang – das Auge ist jetzt rechts unten – mit dem kürzesten und erreichbaren Absatz. Und das ist das PS. Platzieren Sie im PS deshalb unbedingt nochmals ...

Nutzen Sie das PS! Für einen weiteren Vorteil, die Bestell-Aufforderung ...

- einen Zusatzvorteil, der zum Weiterlesen motiviert:

  `Übrigens: Mit dem Zusatzkapitel "Texten im Internet" finden Sie schnell den Ein-stieg in die Optimierung Ihrer Website.`

- eine freundliche Bestellaufforderung:

  `PS: Am schnellsten gehen Ihre Wünsche in Erfüllung, wenn Sie per Telefon bestel-len. Einfach anrufen: Telefon 888888.`

- einen der Hauptvorteile:

  `PS: Wer schnell anruft, profitiert von tollen Einführungspreisen. Bestellen Sie Ihr neues (Produktname) einfach und direkt unter 888888.`

- ein Beratungsangebot:

  `PS: Noch mehr über den neuen ABC-3000 erfahren Sie beim ersten Anruf. Wählen Sie einfach 888888!`

Ihre Notizen:

....

....

Nutzen Sie das
PS auch in
Ihren E-Mails?

Das PS ist also nicht mehr das altehrwürdige Postskriptum, entstanden in einer Zeit, als es noch keine DEL-Taste oder Möglichkeiten des Überschreibens gab. Da schrieb man ins PS, was einem nach Briefabschluss noch einfiel. Deshalb auch Postskriptum, das „Nachgeschriebene". Das moderne PS im Werbebrief ist etwas anderes: Es ist eine Chance, Vorteile prominent zu platzieren, Begehrlichkeiten zu wecken, Adressaten mit den ersten aufgenommenen Zeilen zum Weiterlesen zu motivieren.

Und in der E-Mail: Da wirkt es immer noch, das gelernte Bild des Briefes – und das Symbol „persönlich". Und deshalb wirkt auch das PS. Weil es unseren Erwartungen entspricht. Übrigens ist das besonders auffällig, analysiert man E-Mail-Newsletter der letzten Jahre: Der Brief kehrt im Editorial zurück, sogar mit eingescannter Unterschrift und PS. Erfüllen Sie doch die Erwartungen! So einfach ist das.

Klick mich! Scan mich! Von Print zu Web – so geht's ...

QR-Codes, Augmented Print, URLs, Landing-Pages: lauter Verknüpfungen zwischen Print und Web, On- und Offline, die Ihnen bestimmt schon das eine oder andere Mal begegnet sind. Aber: Was steckt hinter diesem Trend namens „Print-to-Web"? Und was bringt's? Technisch ist heute fast alles machbar. Hinter einer einfachen Print-Anzeige stecken multimediale Erlebnisse: Klamotten online anprobieren, Möbel virtuell ins Wohnzimmer stellen, Videos anschauen und, und, und. Doch nur, wenn Ihr Leser den abgedruckten QR-Code scannt! Wie stellen Sie das sicher? Wie verpacken Sie die Verknüpfungen richtig im Text, damit's nicht grob, holprig oder unbeholfen klingt? Was oft vergessen wird: Auch in den neuen Medien gelten die alten Regeln des Dialogmarketings. Ihr Reaktionsziel heißt „Scan". Also nehmen Sie Ihren Leser an die Hand und führen zu dieser Reaktion (und dann zum Kauf). Darum geht's in diesem Abschnitt.

Neue Medien – altes Ziel: die Response.

Warum Print-to-Web so wichtig ist ...

Was steckt nun hinter „Print-to-Web" (oder noch kryptischer: P2W)? Mit Print-to-Web schaffen Sie den Schritt vom gedruckten Produkt in die multimediale Welt – ins Internet. Wie das geht? Über Kodierungen, die sich auf verschiedene Weise in Ihr Printprodukt einbauen lassen. Dass Print den Schritt in die neuen Medien schaffen muss, um zukunftsfähig zu sein, ist klar.

Aber Print hat per se auch einen entscheidenden Vorteil: Es kommt oftmals (hoch)wertiger daher als digitale Medien. Das Ambiente eines tollen Magazins wirkt auch bei einer Anzeige, die dort platziert ist. Ein Werbebrief landet nicht so schnell im Papierkorb wie ein wegklickbarer

Print ist immer noch „besonders".

Print ist hochwertig, aber auch räumlich begrenzt und teuer.

E-Mail-Newsletter. Nachteil: Print ist teuer. Und der Platz, um Ihre Angebote zu zeigen, begrenzt.

Praktisch also, dass es inzwischen viele verschiedene Möglichkeiten gibt, das Gedruckte in die multimediale Welt zu verlängern, online weitere Infos zu liefern und den Betrachter in ganz neue Erlebniswelten hineinzuführen. Denn eins ist klar: Mit Print-to-Web lässt sich ein toller Mehrwert für Leser, Kunden und Interessenten schaffen. Wie der aussieht und wie Sie gezielt dorthin führen, steht weiter unten. Zunächst mal ein paar Begriffsklärungen.

Print-to-Web: der Weg vom gedruckten Produkt ins Internet.

Schnell erklärt: Was ist was?

URL: „Uniform Resource Locator", zu Deutsch „Internet-Adresse". Also die Adresse, die den User direkt auf eine hinterlegte Webseite führt.

Landing-Page: die Landeseite, auf die man mittels URL, Link oder durch das Scannen einer Kodierung gelangt.

Ihre Notizen:

QR-Code: „Quick Response Code". Diese kleinen Quadrate sind aktuell schwer im Trend. Sie haben Sie auf Anzeigen oder Plakaten sicher auch schon oft gesehen. Mit dem Smartphone oder Tablet-PC und einer entsprechenden App eingescannt, führt der Code den User unmittelbar auf die dort hinterlegte Landeseite. Dort findet er zusätzliche Infos, Bilder, Videos, Downloads oder kommt direkt in den Online-Shop des werbenden Unternehmens.

....

....

Augmented Print / Augmented Reality: Noch einen Schritt weiter geht Augmented Print. „Augmented was?", werden sich jetzt viele denken. Bei Augmented Print bzw. Augmented Reality (= erweiterte Realität) geht's um die computergestützte Erweiterung der Realität, also die Verbindung von realer und virtueller Welt. Bilder, Grafiken und ganze Print-Seiten mit versteckter Codierung lassen sich per Smartphone oder Tablet einscannen und führen ins Web. Unternehmen nutzen Augmented Reality zum Beispiel auch, indem Sie Ihren Kunden die Möglichkeit geben, Kleidung, Kosmetika oder Brillen via Webcam virtuell an- bzw. auszuprobieren.

Sie sehen: Es gibt jede Menge Verknüpfungspunkte zwischen Print und Web. Nun wollen wir mal genauer hinsehen.

Um ein grundlegendes Missverständnis aus der Welt zu schaffen: Print-Anzeigen, Plakate und Co. müssen natürlich auch für sich allein funktionieren! Das heißt: Der Betrachter muss hier schon alles Wichtige erfahren – auch ohne die Zusatzinfo im Web.

Funktioniert Ihre Print-Werbung auch ohne Zusatzinfos im Web?

Die klassische Verknüpfung: URL und Landing-Page

Die URL ist nicht so schnell und direkt wie QR-Codes. Aber für alle, die kein Smartphone oder Tablet besitzen, der alternative Weg vom Print ins Web. Und klar: Sie geben die URL immer mit an. Deutlich und sichtbar, nicht nur im Kleingedruckten. Schließlich muss sich der Leser die Web-Adresse aufschreiben (oder merken) und dann fehlerfrei im Browserfenster auf Phone, PC oder Pad eintippen. Je kürzer und klarer die URL, umso besser: www.firma-abc.de/landeseite oder www.landeseite.de. Auch nützlich sind URL-Shortener wie www.bitly.com, die lange Web-Adressen mit wenigen Klicks automatisch kürzen. Der Unterschied: QR-Code oder Augmented Print ersparen das Abtippen und bringen per Scan auf die gewünschte Landeseite. Also die Seite, die mehr Informationen zu Thema oder Produkt Ihrer Print-Kampagne bietet.

Ohne geht's nicht: Geben Sie die URL immer mit an.

Ganz wichtig: Sagen Sie Ihrem Leser klipp und klar, was ihn auf dieser Landeseite erwartet – und fordern Sie ihn zum Besuch auf. Wenn Sie zusätzliche Infos, Downloads oder Videos anbieten, schreiben Sie dazu: „Reinklicken und mehr erfahren!" Und wenn diese Zusatzinfos nur über Ihren Newsletter erhältlich sind, schreiben Sie eben: „Mehr zum Thema lesen Sie in Ihrem Gratis-Newsletter.

Ihre Notizen:

....

....

Gleich anmelden!" Auf der Landing-Page selbst muss Ihr Leser direkt die Information finden, die er erwartet. Verstecken Sie sie nicht in einem Sammelsurium von Produkten oder gewaltigen Textblöcken. Sonst ist Ihr Besucher womöglich mit einem Klick auf und davon. Sagen Sie also auch hier ganz kurz, was Sache ist: „Einfach ausfüllen – dann landet der neue Textertipp sofort in Ihrem Postfach."

QR-Codes: Quadratisch, praktisch, schnell

Die Abkürzung QR steht für *Quick Response*, also „schnelle Antwort". Die Codes wurden 1994 in Japan für die Automobilbranche entwickelt. QR-Codes sind ähnlich wie die Barcodes auf Lebensmittelverpackungen im Supermarkt, und wir finden sie mittlerweile überall: auf Plakaten, in Zeitschriften oder Briefen. Also vorwiegend im Print. Sie können mit dem Handy und entsprechender Software gescannt und decodiert werden und liefern schnell und einfach weiterführende Infos.

QR-Codes sind wie Antwortkarten, nur in neuem Gewand und ein bisschen direkter.

Die Idee, die dahintersteckt: Jeder Smartphone- oder Tablet-Besitzer kommt durch einen einzigen „Fingertipp" zu vielen Informationen und kann schnell reagieren – schon ist er bei Ihrem Angebot oder Ihrer Zusatzinfo. Und wenn's dort noch weitergehen soll: Ziehen Sie alle Dialogmarketing-Register und führen Sie zum Kauf! Kurz zusammengefasst: QR-Codes sind neu und im Trend – aber eigentlich auch nichts anderes als moderne „Antwortkarten". Response ist das Ziel, damals wie heute. Heute geht's lediglich ein bisschen direkter und schneller. Vor allem deshalb, weil heute fast jeder jederzeit ein Smartphone oder Tablet griffbereit hat. Auch Ihr Interessent. Zu Hause auf dem Sofa, im Zug, im Büro.

Das multimediale Erlebnis verstärkt die Wirkung Ihrer Anzeige.

Und was ist mit klassischen (Image-)Anzeigen? Hier ist es etwas anders: Allein das Vorhandensein eines QR-Codes ist ein Signal, das sagt: „Online geht's weiter!" Und wenn der Betrachter dann auch noch zum Smartphone greift und den Code einscannt, verstärkt das multimediale Erlebnis natürlich auch die Werbewirkung Ihrer Anzeige.

Übrigens: Neben Hyperlinks können Sie viele weitere Formate als QR-Code verschlüsseln, zum Beispiel Text, Mail-to-Links oder elektronische Visitenkarten. Als Lebensmittel- Hersteller hinterlegen Sie auf der Produktverpackung einen Code, der den Käufer auf eine Webseite mit leckeren Rezeptideen bringt. Als Band packen Sie auf Ihren Flyer einen QR-Code, der zum Download Ihres neuen Albums oder kostenlosen Hörproben führt.

Welche Zusatzinfos stecken hinter dem QR-Code? Hier sind ein paar Ideen ...

Das Zauberwort heißt „Führung"

Ganz wichtig: Nehmen Sie Ihre Leser an die Hand – vor allem, wenn es sich um eine wenig technikaffine Zielgruppe handelt. Aber auch bei „Technikfreaks" hilft der Text zur Erklärung und macht den Weg von Print zu Web klarer. Kein Werbemittel darf zum Rätsel für seine Leser werden. Und Führungstexte und -floskeln wie „gleich bestellen" müssen auch im Print sorgfältig konzipiert werden. Auch hier geht es um Navigation.

Führen, führen, führen ...

Denken Sie immer daran, dass Sie die folgenden Fragen beantworten, wenn Sie QR-Codes einsetzen. Denn die stellen sich Ihre Leser automatisch, ob Sie wollen oder nicht. Die Antworten sollten knapp, aber auf den Punkt sein.

Auch bei Print-to-Web heißt es: Leserfragen beantworten!

1. Leserfrage: Was soll ich tun?

Antwort: „Gleich Code scannen und mehr entdecken!" Das ist aktivierend und nimmt Ihre Leser an die Hand. Je nach Zielgruppe variieren Sie. Bei weniger Technik-versierten Lesern: „Für mehr Infos einfach mit dem Smartphone scannen …"

2. Leserfrage: Was erwartet mich?

Antwort: „Hier erfahren Sie noch mehr zum Produkt xy." Oder „Hier melden Sie sich ganz einfach für den Newsletter an. Dann erhalten Sie monatlich spannende Infos rund ums Texten." Achten Sie unbedingt darauf, dass Ihre Teaser-Texte neben dem QR-Code auch zu den Inhalten passen, die Ihre Leser nach dem Scannen des Codes erhalten.

 **Ihre Notizen:**

....

....

3. Leserfrage: Wie komme ich ohne Smartphone oder Tablet zu den Zusatz-Infos?

Die Antwort auf die letzte der drei Fragen ist schnell und einfach. Denn hier platzieren Sie einfach zusätzlich die URL Ihrer Landing-Page.

So sieht ein gelungenes Beispiel aus:

 `Stark texten: 8 Schritte zum perfekten Verkaufstext ... Einfach Code scannen und Gratis-Textwerkzeug abholen! www.texterclub.de/service/ gratis-texterkurs-tafel`

 QR-Codes erstellen: So geht's ...

Übrigens: Die Codes lassen sich ganz leicht und kostenlos mit QR-Code-Generatoren im Internet erstellen. Zum Beispiel hier: www.qrcode-generator.de.

Augmented Print: Hier wird's lebendig!

Auch Augmented Reality erweitert Print durch Multimedia. Was hier spannend ist: Anders als beim QR-Code kommt diese Technologie ohne abgedruckte Codes aus, denn die Verknüpfung mit dem Web ist hier versteckt in Bildern, Grafiken oder ganzen Print-Seiten – und der Wow-Effekt beim User umso größer. Einfach mit Smartphone oder Tablet die passende App aufrufen und das mit Augmented Reality versehene Bild fotografieren. Schon erhält man zusätzliche Infos: Bilder, bewegliche 3D-Objekte, Audiobeiträge oder Videos. Die sind natürlich wieder im Web hinterlegt, durch das Foto entsteht die Verknüpfung.

Augmented Reality ist noch ein bisschen raffinierter, da sie ganz ohne Code auskommt.

Wie merkt man aber, ob es zu einem Artikel oder einer Anzeige diese zusätzlichen Inhalte gibt, ob also Augmented Print vorliegt? Hier gibt es noch keine eindeutige Lösung. Manche versuchen's über ein Handy-Symbol neben dem Text. Wer aber noch gar nichts von den erweiterten Inhalten gehört hat, wird sich dann nur fragen „Warum ist da ein

Handy-Symbol abgebildet?" und dies vielleicht mit einem Kontaktwunsch per Telefon verbinden. Auch hier – eigentlich noch viel mehr als bei den QR-Codes – ist erklärender Text wichtig, damit die Führung gelingt. Und Ihre Leser genau das tun, was Sie von ihnen möchten: nämlich zum Handy greifen und mit der richtigen App (wie zum Beispiel „junaio") in die Augmented Reality eintauchen. Das heißt: Schreiben Sie auch hier eine kurze Gebrauchsanweisung, damit Ihr Leser weiß, was zu tun ist.

Erklärender Führungstext – bei Augmented Print enorm wichtig!

Beispiel gefällig?

Sie gestalten eine Zeitungsanzeige zu Ihrem neuen Produkt, dem innovativen Haushaltsroboter HR-3000. Als Augmented Print haben Sie ein Video hinterlegt, in dem interessierte Hausfrauen und -männer den Roboter beim Putzen oder Abspülen sehen können. Hier schreiben Sie also: „Einfach Anzeigenbild fotografieren und den HR-3000 in Aktion erleben. Das Video gibt's außerdem unter hr-3000.de/video." So bieten Sie Smartphone- und Tablet-Besitzern den direkten Weg zum Roboter und zeigen, wie er den Staubwedel schwingt. Und alle anderen Leser können sich genau das einfach auf dem Laptop oder dem PC ansehen.

Ihre Notizen:

....

....

Übrigens: Ikea macht das auch. Im Katalog. Via Augmented Print lässt sich hier virtuell ausprobieren, ob ein Möbelstück in die eigenen vier Wände passt. In einer interaktiven 3D-Grafik lässt sich die Traumcouch ganz einfach mit dem Finger von einer Ecke des Wohnzimmers in die andere schieben. Ein echter Mehrwert für den Kunden – und ein schönes Spielzeug noch dazu.

 Zusammenfassung

Wie's weitergeht ...

Nun haben Sie neun ganz konkrete Wege kennengelernt, mit denen Sie in Ihren Texten führen. Ob mit Hervorhebungen oder Headlines, mit Satzzeichen oder Teasern: Es gibt viele Techniken, Ihren Leser zum Weiterlesen oder -klicken zu aktivieren. Natürlich brauchen gute Verkaufstexte auch eine klare Nutzenargumentation und ein deutliches „Kauf mich". Schließlich endet das Kapitel zum Thema „Führung" mit einem Streifzug durch die Medienlandschaft – gemeint sind die QR-Codes, die Print und Web effektiv miteinander verbinden. Mehr über die einzelnen Medien erfahren Sie in den folgenden Kapiteln. Allerdings nicht sofort. Denn Kapitel 3 dreht sich um etwas ganz Wesentliches: das „Kopfkino". Allzu oft vergessen wir, dass der Texter Bildregie führt. Wir steuern den Film im Kopf unserer Leser. Keine leichte Aufgabe – allerdings gibt uns die deutsche Sprache unendlich viel Material, um diese gekonnt zu meistern: Metaphern, bildhafte Wendungen und unendlich viele Wahlmöglichkeiten.

Ihre Notizen:

....

....

Welches Wort zeichnet das stärkste Bild? Erzeugt das intensivste Gefühl? Auch um diesen Aspekt geht es im Folgenden. Ihr Werbetext ist ja nicht einfach nur ein Stück geschriebenes Wort. Und die Filme im Kopf sind keine bloßen Dokumentationen. Sie sind fesselnd, hoch emotional und sollen den Leser mitnehmen. Er soll Ihren Angeboten regelrecht „verfallen". Was das für Ihre Texte bedeutet, lesen Sie im folgenden Kapitel ...

Kopfkino & Gefühl

Was Sie in diesem Kapitel erwartet ...

KOPFKINO

Kopfkino & Gefühl

Darum geht's in Kapitel 3 ...

Wie wir lesen, warum wir lesen und wie Sie Ihren Textentwurf mit klaren Werkzeugen in Form bringen: Die ersten beiden Kapitel sind bereits ein vollständiges Programm für wirkungsvolle Texte. Wären da nicht auch noch der Bauch und das Herz des Lesers, die umschmeichelt werden wollen. Wichtig ist eben nicht nur, was wir sagen, sondern wie wir etwas sagen. Deshalb dreht sich das folgende Kapitel um zwei zentrale Themen, die Texte lesenswert, spannend, außergewöhnlich, plastisch machen: um **Bildsprache und Emotionen**. Ganz nach dem Motto: Lesen ist Kino im Kopf.

Wie schaffe ich es, dass Leser mit meinem Text lachen, weinen und sich selbst als Teil der wildesten Szenerie erleben? Mit dem Autor auf Bärenjagd gehen, mit dem Texter durch einen Shop bummeln? Das geht – im Kopfkino. Und Sie sind derjenige, der dieses Kopfkino startet. Denn **bildhaftes Schreiben** im Werbetext ist ein Muss – und die Regie führt der Texter. Texte sind zunächst nur Symbole am Bildschirm oder auf Papier, und trotzdem entsteht beim Lesen eine ganze Welt der Bilder und Gefühle. Wie kriegt man das hin?

Im Kapitel 3 suchen wir nach Antworten. Und beginnen ganz konkret bei den Werkzeugen unserer Sprache: **den Wörtern**. Im ersten Teil des Kapitels begeben wir uns auf die Wortebene, schauen uns Verben, Hauptwörter und Adjektive genauer an und sehen vor allem, was wir alles mit ihnen machen können. Obendrauf gibt's einen Ausflug zu ein paar sprachlichen Besonderheiten. Sie erfahren, warum Ihr Text Synonyme braucht und worauf Sie dabei achten sollten. Sie erkennen, dass bei Superlativen und Steigerungen Vorsicht geboten ist. Schließlich entdecken Sie in Floskeln und Füllwörtern verborgene Qualitäten.

Die hohe Kunst für Sie als Regisseur: Das Kopfkino Ihrer Leser mit bildhaften Wendungen und Metaphern zu füttern. Deshalb erfahren Sie im zweiten Teil des Kapitels, wie **Sprachbilder im Gehirn** verarbeitet werden oder Texte auf das bevorzugte Wahrnehmungssystem eines Lesers auszurichten sind. Wir begegnen Metaphern, tauchen in Wortwelten ein und suchen nach der richtigen **Tonalität**. Und auf dem Weg erschließen Sie sich wieder viele ganz praktische Werkzeuge für den Texter-Alltag.

Los geht's also mit der Suche nach den richtigen Wörtern …

111

Ihre Notizen:

....

....

Wer textet, hat Bildregie. Wenn er die richtigen Wörter findet ...

„Lesen ist Fernsehen im Kopf." Mit diesem Slogan warben vor einigen Jahren die deutschen Buchhandlungen, und treffender lässt sich kaum beschreiben, was einem faszinierten Leser beim Lesen passiert. Denn plötzlich steht er mitten im Geschehen ...

In „Winnetou" sieht er das Indianerdorf am Horizont, in Tolkiens „Der kleine Hobbit" wandert er mit einer Gruppe von Zwergen durch wundersame Landschaften und im Piraten-Epos segelt er über die Weltmeere. Unsere Fantasie malt Bilder, und diese Bilder werden beim Lesen unaufhörlich wie im Film abgespult. Vorausgesetzt, wir haben diese Bilder oder die dazu nötigen Bestandteile schon irgendwann einmal abgespeichert.

Beim Lesen malt die Fantasie Bilder.

Das Kopfkino zum Laufen bringen

Für den Texter heißt das: Rufen Sie Bilder im Kopf Ihres Lesers ab! Ein trockener, mit Fach- und Fremdwörtern gespickter Text, für den ein Leser noch keine Bilder gespeichert hat, liegt weit hinter der Wirkung eines bildhaften und somit anschaulichen Textes, der Ihrem Werbeleser „Ihren Film" zeigt. Doch anschauliches Schreiben will gelernt sein. Denken Sie nur an das berühmte Wendeltreppen-Beispiel: Eine Wendeltreppe allein mit Worten zu erklären ist schwer. Wenn wir aber mit unseren Händen dazu ein Bild malen, sind keine langen Erklärungen nötig. Ein Werbemittel hat nun zwar keine Hände, kann aber durch die richtige Wortwahl Bilder abrufen und deshalb schneller verstanden werden.

Starten Sie den Film im Kopfkino Ihres Lesers!

Überlegen wir noch einmal: Am deutlichsten steht uns das Original, ein realer Gegenstand, vor Augen. Das ist der

Ihre Notizen:

....

....

Mehr zum
Thema
gibt's hier
im Video.

www.sgv-verlag.de/
bildsprache.html

konkreteste Eindruck. Können wir das Original aus irgendwelchen Gründen nicht betrachten, hilft uns ein Bild. Denn Bilder vermitteln einen klaren Eindruck. Und steht uns kein Foto oder Bild zur Verfügung, ist es die bildliche Vorstellung, die uns eine Sache oder eine Person nahebringt. Diese bildliche Vorstellung erzeugen Sie durch Ihren anschaulichen Text. Doch was macht Ihren Text anschaulich, lebendig, farbig? Beginnen wir mit dem Reichtum der Sprache, dem Wortschatz ...

Wie die richtigen Begriffe finden?

Viele Erwachsene haben zwischen 8.000 und 16.000 Begriffe zum Formulieren zur Verfügung. Das ist der sogenannte aktive Wortschatz. Sie verstehen, wenn Sie lesen, ungefähr 94.000 Wörter. Der passive Wortschatz ist damit zwar deutlich größer als der aktive – doch deckt auch dieser höchstens die Hälfte des Sprachbestandes ab, der nach Expertenmeinung aus über 200.000 Ausdrücken besteht.

Der aktive „Sprech"-Wortschatz wird in der Alltagssprache oft gebraucht, ist auch bei niedriger Konzentration präsent und bietet dem Texter Sicherheit bei der Konstruktion einfacher Sätze. Denn sie werden garantiert verstanden! Für Klarheit und hohe Aufmerksamkeit sorgen wiederum weniger häufig verwendete Begriffe, oft im passiven Wortschatz gespeichert. Sie rufen exakte Bilder ab, zeichnen scharfe Konturen und bringen konkrete Bilder in unsere Texte. Egal, ob passiv oder aktiv – bei der Wahl der richtigen Wörter gibt es so Einiges zu beachten ...

Tipp:
Verwenden
Sie Tuwörter!

Verbalstil: Bringen Sie Leben in Ihren Text!

Eine der ersten Regeln für Texter lautet: Das Verb ist das entscheidende Wort. Das Verb transportiert die Aussage des Satzes. Hier tut sich was: Deshalb hieß das Verb früher auch „Tuwort" oder „Tunwort". Verben sind die Königswörter der Sprache. Starre Szenarien werden zu lebendigen Abläufen. Kulissen werden zum Film im Kopf des Lesers.

Starke Verben lassen etwas geschehen. Und Sie helfen Ihnen, genaue Bilder zu zeichnen. Nehmen wir einmal ein einfaches Beispiel:

`Herr Müller geht durch die Stadt.`

Zwar ist „gehen" ein Wort, das jeder versteht, doch viele Menschen sehen Unterschiedliches. Das heißt, dieses Bild ist nicht präzise genug. Als Texter suchen Sie ein konkreteres Bild. Denn wie in einem Synonym-Wörterbuch haben Sie viele Ersatzwörter für das Wort „gehen" gespeichert. Und die zeichnen schärfer, geben eine Situation genauer wieder.

Werden Sie präzise – durch konkrete Bilder.

Lassen Sie uns jetzt den gehenden Herrn Müller genauer zeichnen. Achten Sie auf die Bilder, die jetzt entstehen. Sehen Sie die Stadt, haben Sie eine Vorstellung von der handelnden Person? Vielleicht ahnen Sie auch eine Vorgeschichte oder wissen schon, wie sein Gang enden wird:

`Herr Müller schlendert durch die Stadt.`

`Herr Müller eilt durch die Stadt.`

`Herr Müller hetzt durch die Stadt.`

`Herr Müller sprintet durch die Stadt.`

`Herr Müller stolpert durch die Stadt.`

`Herr Müller läuft durch die Stadt.`

`Herr Müller hastet durch die Stadt.`

`Herr Müller saust durch die Stadt.`

`Herr Müller rennt durch die Stadt.`

`Herr Müller spaziert durch die Stadt.`

`Herr Müller stürmt durch die Stadt.`

Einige Synonyme zum Verb „gehen".

Sie stellen fest: Welch ein Unterschied zwischen „schlendern" und „sprinten"! Denken Sie auch an die vielen Übertragungen rund um das Wort „gehen":

Was Sprache kann: Ein Wort – viele Bedeutungen.

• Wenn eine Uhr geht, funktioniert sie.

- Wenn ein Teig geht, quillt er auf.
- Wenn jemand von uns geht, macht er nicht nur einen Spaziergang.

Entweder ... oder: Aktiver Sprechwortschatz oder konkrete Benennung.

Merken Sie sich hier: Gebräuchliche Verben aus unserem aktiven (Sprech-)Wortschatz haben im Werbetext einen Vorteil. Sie sind bekannt und werden schnell ausgewertet. Exakte Bilder zeichnen Sie jedoch nur mit dem exakten, konkreten Wort. Das ist eine Möglichkeit, Ihrem Text mehr Leben einzuhauchen.

Eine andere Möglichkeit besteht darin, gebräuchliche Verben in einen unvermuteten Kontext zu setzen. Diese Übertragung begegnet uns oft in der Literatur, kann aber auch im Verkaufstext ein wirkungsvolles Stilmittel sein. Da „läuft" eine Frist aus, da „geht's" um alles, der Mond „glotzt" durchs Fenster oder das neue Schlafzimmer „lädt" zum Träumen ein.

Ersetzen Sie sperrige Substantive durch treffende Verben.

Manchmal lässt sich auch ein umständliches Substantiv durch ein besseres Verb ersetzen, zum Beispiel:

Die wahre Einzigartigkeit des Seins.

→ Das Leben ist schön!

Nach erfolgter Ankunft und Besichtigung der Verhältnisse war mir die Erringung des Sieges möglich.

→ Ich kam, sah und siegte.

Meiden Sie Verben, die nichts sagen

Wie es treffende, anschauliche Verben gibt, so gibt es auch „Verbsünden". Sie ermutigen den gelangweilten Leser, eben nicht weiterzulesen. Und Brief oder E-Mail beiseite zu legen oder gleich in den Papierkorb zu befördern. Das Gute: Nichtssagende Verben sind schnell entlarvt. Fragen Sie sich einfach, welche Bilder im Kopf Ihres Lesers durch folgende Verben ausgelöst werden:

```
erfolgen

bewirken

sich befinden

aufweisen

beinhalten
```

Was auffällt: Alle Beispiele sind sogenannte Präfix-Verben, also Verben mit einer Vorsilbe wie „er-" oder „be-". Das Gehirn braucht für die Verarbeitung solcher Verben wesentlich länger als bei einfachen Wörtern. Der Leser versteht weniger schnell und das Kopfkino legt eine Pause ein. Nehmen Sie also statt nichtssagenden, komplizierten Verben lieber einfache, ausdrucksstarke. Ein Satz wie „Es erfolgte keine Antwort von seiner Seite" lässt sich ohne Mühe in „Er antwortete nicht" verwandeln.

Einfache, ausdrucksstarke Verben kommen schneller an.

Vermeiden Sie modale Hilfsverben und den Konjunktiv

Modale Hilfsverben sind, wie ihr Name schon sagt, Gehilfen, keine echten Verben. Sie sind bildleer und gänzlich ungeeignet, Ihrem Leser etwas zu zeigen. Schreiben Sie „schicke ich Ihnen" anstatt „möchte ich Ihnen schicken". Setzen Sie „stellen wir Ihnen vor" anstelle von „können wir Ihnen vorstellen".

Sie „könnten", „würden", „möchten"? Dann tun Sie's doch einfach! Mit konkreten Verben.

Ganz zurückhaltend gibt sich der Konjunktiv. Er ist noch ein großes Stück von der Tat entfernt. Im Verkaufstext sollten Sie aber schnell zum Punkt kommen. Schreiben Sie also anstelle von „ich würde meinen" besser „ich meine" und erfreuen Sie Ihren Leser mit konkreten Aussagen.

Praxis-Tipp: Schreiben Sie im Verbalstil!

Und das bedeutet: Bringen Sie Ihre Verben nach vorn und vermeiden Sie modale Hilfsverben. Je schneller Ihr Leser ein Verb registriert und versteht, desto mehr Interesse bringt er Ihrem Satz entgegen.

Schreiben Sie „verblich"!

Hauptwörter: Erlaubt ist, was wir sehen, hören und fühlen

Auch die Substantive aktivieren unsere Sinne unterschiedlich stark. Für Ihren Verkaufstext muss ein Wort eine Minimal-Voraussetzung erfüllen: Ihr Leser muss es sehen, das heißt auf einen Blick erkennen, wenn Ihr Text ankommen soll. Das ist wahrscheinlich bei „Rasenmäher" der Fall. Aber auch bei „Einspeisevergütungsverordnung"?

Substantive sind das Rohmaterial unserer Filme für den Kopf des Lesers. Mit Verben bringen wir es in Bewegung, füllen es mit Leben. Nun ist der Kopf des Lesers jedoch viel mehr als ein Kino, in dem nur ein Stummfilm läuft. Selbstverständlich steuert jeder von uns sein eigenes Seh-, Hör-, Schmeck-, Tast- und Geruchskino. Deshalb fassen wir unter „bildhafte Substantive" hier auch alle Hauptwörter zusammen, die Eindrücke unserer fünf Sinne wiedergeben. Was wir sehen, hören, riechen, schmecken oder anfassen, entsteht vor unseren Augen. Wenn wir es benennen, rufen wir das passende Bild dazu ab. Selbstverständlich kommt auch hier unsere Erfahrung mit zum Zug.

Werden Sie auch bei den Substantiven konkret: Dabei helfen Ihre 5 Sinne.

Das Wörtchen „Turm" löst bei fast allen Lesern ein anderes Bild eines bestimmten Turmes aus. Und sollte es derselbe Turm sein, so ist es vielleicht eine andere Perspektive. Zeichnen Sie also möglichst konkret: „Fernsehturm", „Wasserturm", „Sprungturm" führen unser Gehirn auf unterschiedliche Spuren. Doch achten Sie darauf, dass Ihre Zielgruppe ein Bild noch versteht. Das gilt ganz besonders für die Verwendung von Fachbegriffen in Ihrem Verkaufstext. Was in Ihrem Unternehmen gang und gäbe ist, muss Ihrem Leser noch lange nicht bekannt sein. Selbstverständlich sind in bestimmten Branchen Fachbegriffe nötig. Die aber muss Ihr Leser mühelos verstehen.

Mit Fachbegriffen beschäftigen wir uns ab Seite 145 noch intensiver.

Abstrakt, aber mit Gefühl...

Nicht alles können wir sehen, fassen oder riechen. Trotzdem können wir es erleben. Deshalb spricht man von bildnahen Substantiven bei „Liebe", „Trauer", „Neid",

„Glück". Bei allen Gefühlen, die wir erleben, die wir nachvollziehen können. Das Wort „Liebe" löst etwas aus. „Hass" bringt uns ein konkretes Bild vor das Auge.

Bildleere Substantive können das nicht. Oder läuft in Ihrem Kopfkino bei Wörtern wie „Materialismus", „Intensität" oder „Anschaffung" ein Film an? Wohl nicht. Hier fällt es schwer, gespeicherte Bilder abzurufen: „Wir danken für die Sichtbarmachung der Fakten", „wünschen uns eine Intensivierung der Zusammenarbeit", „drücken unsere Bewunderung für die Verständlichkeit eines Vortrags aus". Doch gerade im Verkaufstext sind Bilder, die Emotionen wecken, wichtig. Die genannten Substantive sind weder bildhaft noch anschaulich. Sie gehören zur Gruppe der abstrakten Substantive, die auf -ung, -keit, -ismus, -heit, -ät, -ion oder -ive enden. Meiden Sie solche Abstrakta und verwenden Sie Verbalstil.

Streichen Sie Abstrakta aus Ihren Texten.

Meiden Sie den Nominalstil!

Ein großes Hindernis zur Verständlichkeit ist der Nominalstil, der aus Verben einfach Substantive macht. Die Folge: Die Sätze werden zwar meist kürzer, aber deutlich abstrakter und steifer. Aus „Er hat sein Abitur gemacht" wird dann „die Erreichung der Hochschulreife". Nicht gerade wünschenswert – besonders für einen Werbetext. Ein weiterer Nachteil: Der Satz wird unpersönlich, Ihnen fehlt das „Sie", die persönliche Anrede. Ein – zugegeben sehr überspitztes – Beispiel für Nominalstil und sehr umständlichen Ausdruck finden Sie im folgenden Kasten:

 Mehr zum Thema gibt's hier im Video.

www.sgv-verlag.de/ verstaendlichkeit2.html

Rotkäppchen auf Amtsdeutsch

Im Kinderfall unserer Stadtgemeinde ist eine hierorts wohnhafte, noch unbeschulte Minderjährige aktenkundig, welche durch ihre unübliche Kopfbekleidung gewohnheitsrechtlich Rotkäppchen genannt zu werden pflegt. Der Mutter besagter R. wurde seitens ihrer Mutter ein Schreiben zustellig gemacht, in welchem dieselbe Mitteilung ihrer Krankheit und Pflegebedürftigkeit machte, der Großmut-

---

Hier darf geschmunzelt werden: das beliebte Grimm-Märchen in einer eher weniger kindgerechten Version ...

> ter eine Sendung von Nahrungsmittel und
> Genussmittel zu Genesungszwecken zuzustellen.
> Vor ihrer Inmarschsetzung wurde die R.
> seitens ihrer Mutter über das Verbot betreffs
> Verlassen der Waldwege auf Kreisebene
> belehrt ...
>
> Quelle: http://baetzler.de/humor/rotkaeppchen_amtsdeutsch.html

Was den Nominalstil noch sperriger macht ...

Tschüss, Beamten-Deutsch! Hallo, einfache Verben!

Eine besondere Unter-Form des Nominalstils sind die soge-nannten Funktionsverbgefüge. Der Name ist hier Pro-gramm. Funktionsverbgefüge sind dröge Konstruktionen aus Verb und Substantiv, die nur nach Beamten-Deutsch klingen. Hier werden schwache Verben wie „bringen", „kommen", „bilden" oder „durchführen" mit abstrakten Substantiven kombiniert – ein doppelter Erfolgskiller für Ihren Text.

Das Ergebnis: sprachliche Gebilde wie „eine Veränderung vornehmen", „zum Ausdruck bringen", „in Verbindung bringen" oder „zur Verfügung stehen". Diese Formulierun-gen nehmen jeglichen Schwung aus Ihrem Text und lassen ihn langsam und aufgebläht erscheinen. Meine Empfeh-lung: Ersetzen Sie diese Funktionsverbgefüge durch ein einfaches Verb. Also: „verändern", „ausdrücken" oder „verbinden". So klingt Ihr Angebot wesentlich lebendiger und ansprechender.

Ersetzen Sie Funktions-verbgefüge durch simple Verben.

> Wenn unser Produkt zur Anwendung kommt, ...
> Besser: Nutzen Sie unser Produkt, dann ...
>
> Alle, bei denen diese Technik zum Einsatz
> kommt ...
> Besser: Wenn Sie diese Technik nutzen, sind
> Sie sicher: ...

Hier eine kleine „schwarze Liste" mit weiteren Wendun-gen, die Sie ganz schnell wieder vergessen sollen, und die dazugehörigen Verbesserungs-Vorschläge:

Helfen gegen starre Funktionsverbgefüge: starke Verben

Beachtung schenken → beachten

Rache nehmen → rächen

zur Sprache bringen → ansprechen

in Versuchung führen → versuchen

Hilfe leisten → helfen

in Ordnung bringen → ordnen

in Anspruch nehmen → beanspruchen

in Begeisterung versetzen → begeistern

Auf die Spitze getrieben

Die tollste Sprach-Akrobatik in Sachen „Verkompli-zierung von Verben" findet sich aber in der Beamtenspra-che. So schreibt das Amt statt „Das Kind wurde von einer Pflegefamilie aufgenommen" ganz korrekt: „Die Beelte-rung des Kindes wurde vollzogen."

Das Reinigen, das Kontrollieren etc. – die Bremsen für jeden Satz …

„Das Reinigen der Anlage geschieht automatisch". Oder: „Ihr großer Vorteil: Die Anlage reinigt sich ganz von selbst!" Zwei Sätze, die genau das Gleiche sagen. Trotz-dem motiviert nur der Stil des zweiten Satzes zum Weiter-lesen. Wohingegen der erste nur eines sagt: „Bring mich schnell zum Papierkorb." Noch mehr Beispiele:

Das Kontrollieren der Maschine überneh-men wir.
Besser: Wir kontrollieren die Maschine für Sie.

Damit ist das Funktionieren immer gesichert.
Besser: So gehen Sie sicher: Der Apparat funktioniert!

Das XS-Ticket besitzt in der ersten Klasse des Zuges keine Gültigkeit.

Ihre Notizen:

....

....

Wie würden Sie's sagen?

Ihre Notizen:

Besser: **Das XS-Ticket ist in der ersten Klasse des Zuges ungültig.**

....

....

Adjektive: Farbe auftragen, aber mit Gefühl

Auch Adjektive aktivieren unsere Vorstellungskraft unterschiedlich stark. Sie sind ein wichtiges Hilfsmittel, um Bilder noch konkreter zu zeichnen, Dinge voneinander abzugrenzen. Sie helfen uns, auf unsere Wort-Skizze Farbe aufzutragen. Am besten gelingt das wieder mit Eigenschaftswörtern, die unsere fünf Sinne ersetzen.

Für noch mehr Kopfkino: Nutzen Sie „sinnliche" Adjektive.

Tasten: **rau, spiegelglatt**

Schmecken: **süß, salzig**

Hören: **laut, leise**

Sehen: **blau, rot, rund**

Auch Fachsprachen haben bildhafte Wendungen in petto.

Riechen: Hier verwenden wir eher bildhafte Vergleiche: Etwas riecht „wie frisches Wasser", „wie Honig", „wie Blumen". Auch viele der adjektivischen Ableitungen solcher Vergleiche erinnern an das dahinter stehende Bild (blumig). Spannend hier: Parfümeure haben eigene Adjektive, um Gerüche zu beschreiben, Winzer und Weinkenner ihre, um den Geschmack zu präzisieren: „Trockene" Weine haben nichts mit Trockenheit oder der Wüste zu tun, sondern sind einfach eine präzise Geschmacksangabe. Ganz klar, dass ein Verkäufer von Weinen dieses Fachvokabular einsetzen muss. Seine Zielgruppe versteht es mühelos, und nutzt er es nicht, verzichtet er auf einen Beweis seiner Kompetenz.

Auch im Falle einer Wertung kommen wir nicht ohne Adjektive aus: „gut", „das Beste", „ein sehenswerter Film". Adjektive richtig gebraucht liefern Zusatzinformationen, die Farbe in unseren Text bringen. Und sie sind stets gut für eine Überraschung:

```
Wenn sich der Wind müde in den Wipfeln
fängt,
beredtes Schweigen aufkommt,
ein Motor höhnisch aufheult.
```

Doch nicht immer werden Adjektive mit Gefühl gebraucht. „Weiße Schimmel" und „getroffene Vereinbarungen" sind sogenannte Pleonasmen. Hier ist das Eigenschaftswort überflüssig, weil doppelt. Hüten Sie sich also vor unsinnigen Doppelungen, die Ihre Sätze verlängern.

Mit doppelter Kraft voraus!

In manchen Fällen finden sich jedoch einfach keine bildhaften Begriffe. Hier hilft es, Adjektive einzusetzen, um blassen Substantiven mehr Farbe zu verleihen. Besonders stark sind dabei Adjektive, die mit guten Metaphern arbeiten. Zum Beispiel ist die Formulierung „federleicht" besser als „sehr leicht". Das Wort „leicht" ist für sich schon ein starker Begriff.

Die Crème de la Crème: vergleichende Adjektive.

Aber in Kombination mit der Feder – dem Symbol schlechthin für Leichtigkeit – ergibt sich ein Adjektiv mit doppelter Kraft: bildhaft und aussagekräftig. Solche vergleichenden Formulierungen packen große Bilder in kleine Eigenschaftswörter. Weitere Beispiele sind „bärenstark", „riesengroß", „steinreich".

Alles, was Sie lesen, erscheint bildhaft vor Ihrem geistigen Auge. Machen Sie sich das zunutze und setzen Sie Ihren Lesern zum Ende ein starkes Bild in den Kopf! Ein Beispiel: Aus dem zögerlichen „Über eine Kooperation würden wir uns freuen" wird ein positives „Wir freuen uns auf eine erfolgreiche Zusammenarbeit".

Zeigen Sie dem Leser schon im Vorspann ein Happy End.

Es spielt keine Rolle, ob Sie und Ihr Leser schon Geschäftspartner sind – wichtig ist nur, dass Sie eben diesen Eindruck vermitteln! Schaffen Sie Fakten, die noch keine sind. Formulieren Sie die Dinge so, wie Ihr Kunde sie sehen soll. Ihr Text ist das Drehbuch für das Kopfkino Ihrer Leser. Zeigen Sie ihnen ein Happy End!

Zeichnen Sie
mit konkreten
Substantiven
klare Bilder.

Praxis-Tipp: Verwenden Sie konkrete Nomen

Oft sind für das Kopfkino klare Substantive besser als allgemeine Adjektiv-Substantiv-Verbindungen. Beispiel:

```
Ein großer Hund = Dogge, Schäferhund usw.

Ein großes Schiff = Fregatte, Dampfer,
                            Segler
```

Übrigens ...

Am häufigsten werden Wörter wie „Sie", „gut", „einfach", „Leben" verwendet. In deutschen Werbeslogans waren es 2012 vor allem Wörter aus den Bereichen Liebe, Glück, Lifestyle, Freizeit und Genuss. Zum Vergleich: 1950 ging es um Begriffe des neu erworbenen Wohlstands („Schokolade", „Weinbrand", „Wagen", „Kaffee"), aber auch schon um private Ziele und allgemeine Werte („Freiheit", „Freude", „Glück"). Bemerkenswert: In den Ranglisten häufig verwendeter Werbewörter taucht kein einziger Anglizismus auf ...

Bleiben Sie bei
Begriffen, die der
Leser kennt.

Orientieren Sie sich also beim Texten zunächst an der gesprochenen Sprache Ihrer Zielgruppe. Der aktive Wortschatz ist gewohnter Wortschatz und auch bei niedriger Konzentration präsent. Reichern Sie dann Ihre Botschaft mit exakten Begriffen an, die Ihre Zielgruppe allerdings mühelos verstehen muss.

Synonyme: Wenn die Wortwahl zur Wortqual wird ...

Als Schüler lernt jeder die Regel: „Keine Wiederholungen!" Im Prinzip stimmt das auch. Aber vor allem bei Substantiven sollten Sie Acht geben. Hier führt der Zwang zur Abwechslung oft zu gestelzten, hässlichen Wörtern: Wenn zum Beispiel der Fisch plötzlich „Kiementier" heißt oder die Wahl zum „Urnengang" aufgebläht wird. Hier erfahren Sie deshalb drei Tipps, die Sie sicher zum passenden Synonym leiten.

Abwechslung, aber nicht um jeden Preis!

Natürlich: Abwechslung hält einen Text lebendig. Deshalb ist es völlig richtig, viele verschiedene Verben zu benutzen. Bei den Substantiven gilt jedoch: Vorsicht! Nicht immer gibt es für einen Sachverhalt zwei identische Wörter. Da geht der Versuch, abwechslungsreich zu schreiben, schnell mal daneben.

Synonyme? Auf jeden Fall! Mit ein paar Einschränkungen ...

An folgenden Eigenschaften erkennen Sie schlechte Synonyme:

- Schlechte Synonyme sind unpräzise (wie „Zwergstaat" für Andorra oder „Niederschlag" für Regen).

- Sie werden in der gesprochenen Sprache nie verwendet (wie „Kiementier").

Ihre Notizen:

- Sie enthalten eine Wertung, die Sie als Schreiber nicht beabsichtigen (etwa „der Häuslebauer" statt Bauherr oder „der Winkeladvokat" statt Anwalt).

....

- Sie bedienen sich gut gemeinter, aber meist platter literarischer Schnörkel (zum Beispiel „das kühle Nass" für Wasser).

....

Sollte Ihr Synonym eine der obigen Bedingungen erfüllen – ersetzen Sie es! Und so geht's ...

3 Tipps zum Umgang mit Synonymen

1. Mut zur Wiederholung

Nur Mut! Es ist keine Schande, ein Wort zweimal zu benutzen. Zwei Bedingungen sollte es aber erfüllen:

1. Bedingung: Das Wort ist für die Aussage des Satzes entscheidend.

Mit einer Wortwiederholung setzen Sie das Zeichen: Das ist wichtig!

In diesem Fall betonen Sie das Wort, wenn Sie es wiederholen – ein schönes Mittel, das sich übrigens auch in der Literatur findet, zum Beispiel in Goethes „Mailied":

> O Mädchen, Mädchen,
> Wie lieb ich dich!
> Wie blickt dein Auge!
> Wie liebst du mich!

Sie sehen: Hier erscheinen innerhalb der vier Zeilen gleich zwei Wörter doppelt, „Mädchen" und „lieb / liebst". Klingt das Gedicht deshalb langweilig oder banal? Nein! Er wird gerade durch die Wiederholung äußerst dicht und intensiv.

In der Literatur gibt es eine ganze Reihe von Stilmitteln, die mit Wiederholungen arbeiten – die Anapher etwa mit der Wiederholung des ersten Wortes im Satz: „*Er* kam. *Er* sah. *Er* siegte." Um Wirkung zu entfalten, müssen die wiederholten Wörter aber eine weitere Bedingung erfüllen.

Das wiederholte Wort muss stark sein. Und bildhaft.

2. Bedingung: Das wiederholte Wort muss stark und bildhaft sein.

Gehen wir noch einmal zurück zum Mailied: Stellen Sie sich einmal vor, Goethe hätte die Verse aus dem Beispiel so geschrieben:

> O junge Angehörige des weiblichen
> Geschlechts, o junge Angehörige des
> weiblichen Geschlechts,
> wie fühle ich mich amourös zu dir
> hingezogen!
> Wie blickt dein Auge!
> Wie fühlst du dich amourös zu mir
> hingezogen!

Dieser Text wirkt lächerlich – und zeigt Ihnen, wie hässliche Wörter in der Wiederholung noch hässlicher werden. Ziehen wir also ein Fazit aus diesem Absatz, so lautet es: Wiederholung kann ein schönes Stilmittel sein – doch nur, wenn Sie damit Wichtiges mit den richtigen Wörtern unterstreichen. Ein Beispiel aus einem Werbetext wäre etwa folgende Einleitung zum Baustoff Holz:

Wiederholen Sie nur die „guten" Wörter.

> Holz dämmt Ihr Haus. Holz stützt Ihr
> Dach. Und: Holz reinigt die Luft, die Sie
> täglich atmen.

Noch etwas: Gerade im Internet-Zeitalter sollten Sie über bewusste Wiederholung nachdenken. Denn: Die bekannten Suchmaschinen arbeiten alle nach dem Prinzip der Wiederholung. Nur wenn auf einer Seite ein Begriff häufig auftaucht, erscheint die Seite auch weit oben in der Trefferliste der Suchmaschine.

Google findet Ihre Seite besser, wenn wichtige Schlagwörter öfter vorkommen.

Für Sie als Texter heißt das: Wenn Ihre Website unter dem Stichwort „Auto" weit vorne erscheinen soll, dann müssen Sie auch das Wort „Auto" häufig benutzen und es nicht ständig durch Wagen, PKW, Gefährt und Ähnliches ersetzen.

2. Wann Synonyme gebraucht werden

Es gibt eine Situation, da sind Synonyme nicht nur gut für die Abwechslung, sondern auch notwendig für das Verständnis. Diese Situation ist die folgende: Sie führen einen Begriff für eine Person / ein Produkt / ein Verfahren etc. ein, das Ihr Leser nicht kennt. Der Begriff ist ihm fremd – hier liefert das Synonym die Lösung: Es dient als nachgestellte Erklärung.

Ein Beispiel:

Mit Synonymen erklären Sie Fremdwörter.

Unsere Ziegel erreichen eine unglaubliche Farbpalette. Das Mittel dazu: Engoben (dieses Wort kennen die meisten Ihrer Leser wohl nicht). **Dieser farbige Überzug** (mit diesem Synonym geben Sie Ihrem Leser eine kurze Erklärung, was mit „Engoben" gemeint ist) ...

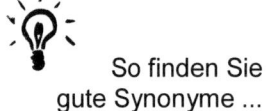

So finden Sie gute Synonyme ...

3. So finden Sie die richtigen Synonyme

Nun stellt sich die Frage: Wie vermeidet man hässliche Synonyme? Wenn Sie nicht zehnmal am Stück dasselbe Wort schreiben wollen, sind Sie gezwungen, andere Begriffe zu finden. Nun, ein Patentrezept kann Ihnen auch dieses Kapitel nicht geben; aber es gibt drei Regeln, an die Sie sich halten können. Hier sind sie:

Regel 1: Die beste Bezeichnung für eine Person ist immer deren Name!

Nomen est omen: Nennen Sie die Dinge einfach beim Namen.

Mit dem Eigennamen haben Sie das kraftvollste Wort, um einen Menschen zu bezeichnen. Forschungen zum Leseverhalten belegen das: Einen Namen empfindet der Mensch nicht als Wort, sondern als Bild – weil ein Name viel mehr Verknüpfungen auslöst als ein abstrakter Begriff! Übrigens ist unsere Sprache selbst hier sehr klug: „Wort" bedeutet in seinem ältesten Sinn nichts anderes als „Name"!

Regel 2: Für Gegenstände, Funktionen oder Merkmale gilt: Je genauer, desto besser! Werden Sie konkret!

Schluss mit allgemeinen Oberbegriffen: Werden Sie konkret!

Daraus folgt die zweite Regel für gute Synonyme: Je genauer, desto besser. Das heißt: Machen Sie aus dem Regierungsmitglied zum Beispiel den Finanzminister, den Außenminister usw., das Haus machen Sie zu Ruine, Hochhaus oder Villa – je nach Bedarf. Das Synonym ist Ihre Chance, Dinge deutlicher, genauer – kurz: besser – zu sagen. Denn: Je genauer Sie formulieren, desto klarer wird das Bild im Kopf Ihres Lesers – Ihr Text wird lebendig!

Regel 3: Wenn Ihr Produkt nicht konkret ist – dann machen Sie es mit dem richtigen Synonym dazu!

Zwei Techniken helfen Ihnen dabei: das „Persönlich-Machen" von Produkten und die Übertragung in andere Wortwelten. Das bedeutet: Mit einem sprachlichen Bild machen Sie einen Gegenstand zu einer Person, den Tresor zum Beispiel zum Wächter oder das Navigationssystem Ihres Autos zum persönlichen Steuermann. Immer eine große Hilfe dabei: gewisse Wortwelten, Felder, aus denen sich Bilder generieren lassen.

Machen Sie das Produkt menschlich – so wird klar, was es kann.

Ein Beispiel: Sie schreiben einen Text zum Thema Kühlschrank. Ihr Produkt hat viele Vorteile: im Innenbereich zum Beispiel eine spezielle, keimfreie Oberfläche, die das Wachstum von Bakterien hemmt.

So klar machen Sie diesen Vorteil mit dem richtigen Bild: Die Vorteile der keimfreien Oberfläche haben Sie erwähnt – mit dem richtigen Synonym machen Sie Ihrem Kunden seinen persönlichen Nutzen sichtbar. Sagen Sie also nicht „der Apparat" oder „das Gerät", wenn Sie ein Synonym für Kühlschrank brauchen – machen Sie „Ihren Gesundheits-Profi" oder „den Wächter über Ihr Wohlbefinden" daraus! So wird dem Kunden klar: Es geht nicht um Zahlen, Funktionen, chemische Stoffe – es geht darum, was die Technik für ihn leistet!

Noch ein kleiner Tipp: Wenn Sie das richtige Synonym einfach nicht finden können – das Internet bietet Hilfe: Einfach auf www.wortschatz.uni-leipzig.de klicken! Hier finden Sie eine große Datenbank mit Tausenden Synonymen.

Ein praktischer Link-Tipp ...

Ihre Notizen:

....

....

Superlative und Steigerungen

„Das beste Produkt, die längste Praline, das wundervollste Menü." Superlative im Werbetext sind mit Vorsicht zu genießen. Schon Otto von Bismarck wusste: „Jeder Superlativ reizt zum Widerspruch" – und strich seinen Mitarbeitern konsequent alle Superlative. Und doch wollen wir durch Bestleistungen überzeugen und diese auch sprachlich formulieren. Was Sie über den Superlativ wissen sollten und welche Wege es gibt, Worte zu verstärken, zeigt Ihnen dieser Abschnitt.

Ganz allgemein: Der Superlativ ist die schlechteste Art, im Werbetext etwas Gutes zu sagen. Hier gilt ganz besonders für die Konkurrenz: Jeder Superlativ ist die Steilvorlage für ein „Aber". Denn die Tatsache, dass Ihr Produkt als das schnellste, schönste, beste auf dem Papier steht, beweist noch lange nicht, dass es tatsächlich so ist. Allgemeine Superlative machen Ihr Angebot also eher unglaubwürdig. Was uns zu einer entscheidenden Frage führt und Sie gleichzeitig auf ein juristisches Problem hinweist.

Vorsicht bei Superlativen. Der Leser wird sich fragen: Stimmt das überhaupt?

Können Sie einen Superlativ beweisen?

Manchmal lässt sich ein Superlativ belegen: durch eine festgeschriebene Tradition, einen Testbericht. Dann untermauern Sie Ihren Superlativ und bieten Sie Ihrem Leser den Beweis, den er benötigt, um Ihnen Glauben zu schenken. „Trinkgut. Seit 1632 verbrieft: Deutschlands älteste Brauerei startet Marketing-Offensive", „Stiftung Warentest (Logo mit Heftangabe): Deutschlands schnellste Kettensäge gibt's jetzt bei Sägschnell".

Wenn es einen Beweis gibt, dann nennen Sie diesen auch!

Der subjektive Standpunkt

Und was, wenn man's nicht beweisen kann? Eine weitere Möglichkeit, Superlative mit hinreichender Glaubwürdig-

Oder Sie machen Ihre
Aussage persönlich.

keit zu versehen, sind persönliche Aussagen. Gefährlich und juristisch angreifbar wäre eine allgemeine Aussage wie: „Der neue BMW 3000 ist das schönste Auto der Welt." Akzeptabel: „Für Tester Müller ist der neue BMW 3000 einfach das schönste Auto der Welt." Am besten gekoppelt mit einem Statement des tatsächlich existierenden Testers.

Einschränkende Superlative

Warum wohl erscheint „die längste Praline der Welt" nicht mit diesen Worten in der Werbung? Ganz recht! Weniger Angriffsfläche bieten eine relativierende Aussagen wie „die wahrscheinlich längste Praline der Welt", „der vielleicht schönste Platz, um Urlaub zu machen." Achten Sie stets darauf, dass Ihre Aussage auch juristisch bestehen kann. Doch eleganter als der Superlativ ist oft eines der folgenden Stilmittel:

Eine Alternative
für Superlative.

Die gängigen „Verstärkungswörter"

„Das unbedingt total absolut beste Buch über das Schreiben ..." zeigt eine Zusammenballung gängiger Verstärkungswörter. Sie sind durch häufigen Gebrauch bereits abgegriffen. Und sie wirken gänzlich flach, reiht man sie einfach aneinander, um einem Text möglichst viel Nachdruck zu verleihen. Hier gilt: Setzen Sie solche Verstärkungswörter sparsam ein und kennzeichnen Sie beim Redigieren eines Rohtextes auch „ganz, sehr, durchaus, unbedingt, absolut, völlig, voll und ganz, total". Reduzieren Sie und überdenken Sie diese Begriffe. Denn „einfach" ist oft stärker als „ganz einfach".

Trendwörter
bitte nur für
„Trendzielgruppen".

Verstärkung trendy

„Mega-Angebot", „hypersensible, wahnsinnig geile Erlebnisse": Wer Trendwörter benutzt, braucht Zielgruppen, die diese Wörter verstehen. Deshalb ist auch hier grundsätzlich Vorsicht angebracht. Es gelten die obigen Aussagen zu den gängigen Verstärkungswörtern. Allerdings zeigt uns „Mega-Angebot" eine weitere Steigerungstechnik:

Das superlativische Vorsatz-Wort ...

... steht für eine einfache stilistische Möglichkeit, Ihr Produkt oder Angebot zu verstärken. Mit einem Vorsatz-Wort, das bereits eine Steigerung einschließt. Als Mega-Angebot, Top-Produkt, Bestleistung oder Spitzenservice.

Ganz simpel: Mit Wiederholungen betonen Sie das Wichtige.

Wortwiederholung

Stilmittel über Stilmittel gibt es, um Ihren Aussagen Nachdruck zu verleihen. Besonders schön: die Wortwiederholung oder Anapher. Man denkt und denkt, bis der Groschen fällt, und dabei nutzte schon in den Sechzigern eine der populärsten Headlines diese einfache Wiederholung: „Er läuft und läuft und läuft ..."

Mehr zu Wiederholungen lesen Sie auf Seite 126.

Ähnliche Wirkung erzielt auch die Kombination sinnverwandter Begriffe. Ein einfaches Synonymlexikon sorgt so für Kraftpakete der Sprache: ein „weites, ungepflügtes Feld", der „raffinierte, gerissene Kerl", die „singenden, klingenden Glückwünsche".

Richtig steigern: Das sagt die Grammatik ...

Ganz am Rand: Gerade bei zusammengesetzten Begriffen wie „weit gereist, viel genannt, viel gelesen" steigert man den ersten Teil. Also das „meist gelesene" Buch des Jahres nicht das „viel gelesenste". Allerdings hilft manchmal einfach nur die Umschreibung: Der „weitest gereiste" Mann des Dorfes klingt, obwohl korrekt gesteigert, fast ebenso unsinnig wie der „weit gereisteste" Mann. Besser ist hier: Kein Mann im Dorf ist so weit gereist wie ...

„Ver-steigern" Sie sich nicht!

Ihre Notizen:

....

....

Film ab! Sprachbilder und Metaphern

Auf den letzten Seiten haben Sie einiges zu Wortarten und Wörtern erfahren. Vor allem, wie sie als Instrumente gekonnt eingesetzt werden. Zu bildhafter Sprache mit viel Emotion gehört aber noch mehr. Denn wer textet, führt auch Bildregie im Kopfkino seiner Leser! Wenn ein Text großes Kopfkino ist, dann können wir ein Buch selten aus der Hand legen. Gleichzeitig sagt uns die Hirnforschung: Wir können Unbekanntes nur verstehen, wenn wir es an Bekanntes andocken. Nun gibt es Schreibtechniken, die regen ganz besonders starke Bilder im Kopf des Lesers an. Und helfen auch unseren Werbebotschaften, dort sicher zu landen. Wenn wir gerade noch die Kurve kriegen, einer Präsentation entgegenfiebern oder die Latte hoch legen, spielen wir mit solchen Sprachbildern oder Metaphern. Aber schnell wird aus starken Worten auch bemühte „Wortturnerei". In diesem Abschnitt finden Sie 5 Regeln, die davor schützen.

Sprachbilder und Metaphern erzeugen Bilder im Kopf Ihrer Leser.

Metapher: Eine kurze Definition

Metaphern sind zwei Begriffe – oder weiter gefasst – zwei Themenbereiche, die auf den ersten Blick nichts miteinander zu tun haben. Sie begegnen sich in einem Satz oder in einer Wendung und „geraten" in einen neuen Zusammenhang. Die Wortbedeutungen überlagern sich, und vorher Getrenntes verbindet sich zu etwas Neuem: So entstehen der Hafen der Ehe, der Fuß des Berges …

Definition: „Metapher"

Das Reizvolle an solchen „Bildspielereien" im Kopf: Wir verstehen schneller und die Analogieschlüsse aktivieren unser „Kopfkino". So „bleiben wir auf Kurs", wenn's „in den Klippen der Konjunktur" einmal „stürmisch" wird.

Was das nun für Ihren Text bedeutet? Verwenden Sie starke Sprachbilder, um Produkt oder Dienstleistung in die Erlebniswelt Ihres Lesers zu übertragen. Ein Wanderschuh sorgt „für festen Halt", „macht Sie zum Gipfelstürmer" oder „geleitet Sie sicher über Stock und Stein". Und das sorgt dann dafür, mit dem Text noch näher an den Menschen heranzugehen.

Regel Nr. 1: Bleiben Sie in einer Welt!

Sie sollten Wortwelten nicht mischen.

Mischen Sie nicht – eine eiserne Regel. Übrigens sprechen wir bei solch thematisch zusammenhängenden Sprachbildern von Wort-Bild-Welten oder Wortwelten. Zu viele davon im Text richten ein heilloses Durcheinander im Kopf des Lesers an. Ganz besonders, wenn Sie Sprachbilder miteinander verknüpfen, die nicht kompatibel sind. So können Sie nicht „mit Volldampf in den sicheren Hafen der Ehe steuern, um in die Pole-Position zu kommen".

Auf der Bildebene gilt: Die Wortwelten Seefahrt und Motorsport passen nicht zusammen. Ganz besonders, wenn unterschiedliche Welten in einem Satz auftauchen. Übrigens ist manchmal auch Vorsicht angebracht, wenn man innerhalb einer Wortwelt bleibt. Denn ein wenig komisch klingt das schon, wenn Sie am Fuß des Berges den Kopf der Expedition treffen.

Regel Nr. 2: Bilder müssen stimmig sein ...

Vorsicht vor schiefen Bildern!

Viel Potenzial für unfreiwillige Komik bieten Bildfehler im Kopfkino der Leser. Und die entstehen, wenn ein Texter schiefe oder unstimmige Bilder aufbaut. Das Kopfkino zeigt zwar brav das gesetzte Bild – aber die Vernunft meldet sich mit einem deutlichen „das kann doch nicht sein". Oder gerät in Stress, weil da nun eine Entscheidung fällig ist: „Wörtlich interpretieren oder im übertragenen Sinne stehen lassen?"

Wenn ein Schiffskapitän einer Sache auf den Grund geht, befindet er sich dort, wo wir ihn als Kapitän auf keinen Fall sehen wollen: auf dem Grund. Ähnlich schräg: Wenn die rechte Hand des Kommandeurs über den Hof geht, war's hoffentlich der Adjutant – und der Kommandeur hat noch alle Gliedmaßen bei sich. Besonders schön auch, wenn eine Pickelcreme ausschlaggebend dafür ist, dass Sie keine Pickel mehr haben. Das nennt man, um in einem anderen Bild zu bleiben, „vom Regen in die Traufe geraten".

 Mehr zum Thema gibt's hier im Video.

www.sgv-verlag.de/wortwelten.html

Eine tierische Seltsamkeit zeigt das nächste Beispiel:

```
Bello ist ein hervorragender Wachhund.
Er hat nicht nur den richtigen Riecher
für Gefahren, sondern alles, was er tut,
hat Hand und Fuß.
```

Hoppla! Wenn Hunden Hände und Füße wachsen … Achten Sie einfach auf stimmige Bilder. Und denken Sie daran: Je tiefer Sie sich in eine Wortwelt hineinbegeben, desto größer ist die Gefahr, sich dort zu verirren.

Regel Nr. 3: Machen Sie sich das Komik-Potenzial klar!

Ganz klar: Schiefe Bilder haben schon für so manchen Lacher gesorgt. Wenn man sich nun das Konstruktionsprinzip von bildhaften Übertragungen oder Metaphern klarmacht, entdeckt man weiteres Komik-Potenzial. Metaphern entstehen, wenn man zwei Wörter oder Themen miteinander verknüpft und sich nun die Bedeutungen vermischen. In dieser Vermischung entsteht immer etwas Neues. Beim „Wolkenkratzer", beim „Autohimmel", aber auch beim „Hafen der Ehe".

Ihr Ziel ist zu verkaufen – nicht zu belustigen.

Neu heißt auch: Ich kann mich sprachlich neu orientieren und den passenden Wortschatz zur Metapher verwenden. Am Autohimmel können Sterne aufgehen, funkeln oder auch verglühen. Im Hafen der Ehe kann man vor Anker gehen, aber auch alte Fregatten treffen.

Regel Nr. 4: Dosieren Sie richtig!

Wer erst einmal den Einstieg in eine Wortwelt gefunden hat, stößt schnell auf viele neue Wortspielereien. Das Texten macht Spaß – es verleitet aber auch zu allzu verspielten Texten, bei denen die eigentliche Aussage schnell

Setzen Sie Metaphern wohl dosiert und ganz gezielt ein.

Ihre Notizen:

....

....

in den Hintergrund gerät. Verwenden Sie deshalb Wortwelten sparsam. Und so, dass Sie dadurch die größtmögliche Wirkung erreichen können.

Deshalb gilt: Behalten Sie Ihr Ziel im Kopf. Irgendwann muss im Verkaufstext auch Ihr Angebot wieder genannt werden. Und der Weg zurück darf nun nicht zu kompliziert sein. Wortwelten eignen sich, um Produkte gekonnt ins Bild zu setzen und ihnen neuen Glanz zu verleihen. Doch halten Sie Ihre Bilder nicht zu lange.

Besonders im Verkaufstext heißt es daher: Gehen Sie sparsam mit Metaphern und Sprachbildern um! Zu viel davon – und Ihr Text wird zu „poetisch". Wenn Ihr Werbeleser in Bildern schwelgt, kann es schwierig werden, ihn wieder auf den Boden der verkäuferischen Tatsachen zurückzuholen. Eine Faustregel: Auf jeden Satz mit Metapher folgt ein Satz ohne. So geht man auch den wunderschönen Bildern des Kopfkinos nicht „auf den Leim" und bleibt „am Boden".

Regel Nr. 5: Konstruieren Sie nicht mit Gewalt!

Sprachbilder dürfen nicht „aufgesetzt" wirken.

Versuchen Sie nicht zwanghaft eine Wortwelt zu konstruieren. So etwas ist von vornherein zum Scheitern verurteilt – und wirkt durch schiefe Bilder eher peinlich. Schaffen Sie keine Wortbilder um jeden Preis. Die Grundlage verständlicher Texte sind Botschaften, die mit einfachen Worten und im Klartext vermittelt werden. Wenn dies unterstützt mit starken Sprachbildern gelingt: hervorragend! Wenn nicht, bleibt für den Texter immer noch die Verpflichtung, im Kopf des Lesers anzukommen.

Eine kleine Zusammenfassung und Dosieranleitung:

Wortwelten eignen sich ...

- für Anschreiber, Headlines und um an ein Thema heranzuführen,
- am Ende eines längeren Textes, um an Ihr Einstiegsbild derselben Wortwelt anzuschließen und einen Beitrag so abzurunden,
- um ein Oberthema abzustecken. So heißt zur Wahlzeit der Rechenschaftsbericht des Bürgermeisters „Musterstädter Logbuch" und greift das Thema Seefahrt nur in Einführung, Überschriften und dem ein oder anderen Anschreiber auf,
- als spannende Ergänzung zu den Bildern einer Broschüre oder eines Prospekts.

Und weiter ...

Weiter geht's im „Lexikon der Wortwelten". Diese einzige thematisch gegliederte Sammlung von Sprachbildern gibt es mittlerweile in der dritten, erweiterten und überarbeiteten Auflage. Sie ist ein wirklich unentbehrliches Werkzeug für jeden Profi-Schreiber mit vielen Empfehlungen. 21 Kapitel wie „Farben und Malen", „Seefahrt" oder „Der menschliche Körper" liefern Sprachbilder, Metaphern, Redewendungen für Ihre Textarbeit.

Praktisches Werkzeug: das „Lexikon der Wortwelten".

Lexikon der Wortwelten:
Das So-geht's-Buch® für bildhaftes
Schreiben
3., überarbeitete und erweiterte Auflage
SGV Verlag, Augsburg 2010

Ihre Notizen:

....

....

Tonalität: Treffen Sie den richtigen Ton!

Fremdenzimmer oder Gästezimmer? Kunde oder Antragsteller? Schreiben Sie „Sofort anrufen!" oder „Einfach anrufen! Wir freuen uns auf das erste Gespräch"? Der Ton macht die Musik, das gilt nicht nur in der Liebe, sondern auch im Verkauf. Die nächsten Seiten zeigen, wie Sie sehr einfach an der Tonalität Ihrer Texte arbeiten.

Wörter benennen die Welt und begrenzen sie. Was sprachlich nicht formuliert werden kann, kann auch nicht in die Welt – oder nur mit Mühe, wenn präziser Ausdruck und die richtige Stimmung fehlen. Überfällt Sie ein Verkäufer mit Fachchinesisch, wird er wohl auf seinem Produkt sitzen bleiben. Und genau dasselbe passiert, wenn er unfreundlich mit Ihnen redet.

> Der Ton macht die Musik!

Wie spricht Ihre Zielgruppe?

Wer wirbt – egal ob um die Hand der Geliebten oder um den Kunden – ist nun in einer besonderen Lage: Er muss verstanden werden. Hier geht es darum, die „richtigen" Begriffe zu finden. Für Werbetexter heißt das: sich „einzulesen", ein Zielgruppen-Vokabular zu erfassen, ein Gefühl für den richtigen Ton zu entwickeln. Profis sprechen hier von Tonalitäten oder dem Tone of voice. Denn ein Satz kann – bei gleicher inhaltlicher Aussage – in vielen Formen wiedergegeben werden. Denken Sie nur einmal an die Erscheinungsformen ein- und derselben Nachricht in unterschiedlichen Printmedien.

> Nicht nur, *was* Sie sagen ist wichtig, sondern auch, *wie* Sie es sagen.

```
Dieses Bett wird Sie sanft in Morpheus
Arme entführen.
oder: In der Kiste kannste prima pennen.
```

> Kardinal Josef Ratzinger zum Papst
> gewählt.
> oder: Wir sind Papst!

Welche Tonalität passt zu Ihren Lesern?

Die Herausforderung für den Schreiber: Aus den 8.000-16.000 im aktiven Wortschatz vorhandenen Begriffen die richtigen für seine Leser zu finden. Und dabei den richtigen Ton zu treffen. Das folgende Beispiel zeigt Ihnen, wie einfach man sich in unterschiedlichen Tonalitäten bewegen kann.

Man nehme einen Satz, zum Beispiel „Das Kind sitzt auf dem Baum" und überlege:

Treffen Sie den richtigen Ton mit Synonymen.

1. Wie ersetzt oder umschreibt man die Substantive, um sie mit Stimmung aufzuladen?
Kind: Das Kind / der Knirps von nebenan / der Schreihals
Baum: Tanne / zwischen den roten Blättern des Apfelbaums / im Geäst

2. Welches Verb wählen Sie?
Jetzt hilft ein Synonym-Wörterbuch oder der Thesaurus Ihres Textprogramms ...
Sitzen: Sitzt / mit baumelnden Beinen / kauert / hockt usw.

3. Welche Adjektive setzen Sie ein?
Werden es zu viele Adjektive, überladen Sie Ihren Text. Trotzdem: Adjektive grenzen ab, verleihen zusätzliche Farbe.
Kind: Das lachende / weinende Kind / der kleine Schreihals
Sitzen: Sitzt lachend / weinend / ängstlich
Baum: Verkrüppelte Tanne / alter Apfelbaum / im Geäst

> Das weinende Kind kauert in den toten
> Ästen des Apfelbaums.

> Der Knirps von nebenan sitzt lachend im
> Geäst unserer alten Birke.

Zugegeben: Hier wird's poetisch und nun ist weitere Feinarbeit nötig. Doch fragen Sie sich einfach beim Schreiben der Substantive und Verben in Ihrem Text: Wie sage ich – je nach anvisiertem Ziel – ein Wort freundlicher? Aggressiver? Erotischer?

Der Bruch und seine Folgen

Wenn Sie innerhalb eines Textes zwischen verschiedenen Tonalitäten hin und her springen, verwirren Sie Ihre Leser und verlieren ziemlich sicher potenzielle Käufer. Und das passiert schneller, als Sie denken. Denn es muss ja nicht gleich – wie im Beispiel oben – „auschecken" gegen „testen" vertauscht werden. Es reicht schon, wenn Sie einen Brief oder eine E-Mail in freundlichem, persönlichem Ton starten und dann in Behördensprache abrutschen – vielleicht, wenn es dann um die Bestellung geht. Auch hier ein kleines Beispiel:

> Sehr geehrte Frau P.,
>
> freuen Sie sich! Der Winter ist vorbei und mit dem Frühling kommen die Sonderangebote des Schlussverkaufs. Schuhe, Kleider, Hosen und Blusen - alles reduziert. Schauen Sie doch einfach mal in unseren Online-Shop, denn wir haben die interessantesten Angebote auf einer speziellen Seite für Sie zusammengefasst. Und einen zusätzlichen Rabatt bekommen Sie als Newsletter-Abonnentin natürlich auch.
>
> Wenn Sie sich dann für ein Produkt entschieden haben, bestellen Sie unter Angabe des Rabattierungscodes - diesen finden Sie im Betreff dieser E-Mail - via Online-Shop, Fax oder Telefon. Nur so kann Ihnen der Rabatt auch wirklich zugeordnet und der Bestellvorgang von unserem Team intern abgewickelt werden. Achten Sie unbedingt auf die korrekte Mitteilung Ihrer Kontaktdaten, damit für unsere Versandabteilung bei der Zuordnung der Ware zu Ihrem Konto keine Probleme entstehen.

Welche Stimmung wollen Sie Ihrem Leser vermitteln?

Gefährlich: mitten im Text den Sprachstil wechseln.

Ihre Notizen:

....

....

Ihre Notizen:

....

....

Aus freundlich und ansprechend mach kompliziert und behördlich! Das passiert, wenn ein freundlicher Text von einem Texter, ohne noch einmal darüber nachzudenken, mit einem vorgefertigten Textbaustein aufgefüllt wird. Seltenes Fundstück? Leider nicht, denn auch in Briefen passiert das. Im folgenden Beispiel verhindert ein grundlos angeführter Behördensatz den schwungvollen Ausstieg. Und damit jede Bestellung.

> Vermutlich sehen Sie schon jetzt – der Weihnachtskatalog des ABC-Versands hat wirklich einiges zu bieten. Am besten, Sie schauen gleich einmal hinein und erledigen Ihre Weihnachtseinkäufe ganz bequem von zu Hause aus. Ohne lästiges Warten oder Anstehen in überfüllten Geschäften, sondern einfach per Bestellkarte, Fax oder Telefon. Wir freuen uns auf Ihren Wunschzettel.
>
> Bitte teilen Sie uns bei einer Bestellung Ihre im Anschriftenfeld befindliche ID-Nr. mit.

Ein Tonalitätsbruch verwirrt den Leser.

Auch hier ein klarer Tonalitätsbruch, der beim Leser nicht den Drang etwas zu kaufen auslöst, sondern nur Verwirrung. Was „intern" bei diesem Verkäufer abläuft, braucht der Kunde eigentlich gar nicht zu wissen. Die Frage, die hier bleibt: Ist das Angebot so gut, dass sich der Briefleser durch Text und Bestellvorgang quält? Wahrscheinlich nicht.

Verstanden werden, um zu verkaufen ...

Ein Texter sollte ein Gefühl für den richtigen Ton entwickeln. Denn ein Satz kann – bei derselben inhaltlichen Aussage – in vielen Formen wiedergegeben werden. Suchen Sie die treffenden Tonalitäten. Was passt zu Ihrem Leser?

> Nichts ist so beständig wie die Veränderung ...
>
> Alles verändert sich immer wieder.
>
> Nix ist fix.

Fachwortschätze und Erlebniswelten: Ein Ausflug in die Fachsprache

Wer Mailings und E-Mails verschickt oder Prospekte und Kataloge konzipiert, möchte vor allem Reaktionen auf sein Tun erhalten. Doch Response ist immer auch abhängig von der Art der Ansprache: Trifft der Text den „richtigen Ton", die exakten Begriffe? Und ist er mit ausreichend Signalwörtern gespickt? Denn erst so wird die Aufmerksamkeit des Lesers hochgefahren: Wenn er merkt, dass ein Text auf ihn und seine Bedürfnisse abgestimmt ist. Wie Sie die „sprachliche Welt" Ihrer Zielgruppe treffen, verrät dieser Abschnitt.

Vorab: Die „Zielgruppe" ist immer eine Summe von Einzelpersonen mit einer bestimmten Biografie – und jede Einzelperson liest ganz für sich allein. Es ist persönliche Post, auch wenn Sie gerade 10.000 Mal dasselbe Mailing oder dieselbe E-Mail verschickt haben. Also überlegen Sie: Wer liest? Und kenne ich die Menschen meiner Zielgruppe? Und wie gut passen Produkt und Dienstleistung dazu? Oder: Wie das Angebot inszenieren, um konkreten Bedarf bei der Zielgruppe zu wecken? Nach dem Motto: „Muss ich haben." Hier gilt es, die passende Ansprache zu finden. Und Erlebniswelten aufzuspannen.

Die Zielgruppe: Wem schreibe ich überhaupt?

Wanderschuhe, Büro und Berge …

Die Grundfrage zum Thema Erlebniswelt lautet: In welchem Rahmen präsentiere ich meiner Zielgruppe mein Produkt? Als erstes nutzen wir Bildwelten, um das Produkt in seiner typischen Umgebung sichtbar zu machen. Da heißt es, sensibel zu sein. Das Produkt „Wanderschuhe" passt nicht ins Büro. Wanderschuhe passen eher in eine Umgebung wie Berge oder Kletteraufstiege.

Betten Sie Ihr Produkt in die Lebenssituation des Lesers ein.

145

Sportliche Wanderschuhe präsentieren sich anders als Wanderschuhe fürs Gebirge. Zu jedem Produkt gibt es zahlreiche Möglichkeiten, es in eine passende Erlebniswelt zu setzen. Verwenden Sie etwas Zeit darauf, sich diese Erlebniswelt vorzustellen.

Was nun die Erlebniswelt für die Grafik, ist die Wahl der richtigen Wörter für den Text. Denn Wörter benennen die Welt und begrenzen sie. Hier gilt: Ein Werbetexter im Dialogmarketing muss verstanden werden, wenn er verkaufen will. Wählt er die falschen Begriffe, kommt keine Bestellung.

Manchmal muss es eben Fachwortschatz sein

Mehr zum aktiven und passiven Wortschatz lesen Sie auf Seite 114.

Zu Beginn des Kapitels haben Sie den aktiven und den passiven Wortschatz kennengelernt. Bei Fachzielgruppen gibt's dann noch einen dritten: die Fachsprache mit vielen Fachbegriffen. Die sollten Sie dann auch verwenden, denn komplexe Sachverhalte brauchen eine gewisse fachliche Dichte. Außerdem rechnet Ihre Zielgruppe damit, mit dem einen oder anderen Fachbegriff konfrontiert zu werden. Trotzdem gibt's – gerade bei Fachsprachen – einige einfache Faustregeln, die helfen, mehr Verständlichkeit zu erreichen:

Zwei schnelle Tipps für mehr Verständlichkeit.

Praxis-Tipp: So bleiben Sie trotzdem verständlich

1. Wenn die Wörter kompliziert sind, sollte zumindest der Satzbau einfach sein.

2. Gradmesser für Fachtexte, die in der werblichen Kontaktaufnahme oder auf der ersten Ebene Ihrer Website verkaufen müssen: Verwenden Sie den Fachwortschatz, den Ihre Zielgruppe mühelos versteht und wie selbstverständlich (also ohne langes Nachdenken) verwendet. Alles Komplizierte kommt später mit der „interessengeleiteten" Wahrnehmung.

Alles hip, trendy, cool – oder was?

Sprache lebt. Besonders deutlich macht das die sogenannte Jugendsprache. Sonderformen unserer Sprache gab es immer schon und wird es immer geben. Die Ausprägungen hießen „Halbstarken-Chinesisch", „Teenagerdeutsch", „Schülerdeutsch" usw. Die Besonderheit: Manche Ausdrücke verschwinden so schnell, wie sie gekommen sind. Und: Jugendsprache ist temporär – sie begleitet in der Phase des Heranwachsens. Um es korrekt zu fassen: Die Allgemeinsprache wird mit Begriffen, Wendungen und Bezeichnungen der Jugendlichen ergänzt, erfährt Bedeutungsverschiebungen, -erweiterungen („fett" = toll, sehr gut, überdurchschnittlich) oder -umkehrungen. Und erhält Vereinfachungen („ach so" wird zu „aso", „schlafen" zu „schlafn") oder Superlativierungen: „superlustig", „megacool", „hammergünstig".

Jugendsprache ist schnelllebig.

Hier gilt: Nicht alles, was der Jugendsprache entstammt, gehört in Ihren Text. Jugendsprache möchte sich bewusst von der Alltagssprache der Erwachsenen abgrenzen. Versucht nun ein Unternehmen, überzogen das Vokabular und die Sprechgewohnheiten seiner jungen Zielgruppe aufzugreifen, entsteht schnell Ablehnung. Der Eindruck, der entsteht: „Hier möchte sich jemand künstlich in eine andere Welt einloggen." Was aber hilft: die Medien ganz genau zu beobachten. Denn sie sind manchmal ein gutes Indiz dafür, was sprachlich akzeptiert ist, und was nicht. Das Wort „googeln" ist solch ein Beispiel.

Bleiben Sie glaubwürdig.

„Sie" oder „Du" …?

Ein junges Unternehmen mit günstigen Handytarifen, ein Hersteller für Sportmode, der überwiegend an junge Zielgruppen verkaufen möchte, spricht anders als ein Versandhändler für Modeartikel in der Zielgruppe 50+. Ist das Produkt jung und möchte sich an eben diese Zielgruppe richten, gilt „Du" – auch um die Distanz ab- und Vertrauen aufzubauen. Steht im Text nun aber plötzlich „Du", wo bisher gesiezt wurde, stößt das der Zielgruppe mitunter

Achten Sie auf eine klare Linie.

Ihre Notizen:

....

....

negativ auf. Auch hier gilt: Stellen Sie sich eine Person aus Ihrer Zielgruppe vor oder noch besser: Sprechen Sie mit ihr. Und fragen Sie sich: Was passt nun besser und ist angebracht?

Ihr Emotionsprogramm: 7 Kniffe für mehr Gefühl im Text

„Das muss noch emotionaler werden." Bestimmt haben Sie diesen Satz schon gehört oder selbst einmal gedacht. Und es stimmt: Kaufentscheidungen sind emotional. Sachliche Vorteile und Fakten sind gut, aber echte Gefühle sind besser. Text-Profis wissen das und sprechen Ihre Leser auch auf der Gefühlsebene gezielt an. Hier dreht sich deshalb alles um Gefühle und wie Sie in Ihren Texten gezielt Emotionen erzeugen. Sie erfahren, warum Gefühle im Verkauf immer eine Rolle spielen und wie Sie textlich die richtigen „Knöpfe" drücken. Ganz kompakt lernen Sie in diesem Abschnitt 7 Techniken kennen, wie Sie Ihrem Text mehr Emotion verleihen.

Emotional schreiben – gar nicht so leicht! Oft steht man vor einem Rätsel: Wie bekommt man mehr Gefühl in den Text? Emotionale Texte „klingen" ganz bewusst anders, gehen ans Herz oder bewegen sich in einer bestimmten Tonalität. Und es sind handwerkliche Kniffe, mit denen jeder Text „anders rüberkommt".

Sprechen Sie den Leser am besten auch „im Herzen" an – nicht nur über seinen Verstand.

Frischer Wind für Ihren Text

Weil Emotionen im Gehirn Vorfahrt haben, sind bildhafte und emotionale Wörter und Wendungen besonders stark. Herzlich, freundlich oder seriös: Natürlich klingt jeder Text anders – abhängig von Unternehmen, Produkt und Zielsetzung. Doch was tun, wenn ein Text auf der Sachebene gelingt, aber trotzdem trocken und langweilig klingt? Dann braucht Ihr Text frischen Wind auf der emotionalen Ebene. Um ein Plus an Emotion zu erreichen, kann man als Texter an verschiedenen Stellen optimieren.

Ihre Checkliste für mehr Gefühl im Text.

Die folgende Checkliste ist ein kleines Redigiersystem, das Sie ganz einfach über Ihre eigenen Texte legen können. Ein Raster, das sofort Optimierungs-Potenziale aufzeigt. Tipp: Arbeiten Sie hier am besten an einem eigenen Text.

1. Sprechen Sie Ihren Leser direkt an

Den Leser direkt ansprechen – persönlich rüberkommen.

Werbetexte klingen sofort persönlich, wenn Sie Ihren Leser direkt ansprechen. *Sie, Ihr, Ihnen* sind Möglichkeiten dazu. Wenn Sie per Brief kommunizieren, trägt auch die Anrede einen Teil zu mehr Emotionen bei. So erwecken die Worte „Liebe Müllers" eine gewisse Vertraulichkeit und Herzlichkeit. „Liebe Frau Müller, lieber Herr Müller" klingt schon wieder etwas distanzierter – aber auch korrekter, wenn die Form gewahrt werden muss. In Geschäftsbriefen die richtige Betitelung: „Sehr geehrte Frau Müller" oder „Sehr geehrter Herr Müller".

Überprüfen Sie die direkte Ansprache in Ihrem Text. Haben Sie eine persönliche Anrede? Verwenden Sie die Wörtchen *Sie, Ihr, Ihnen* anstelle von *wir, uns, unser*? Kreisen Sie die direkte Ansprache farbig ein.

2. Streichen Sie Nebensätze

Die Emotion steckt im Hauptsatz.

Eine alte Werbetext-Regel: Die Emotion steckt im Hauptsatz, in Nebensätzen wird oft gefolgert, begründet, erklärt. Verzichten Sie also auf lange und zu viele Nebensätze und arbeiten Sie lieber in einer Hauptsatzstruktur. Was aber nicht heißt, dass Sie nur Hauptwörter verwenden sollen. Bleiben Sie im Verbalstil! Denn das Verb ist die „emotionalste" Stelle im Satz.

Unterstreichen Sie Nebensätze und überlegen Sie: Aus welchen Nebensätzen lässt sich ein Hauptsatz machen?

3. Einschübe und Text-Scharniere schaffen mehr Emotion

Emotionale Einschübe vermitteln einfach mehr Gefühl. Zwischen zwei Gedankenstrichen trennen Sie – ganz nebenbei gesagt – Emotion von Sachinformation. Denn – Hand aufs Herz – wer wünscht sich nicht einfache und klare Wege, um normale Sätze mit Gefühlen aufzuladen? Übrigens: Auch sogenannte Text-Scharniere sorgen für mehr Emotion: Sie verbinden Aussagen miteinander und schieben den Leser sanft zur nächsten logischen Textaussage. Das Besondere daran: Richtig inszeniert bauen sie Spannung auf und betonen ganz besonders stark den nachfolgenden Satz. Noch mehr Text-Scharniere:

Emotionale Einschübe machen Ihren Text persönlich – und schaffen Nähe.

Das bedeutet für Sie	Der Grund
Das Besondere	Schließlich
Endlich	Deshalb
Konkret	Darum
Ihr Vorteil	Also
Neu	Die Folge
Mit anderen Worten	Alles in allem
Wissenswert für Sie	Das heißt

Markieren Sie farbig, wo Sie bereits Einschübe oder Text-Scharniere verwenden. Wo können Sie eine Aussage mit einem Einschub ergänzen?

4. Floskeln

Floskeln sind nicht immer etwas Schlechtes. Sie nehmen den harten Fakten die Schärfe, helfen mit, für den schriftlichen Gesprächspartner den richtigen Ton zu finden. Will man seinem Text also mehr Emotion verleihen, helfen Füllwörter wie *ja, da, denn, so, doch, nun* und Floskeln durchaus: um Aussagen abzutönen, um Sätzen die Härte zu nehmen oder eine ironische Spitze einzufügen. Um Freundlichkeit, Höflichkeit, Ungeduld einfach mitzugeben.

Floskeln und Füllwörter mit Augenmaß verwenden!

Ganz wichtig: Setzen Sie Floskeln in Maßen ein. Denn wohl dosiert sind sie durchaus sinnvoll und eine wichtige Möglichkeit, um Emotionen zu schaffen.

Unterstreichen Sie Füllwörter und Floskeln, die Sie bereits verwenden. Streuen Sie weitere Floskeln in Ihren Text.

5. Nutzen Sie ein Synonym-Wörterbuch

Finden Sie das treffendste Wort.

Synonyme sind sinnverwandte Begriffe. Ein Blick ins Synonym-Lexikon ist unentbehrlich für alle, die treffend und lebendig schreiben wollen. Denn mit diesem Lexikon ersetzen Sie allgemeine Begriffe durch bildhafte und emotionale Wörter. So liefert Ihr Synonym-Lexikon als Alternativen für das kleine Wort „gehen": schlendern, spazieren, stolzieren, laufen, hüpfen und viele mehr.

 Machen Sie den Check: Für welche Verben und Adjektive gibt es vielleicht ein spezielleres, treffenderes Wort?

6. Nutzen Sie besonders Wörter des „Sich-selbst-Fühlens"

Verwenden Sie „Fühl-Wörter".

Was wir sehen, riechen, hören, schmecken oder anfassen, entsteht vor unseren Augen und lässt uns Gefühle empfinden. Daher sind diese „Fühl-Wörter" besonders geeignet, um den Leser emotional zu erreichen: Sie transportieren Emotionen ganz direkt. Besonders beliebt ist diese Technik in Katalogen. Da ist ein Pullover ...

```
wohlig weich, seidenweich, anschmiegsam,
kratzig ...
```

Jedes dieser Wörter löst eine Rückkopplung aus – und wir fühlen es auf der eigenen Haut.

 Überprüfen Sie Ihre Adjektive. Welche können Sie durch „Fühl-Wörter" ersetzen oder mit Attributen ergänzen?

7. Stakkato-Sätze und Aufzählungen

Stakkato-Sätze sind ein Stilmittel, bei dem kurze Sätze oder Teilsätze aneinandergereiht werden – und schon wird Ihr Text kurzatmig:

Das Lifestyle-Magazin! Jetzt neu! Extra-
vagant, einfach unglaublich! Jetzt am
Kiosk!

Stakkato-Sätze vermitteln Schnelligkeit, Aufregung und
Lebendigkeit. Emotionen, die zum Beispiel bei kurzfristi-
gen Angeboten durchaus gewollt sind. Aufzählungen
sorgen mit den richtigen Worten für viel Gefühl:

So wird Ihr Text
schneller ...

Weich, warm und unglaublich gemütlich.

Formulieren Sie anders: Wo können Sie Stakkato-Sätze
oder Aufzählungen einfügen?

 Zusammenfassung

Wie's weitergeht ...

Welche Möglichkeiten die deutsche Sprache parat hält, um tolle Bilder und verschiedenste Emotionen bei Ihrem Leser hervorzurufen – das haben die vorangegangenen Seiten gezeigt: Angefangen bei den Wörtern und Wortarten ging es über Sprachbilder und Metaphern bis hin zur richtigen Tonalität im Text. Das allein führt aber noch nicht zum Lesen, geschweige denn zur Response. Auch 90 Minuten Bildmaterial ergeben noch nicht zwangsläufig einen guten Film – auf den Aufbau der Handlung kommt es an. Ist die Geschichte nachvollziehbar? Gibt es unerwartete Wendungen? Und warum lachen wir, wenn der Clown auf der Banane ausrutscht – wissen wir doch genau, dass das passieren wird.

 Ihre Notizen:

....

....

Die Kunst ist also, diese gewisse innere Logik aufzubauen. Auch ein Text braucht sie. Und da hat jedes Medium andere formale Anforderungen, die der Texter beachten muss. Gleichzeitig kann er sich aber auch vieler verschiedener Möglichkeiten der Leserführung bedienen. Das nächste Kapitel beschäftigt sich daher mit der Frage: Wie konzipiere ich die verschiedenen Werbemittel richtig, um einen Adressaten zum Leser und schließlich zum Käufer zu machen?

Baupläne Print

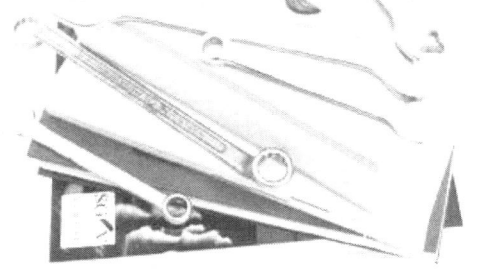

Was Sie in diesem Kapitel erwartet ...

4

Baupläne Print

Darum geht's in Kapitel 4 ...

Irgendwann muss er liefern, der Texter. Einen Brief, eine Anzeige, den fertigen Prospekt. Und nun wird Texterkunst konkret. In der Form. Entscheidend ist: Das „Schreiben-Können" ist nur die halbe Miete. Texten wird's erst, wenn wir wissen: Wie baue ich sie auf, die Werbemedien, die möglichst viel Response erzeugen? Kapitel 4 liefert Ihnen diese funktionierenden **Gerüste für den Print-Bereich**.

Jetzt gilt's: Ihr Kunde wünscht einen Brief. Verkaufsstark, mit guter Führung und klaren Vorteilen und, und, und. Wer nun nicht weiß, wie man starke Briefe schreibt, hat schon verloren. Denn natürlich stellt jedes Medium **formelle Anforderungen**. Als Texter muss ich wissen, welche Information ich an welcher Stelle platziere. Dramaturgie, Spannung, die Führung des Lesers hängen ganz wesentlich von diesem Wissen ab. Deshalb braucht Text Konzeption. Und ein guter Texter Baupläne.

Das folgende Kapitel liefert sie. Exemplarisch. Für ausgewählte Werbemedien. Auf den folgenden Seiten finden Sie die wichtigsten Grundgerüste für verkaufsstarke Print-Medien. Los geht's mit dem Brief, einem Werbemedium mit Geschichte, das bis in den E-Mail-Newsletter hineinwirkt. Was zeichnet **starke Briefe** aus? Wie begegnet unser Auge einer Briefseite? Und wo müssen die Dinge platziert werden, die aus einem noch nicht interessierten Betrachter einen interessierten Leser machen?

Eine Frage, die uns auch in den anderen Medien dieses Kapitels begleitet. Zum Beispiel zum Thema **Anzeigen** oder wenn wir gemeinsam die Bauteile von Prospekten analysieren und Sie ganz nebenbei die gängigen Falzarten und Ihre Bedeutung kennenlernen. Noch aufregender der große Bruder des Prospekts: Denn wir schauen auch in die **Katalogkonzeption** hinein.

Und weil viele Werbetexter in ihren Unternehmen auch **Pressetexte verfassen**, haben wir noch ein weiteres Gerüst dazugelegt: die PR-Meldung.

Viel Spaß mit Ihrem Kapitel 4 ...

PRINT

Ihre Notizen:

....

....

Medium mit Geschichte: Der Werbebrief

Brauchen wir ihn überhaupt noch, den Werbebrief? Die Zeiten haben sich ja geändert. Schnelle Schriftlichkeit ist durch die E-Mail sichergestellt. Und trotzdem begegnet er uns noch. Vieltausendfach in vielen, vielen Facetten. Noch immer ist der Brief eines der wichtigsten Werbemittel. Wenn auch die Auflagen der klassischen Printmailings sinken, treffen wir ihn als Begleitbrief, wenn uns ein Produkt erreicht, als klassischen Geschäftsbrief, als Editorial im Newsletter, am Anfang von Versandkatalogen, verkürzt als Postkarte oder als Bestandteil von Selfmailern.

Ob Sie zehn, zweihundert oder gleich mehrere Tausend Briefe verschicken – jeder Brief ist ein Gespräch auf lange Distanz, das in Ihrem Namen geführt wird. Während wir Privatbriefe mit viel Geduld verschlingen und die Gedanken des Schreibers mitentwickeln, sind Werbebriefe die ungeduldigen Kinder der Briefkultur.

Briefe sind Gespräche auf lange Distanz.

Sie kommen schnell zum Punkt, haben ein klares Ziel, wollen eine Reaktion auslösen. Der Leser soll sagen: „Ja, ich komme, ich bestelle" oder einfach: „Danke, dass Sie an mich gedacht haben". Um dieses Ziel zu erreichen, muss Ihr Brief gut konzipiert sein. Dieser Abschnitt liefert konkrete Ansatzpunkte zur Optimierung Ihrer schriftlichen Kommunikation. Angefangen bei Formalia wie der Unterschrift, führen wir Sie bis in den inhaltlichen Aufbau Ihres Schreibens.

Werbebriefe wollen konkrete Reaktionen auslösen.

Der ganze Formalkram ...

Bevor's ans Eingemachte – den Inhalt – geht, beschäftigen wir uns mit den formalen Anforderungen an den Brief.

Denn viele Unternehmen verkaufen sich und ihr Unternehmen unter Wert – und das fängt oft schon bei den Formalitäten an. Deshalb geht es hier ganz grundlegend um die systematische Frage: Was darf auf keinen Fall fehlen?

Dabei stützen wir uns auf drei Dinge:

Mehr zur DIN-Norm und zur Konzeption Ihrer Werbebriefe lesen Sie im Buch „Werbebriefe einfach machen!" (SGV Verlag, [4]2013)

1. Zum einen gibt es da die DIN-Norm 5008. Die ist zwar kein Ratgeber für kundenorientiertes Schreiben. Sie regelt aber zum Beispiel Schreibweisen oder definiert ein Grundraster, wie ein Brief auszusehen hat. Hier finden Sie Hinweise zu Anordnung und Form der Adresse, zu Abkürzungen und zum Aufbau des Briefbogens.

2. Zum Zweiten hat gerade das Dialogmarketing eigene Anforderungen an den Brief, die bewährt oder zum Teil unabdingbar sind, um Response einzuholen. Dazu gehören beispielsweise ...

Dialogmarketing-Standards für jeden Brief ...

- ein Briefformular mit vollständigen Kontaktdaten.

- die Aufforderung zur Response im letzten Absatz bzw. die Antwort auf die Frage des Lesers „Was soll ich tun?".

- die Nennung von konkreten Telefonnummern, E-Mail- und Web-Adressen, wenn im Text darauf verwiesen wird. Ein ganz wesentlicher Punkt ist heute, Kommunikation schneller zu halten: Ziel muss sein, dass jemand ohne langes Suchen Ihren Kommunikationsvorschlägen folgen kann. Schreiben Sie deshalb Internet-Adresse oder Telefonnummer direkt in den Textzusammenhang. Auch wenn die vollständigen Daten noch einmal im Briefkopf aufgeführt sind.

Briefe haben eine lange Tradition.

3. Und drittens: Auch die Geschichte des Briefes spielt eine Rolle und hat Auswirkungen auf Optik und Bestandteile. Briefe sind persönliche Botschaften. Das haben Menschen über fast drei Jahrhunderte gelernt. Denn im 18. Jahrhundert wurde der Privatbrief „geboren". Er kann an typischen Merkmalen erkannt werden, die ihn auch heute noch als Brief ausweisen. Diese charakteristischen Merkmale sind:

- Headline oder Betreff
- Absatzstruktur
- Datum
- Korrekte Anschrift
- Kontaktdaten im Briefkopf
- Unterschrift
- Name und Funktion des Unterschreibenden unter der Unterschrift
- PS
- Kontaktdaten mit Telefonnummer als Service

Diese Elemente machen den Brief zum Brief ...

Praxis-Tipp: „Service"

Suchen Sie nicht nur rein formale Fehler, sondern beantworten Sie auch folgende Frage: Wo habe ich „Services" vergessen, kleine Dinge, die dem Leser das Leben (bzw. die Reaktion) leichter machen? Platzieren Sie gut sichtbar Telefonnummer, E-Mail-Adresse und andere Response-Möglichkeiten.

Platzieren Sie Response-Möglichkeiten möglichst prominent.

Schauen wir uns die formalen Bauteile eines Briefs noch einmal genauer an ...

Der ideale Blickverlauf: 8 Optimierungs-Tipps für Ihren Werbebrief

Nur wenn ein Werbebrief auf den ersten Blick überzeugt, beginnt der Lesevorgang. Doch gar nicht so einfach, das bei der ersten Begegnung zu schaffen. Denn Werbebriefe sind oft ungeliebter und unbestellter Lesestoff. Daher müssen Sie schnell auf den Punkt kommen. Und dazu haben Sie maximal 2 Sekunden. Denn Empfänger geben Ihrem Brief laut Messungen zum Blickverlauf nicht mehr Zeit, um vom Wesentlichen zu überzeugen. Wie Sie Ihren Adressaten mit dem ersten Blickkontakt zum Lesen motivieren, erfahren Sie hier.

Ein bis zwei Sekunden entscheiden über Lesen oder Wegwerfen.

In Kapitel 1 haben Sie die Haltepunkte des Auges („Fixationen"), kennengelernt. Auch ein Werbebrief wird vor dem eigentlichen Lesevorgang nur überflogen bzw.

„gescannt". In dieser Phase suchen wir nach Vorteilen. Das Auge hält überall dort, wo es Interessantes entdeckt. Das sind textliche Hervorhebungen mit starken Vorteilen, Unterstreichungen oder sonstige grafische prominent platzierte Elemente. Beim Überfliegen einer Briefseite hält das Auge maximal zehnmal an. Allerdings erreichen die wenigsten Werbebriefe heute noch zehn Augenhaltepunkte.

Trotzdem gilt: Jeder Haltepunkt ist eine Chance, den Leser zu motivieren – oder ihn abzuschrecken.

Setzen Sie die 10 Augenhaltepunkte wohlüberlegt ein.

Planen Sie deshalb einen idealen Blickverlauf mit seinen 10 Augenhaltepunkten für Ihre Briefe! Nur mit einer klaren Struktur und einem durchdachten Konzept gewinnen Sie den Leser für sich. Vermitteln Sie mit jedem Haltepunkt Vorteile, machen Sie neugierig oder knüpfen Sie an Bekanntes an. Mit jeder Fixation soll im Kopf des Lesers ein „Ja" erzeugt werden. Viele „Jas" ergeben eine Zustimmungskette. Und die ist Voraussetzung für das „Weiterlesen!". Die Rechnung ist also einfach. Wir brauchen durch die Haltepunkte des Auges mehr Jas als Neins im Kopf des Lesers.

Der typische Blickverlauf beim Scannen einer Briefseite.

So sieht der ideale Blickverlauf aus:

Kontrollieren Sie: Wie sieht der Blickverlauf in Ihren Briefen aus?

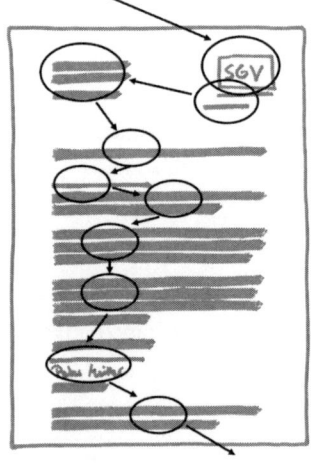

Optimierungs-Tipp 1: Datum, Logo, Name

Beim Einstieg in den Brief ist das dominante Bildelement in der Regel das Firmensignet. Und Bilder werden immer zuerst angesehen. Wirkt Ihr Logo nicht wie ein Bild oder ist es sehr klein, wäre das dominante Bildelement der Name des Empfängers. Denn den hat er wie ein Bild gespeichert. Eine weitere Fixation ist das Datum, ein alleinstehender und deshalb auffälliger Text.

Vorsicht bei falschen Angaben: Das Datum sollte korrekt sein (Tag, Monat, Jahr) – genauso wie der Name des Empfängers! Denn bei Irritationen kann ein Nein im Kopf des Lesers entstehen. Und die Chance, dass sich ein Empfänger nun nicht weiter mit Ihrem Brief beschäftigt, ist groß.

Der Briefkopf ist Ihr Aushängeschild.

Haben Sie alle Namen richtig geschrieben?

Optimierungs-Tipp 2: Kontaktdaten im Briefkopf

Ein kleines Stück Service – und üblich. Denn mit den Absender-Angaben im Briefkopf beantworten Sie bereits die Frage: „Wer schreibt mir?"

Optimierungs-Tipp 3: Kein Brief ohne Headline – eine eiserne Regel

Früher war es der „Betreff". Und lange Zeit noch wurde er handgeschrieben. Ganz klar, das Wort kommt von „es betrifft". Heute spricht man auch im Werbebrief wie im Journalismus von „Headlines". Aber ganz gleich, wie Sie diese Zeile nennen: Wer sie vergisst, verschenkt Chancen und führt nicht in den Text. Denn Headlines sind mehr als bloße Inhaltsangabe. Sie setzen ein „geistiges Bild" und motivieren den Leser zum Weiterlesen.

Die Headline sagt sofort, worum es geht, und führt in den Text.

Je nach Länge finden sich hier eventuell zwei und mehr Augenhaltepunkte. Einfacher Trick: Schlagwörter wie „neu", „gratis" oder „Erfolg" helfen, das Ja zu erreichen. Diese Wörter sind kurz und leicht zu lesen. Sie werden wie Bilder wahrgenommen und müssen nicht erst bewusst ausgewertet werden.

Platzieren Sie Vorteilswörter auch in der Headline!

Optimierungs-Tipp 4: Die Anrede

Der eigene Name ist das wichtigste Bild im Kopf Ihres Lesers. Zerstören Sie es nicht.

Achten Sie auf den richtigen Namen und die richtige Anrede! Schnell kann aus Herrn Schmidt eine Frau Schmidt werden. Doch ob Herr Schmidt zu seiner „Entmannung" wohl Ja sagt? Solche Fehler sind unbedingt zu vermeiden.

Optimierungs-Tipp 5: Blickführung durch Hervorhebungen

Ein absolutes Muss. Denn beim ersten Kontakt mit dem Brief scannt das Auge über die Seite. Jetzt wollen wir Vorteile, Positives oder Bekanntes aufnehmen. Wer hier keine Signale durch Hervorhebungen setzt, vertut die Chance, das Auge an die richtige Stelle zu bringen. Als Hervorhebung empfiehlt sich Fettdruck, da Unterstreichungen mittlerweile zu sehr an Hyperlinks erinnern. Kursivdruck und eine größere Schrift zerstören das Schriftbild. Beachten Sie: Fetten Sie nie die ganze Zeile, sonst geht der Effekt der bewussten Hervorhebung verloren. Und gehen Sie mit Hervorhebungen sparsam um: pro Absatz ein bis zwei, nicht mehr.

Wecken Ihre Hervorhebungen die richtigen Assoziationen?

Die hervorgehobenen Inhalte ergänzen sich im besten Fall. Denn so entsteht im Kopf des Lesers bereits beim Überfliegen eine Kausalkette. Ohne zu lesen hat er bereits Informationen erhalten, die ihn neugierig machen. Ein kleiner Tipp: Schauen Sie sich die Hervorhebungen genau an, bevor der Brief gedruckt und versendet wird. Denn schnell geschieht es, dass die Hervorhebungen unerwünschte Assoziationen wecken. Das passiert dann, wenn Sie in den einzelnen Absätzen falsch hervorheben, wie hier: *nicht **teuer**, kein **Risiko**, **Geld**-zurück-Garantie*.

Dieses kleine Beispiel zeigt die Macht der Hervorhebung – und wie das Ganze schnell in eine falsche Richtung führen kann. Deutlich besser, wenn Sie so hervorheben: ***günstig**, **ganz sicher** oder die große **Geld-zurück-Garantie**.*

**Optimierungs-Tipp 6: Internet-Adresse und Telefon-
nummer im Text**

Die Angabe von Web-Adresse und Telefonnummer ist ein
kleines Stück Service für Ihren Leser. Grundsätzlich gilt:
Weisen wir im Text auf Kontaktmöglichkeiten hin, soll es
dem Leser so einfach wie möglich gemacht werden, diese
auch zu nutzen. Schreiben wir also: „Sie erreichen uns im
Internet", dann muss auch die Web-Adresse dazu. Natürlich steht sie bestimmt auch in den Kontaktdaten in der
Nähe des Logos oder in der Fußzeile Ihres Briefes. Aber
warum den Leser erst lange suchen lassen? Führen heißt
auch, konkret zu sagen oder zu zeigen, was zu tun ist.

Nennen Sie Ihre
Kontaktdaten ganz
konkret.

Optimierungs-Tipp 7: Die Unterschrift

Briefe sind nun einmal persönliche Botschaften. Und die
Unterschrift trägt ganz wesentlich zu diesem positiven Sig-
nal bei. Fehlt sie, wirkt das Briefformular schon auf den
ersten Blick wenig persönlich. Unterschreiben Sie Ihren
Brief mit vollständigem Vor- und Nachnamen. Denn ein
„H. Schmidt" kann ein „Helmut Schmidt" oder eine „Herta
Schmidt" sein. Außerdem ist die gedruckte Wiederholung
Ihres Namens sinnvoll, da viele Unterschriften unleserlich
sind.

Reichen Sie
Ihrem Leser zum
Abschied die Hand –
mit Ihrer Unterschrift.

Geben Sie ruhig auch Ihre Position an wie „Leiter Ver-
kauf" oder „Geschäftsführer". Durch solche Angaben wer-
ten Sie den Brief zusätzlich auf. Schließlich ist es beein-
druckender, wenn der Chef persönlich schreibt. „Leiter
Verkauf" ist deutlich, der „Supervising Key-Account-
Manager" sorgt je nach Zielgruppe für Fragezeichen im
Kopf des Lesers. Achten Sie darauf, dass Positions-
Angaben verständlich sind.

Optimierungs-Tipp 8: Freundlicher Abschied – das PS

In Zeiten moderner Textverarbeitung ist es kein Muss
mehr. Früher, als problemloses Löschen oder Ändern nicht
möglich war, schrieb man dort hinein, was man im Text
vergessen hatte oder nachträglich anfügen wollte. Trotz-

Das PS: kein Muss,
aber eine große
Chance.

Ihre Notizen:

....

....

dem sollten Sie es auch heute noch nutzen: Denn nach dem ersten schnellen Scannen der Briefseite ist das Auge am unteren Ende der Seite angelangt und nimmt nun oft den kürzesten Briefabsatz in der Nähe, um mit dem Lesen zu beginnen. Und das ist das PS – wenn Sie eines geschrieben haben. Nutzen Sie hier die Chance, um ganz prominent Vorteile oder eine Handlungsanweisung zu präsentieren. Noch vor dem eigentlichen Lesen der Absätze schaffen Sie so Motivation.

Layout und Bilder im Werbebrief: Geht das?

Mehr zum Thema gibt's hier im Video.

www.sgv-verlag.de/ bilder.html

Immer ein Thema: die Frage nach mehr Gestaltung im Werbebrief. Grundsätzlich geht mehr, als nur ein Firmenlogo einzudrucken. Mehr und mehr verändern Unternehmen brave Standard-Briefpapiere zu grafisch ansprechenden Papieren mit zusätzlichen Werbebotschaften. Doch Vorsicht: Das Signal „persönlich" geht schnell verloren, wenn der Brief nicht mehr aussieht wie ein Brief, sondern wie ein Prospekt.

Platzieren Sie Bilder sparsam – und am besten links.

Setzen Sie Bilder im Werbebrief sparsam und möglichst auf der linken Seite ein. Ebenso bei einem gestalteten Bildrand: Halten Sie die Aufmerksamkeit auf der linken Seite. Wenn der Blick an die rechte Seite des Bildrandes geführt wird, wird er auch an das Zeilenende geführt. Und dort ist der Ausgang. Lenken Sie also mit einem farbigen Bildrand links die Aufmerksamkeit auf den Zeilenanfang.

Aus demselben Grund sollten Sie es vermeiden, Bilder rechts unten zu verwenden. Denn so geleiten Sie den Blick Ihres Lesers sofort zum Briefende. Die Ausnahme: Bilder, die einen großen Vorteil zeigen. Zum Beispiel Prämien bei der Abo-Werbung. Sie katapultieren den Leser in den Text zurück. Denn er will erfahren, wie er die Prämie bekommt. Reine Schmuckbilder lenken jedoch nur vom Inhalt ab.

WDD und WDD+: Zwei einfache Konzeptionshilfen für verkaufsstarke Briefe

Alles Formale passt, Ihr Brief wirkt in nur wenigen Sekunden und signalisiert Vorteile für den Leser. Jetzt beginnt der Lesevorgang. Und es kommt darauf an, den Leser zur Reaktion zu führen. Wie diese Führung im Werbebrief mit zwei einfachen Techniken gelingt, lesen Sie hier.

Mit WDD und WDD+ führen Sie den Leser ganz einfach zur Reaktion.

Werbebriefe sind Gespräche

Noch einmal: Briefe sind Gespräche auf lange Distanz. Und ein Werbebrief ist noch dazu ein zielorientiertes Gespräch! Mit ihm möchten Sie eine Reaktion beim Leser auslösen: einen Anruf, eine Buchung, die Rücksendung des Antwortfaxes. Ihr Werbebrief ist also nichts anderes als ein Verkaufsgespräch. Mit einem gewaltigen Haken: Ihr Gesprächspartner ist möglicherweise Hunderte Kilometer entfernt. Sie können nicht unmittelbar auf Einwände Ihres Lesers reagieren, können nicht eingreifen, erkennen weder Gestik, Mimik noch seine Reaktion.

Nehmen Sie Ihre Leser an die Hand!

Deshalb versucht man als Schreiber solche Gespräche vorauszudenken, überlegt sich: Welche Fragen könnte ein Leser an mich haben und welche Antworten würde ich geben, um ihn zu überzeugen? Je besser Sie diese Fragen vorausdenken, je klarer Sie diese Fragen beantworten, desto einfacher gelingt die Führung zur gewünschten Reaktion. Wer ein "Tun" von seinen Lesern verlangt, muss für dieses Tun aber auch gute Gründe liefern.

Versetzen Sie sich in Ihre Leser hinein und denken Sie Gespräche voraus.

Die folgenden Fragen sollten Sie deshalb unbedingt beantworten:

- **Warum soll ich das lesen?**
- **Was habe ich davon?**
- **Was soll ich tun?**

So liefern Sie gute Gründe für Ihren Werbebrief bzw. um sich damit länger zu beschäftigen. Je besser und klarer Sie die Fragen beantworten, desto einfacher gelingt die Führung zur gewünschten Reaktion.

Die "WDD-Technik": Wenn – Dann – Deshalb

Eine einfache Kausalkette: Wenn du dich in dieser Situation befindest / diese Situation erreichen willst (1. Absatz) – Dann helfen diese konkreten Maßnahmen oder Produkte, die wir als XY für dich zusammengestellt haben (2. Absatz / mittlere Absätze) – Deshalb fordere das neue Produkt XY gleich per Telefon / Fax / Mail an (letzter Absatz). Dies ist, stark verkürzt, die Logik solcher WDD-Briefe.

Der erste Absatz schildert eine Ideal- oder Mangelsituation.

Wenn … beschreibt die Situation, die es zu erreichen oder zu verändern gilt. Wichtig: Hier sind Einstiege über eine Idealsituation oder über einen Mangel möglich. Nehmen Sie Ihren Leser an die Hand und leiten am Ende des Absatzes in die Nutzenargumentation über.

Im zweiten Absatz stehen die Vorteile.

Dann: Nun folgt Ihre Nutzenargumentation. Ihr Leser muss verstehen, was Sie ihm anbieten. Hier sollten Sie noch nicht zur Bestellung auffordern, denn Sie haben ihn per Einstieg bisher lediglich „abgeholt". Erst wenn Ihr Leser Vorteile für sich erkannt hat, ist Zeit für den letzten Baustein …

Der dritte Absatz fordert zur Reaktion auf.

Deshalb folgt jetzt die konkrete Aufforderung zur Reaktion.

Ihr Gewinn: Die WDD-Technik gibt eine einfache Briefstruktur vor. Sie wissen sofort, welches Thema in den einzelnen Absätzen abgehandelt wird.

Der folgende Rohtext zeigt einen einfachen Briefaufbau nach der WDD-Technik.

 Mehr zum Thema gibt's hier im Video.

www.sgv-verlag.de/werbebriefe.html

Sehr geehrter Herr Mustermann,

(W: Wenn)

Sie sind fast täglich auf Deutschlands Straßen unterwegs, sind beruflich auf Ihr Auto angewiesen. Und wenn nicht per PKW, verreisen Sie per Bahn oder Flugzeug. Doch was passiert, wenn Sie eine Panne haben, Ihr Gepäck verloren geht oder geplante Verbindungen sich einfach verspäten?

(D: Dann)

Mit dem Rundum-Sicher-Schutzbrief können Sie all dies beruhigt auf sich zukommen lassen. Ein Anruf genügt, und schon helfen "fleißige Hände", Sie in Rekordzeit ans gewünschte Ziel zu bringen. Schnell, unkompliziert und komfortabel. Rundum Sicher kümmert sich um Reise-Alternativen, benachrichtigt wartende Personen auch direkt am Flughafen und organisiert Abschlepp- und Pannenhilfen.

(D: Deshalb)

Wenn Sie jetzt mehr erfahren wollen, geht das ganz einfach: Unter Telefon 333333 erreichen Sie direkt Ihren Sicher-Service. Und der hat bereits ein kleines Informationspaket für Sie vorbereitet. Einfach abrufen!

Übrigens: Es gibt Werbebriefe, die auf den Teil „Dann" komplett verzichten oder hier nur sehr wenig Information bereithalten. Dadurch entsteht ein Ungleichgewicht im Brief: Aus der Mangelsituation heraus (Wenn), die sich über mehrere Absätze zieht, wird sofort eine Reaktion eingefordert. Das Ergebnis: Hier können Leser noch nicht folgen, erkennen keine Vorteile und die Response bleibt eher gering. Überprüfen Sie: Wie ist die Gewichtung in Ihren Werbebriefen?

Überprüfen Sie: Wie ist die Gewichtung in Ihren Briefen?

Technik Nr. 2: WDD+ – Das Plus für noch mehr Erfolg

WDD+ für noch mehr
Aktivierung ...

Noch wesentlich stärker und attraktiver wird Ihr Briefkonzept, wenn noch ein weiterer Baustein dazukommt. Ein kurzer Textabschnitt, der Ihren zweiten Absatz „Dann ..." untermauert. Es gibt nämlich noch eine Kernfrage Nummer 4, die Sie bereits im Brief berücksichtigen können. Sie lautet: Wer beweist das? Ihr Text zur Beantwortung dieser Frage beginnt mit dem kleinen Wort „Weil ...".

Es geht um die Leserfrage: Wer beweist das?

Ihr Aufbau sieht dann folgendermaßen aus:

Wenn: Sie malen Ihrem Leser mit bildhaften Worten aus, in welcher Situation er einfach nicht auf Ihr Angebot verzichten kann.

Dann: Die Nutzenargumentation mit den wesentlichen Vorteilen Ihres Angebots.

Mit dem „Weil"
liefern Sie Beweise,
zum Beispiel durch ein
Gütesiegel.

Weil: Der Beweis. Dieser Baustein verleiht Ihrem Text noch mehr Glaubwürdigkeit. Denn hier erwähnen Sie Marktstudien, positives Feedback und konkrete Erfahrungen rund um Ihr Produkt oder Ihre Dienstleistung. Alternativ passen auch Details zu Ihren Produkten in den Punkt „Weil". So beschreibt ein Verlag im Punkt „Dann" zwar, welche Probleme sein neues Praxishandbuch löst. Im Punkt „Weil" macht er jedoch glaubhaft, wie das gelingt, und erwähnt die Checklisten, Zusammenfassungen und Internet-Workshops, die zum Produkt gehören. Beweisen Sie hier, warum es sich lohnt, Ihr Angebot anzunehmen. Und wenn Ihr Konkurrent ein gleichartiges Produkt auf den Markt bringt: Spätestens im Abschnitt „Weil" muss einem Leser klar werden, warum er Ihr Angebot und nicht das der Konkurrenz annehmen soll.

Deshalb: Die Bestellaufforderung oder sonstige konkrete Handlungsanweisung.

Hier ist also unser Beispiel in der WDD+-Technik:

Sehr geehrte Frau Musterfrau,

(W: Wenn)

Sie sind fast täglich auf Deutschlands Straßen unterwegs, sind beruflich auf Ihr Auto angewiesen. Und wenn nicht per PKW, verreisen Sie per Bahn oder Flugzeug. Doch was passiert, wenn Sie eine Panne haben, Ihr Gepäck verloren geht oder geplante Verbindungen sich einfach verspäten?

(D: Dann)

Mit dem Rundum-Sicher-Schutzbrief können Sie all dies beruhigt auf sich zukommen lassen. Ein Anruf genügt, und schon helfen „fleißige Hände", Sie in Rekordzeit ans gewünschte Ziel zu bringen. Schnell, einfach und komfortabel. Rundum Sicher kümmert sich um Reise-Alternativen, benachrichtigt wartende Personen auch direkt am Flughafen und regelt Abschlepp- und Pannenhilfen.

(W+: Weil)

Die Stiftung Mobilität belohnt diesen Service mit dem Siegel „Exzellent" - und die Leser der Zeitschrift „Unterwegs" haben diesen Schutzbrief zum Reisebegleiter des Jahres gewählt. Ganz besonders stolz sind wir auf die vielen Briefe und E-Mails zufriedener Kunden. Auf www.rundum-sicher-reisen.de haben wir einige Schreiben zum Nachlesen für Sie zusammengestellt.

(D: Deshalb)

Wenn Sie jetzt mehr erfahren wollen, geht das ganz einfach: Unter Telefon 012345 erreichen Sie direkt Ihren Sicher-Service. Und der hat bereits ein kleines Informationspaket für Sie vorbereitet. Einfach abrufen!

Ihre Notizen:

....

....

Hier ist das Plus das positive Ergebnis einer Kundenbefragung.

Unser Textbeispiel WDD wurde jetzt um einen Baustein „Weil" erweitert: Plötzlich erhält der Text mehr Aktivie-

WDD+ heißt oft auch „4P-Technik": Picture, Promise, Proof und Push.

rung, führt noch stärker zur Reaktion. Und damit man diese neue Technik von WDD unterscheiden kann, haben wir sie WDD+ getauft. In der Literatur finden Sie dieses Verfahren übrigens auch als „4P-Technik". Da stehen die vier Ps dann für Picture, Promise, Proof und Push.

Der Vorteil: Diese Technik hilft, sehr überzeugende Briefe zu entwickeln. Schon unser einfaches Beispiel zeigt, dass derselbe Brief um ein Vielfaches stärker wirkt.

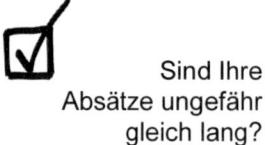

Schnelle Tipps, mit denen Sie Ihre Briefe noch stärker machen ...

Praxis-Tipp: So geht's noch besser ...

Überprüfen Sie Ihre Verkaufsbriefe! Wie beweisen Sie Ihre Argumente? Liegt hier eine weitere Chance, noch intensiver mehr Response einzufordern? Welche Informationen können Ihren Brief noch stärker machen? Haben Sie Referenzen zufriedener Kunden zur Verfügung, positive Besprechungen Ihrer Produkte in der Presse? Können Sie über hervorragende Verkaufszahlen zusätzliches Vertrauen herstellen, Ihren Kundenberater oder einen Experten zur Qualität Ihres Produktes zitieren? All diese Beweise untermauern Ihre Aussagen. Bauen Sie sie einfach in Ihren nächsten Werbebrief mit ein.

Sind Ihre Absätze ungefähr gleich lang?

Die richtige Gewichtung ...

Ob Sie nun mit drei oder vier Absätzen arbeiten: Achten Sie auch auf die richtige Gewichtung der einzelnen Bestandteile! Alle vier Elemente Ihres Briefes sollten ausgewogen sein. Ausnahme: Der erste Absatz ist oft etwas kürzer, denn er muss dem Betrachter signalisieren: „Bei mir hast du's leicht!"

Der Prospekt: Vorhang auf für Ihre Angebote!

Auf den letzten Seiten haben wir uns mit dem Werbebrief beschäftigt. Er stellt den Bezug zum Empfänger her und macht Ihr Angebot persönlich. Doch die eigentliche Produkt-Präsentation beginnt im Prospekt. Denn Prospekte sind wie Schaufenster: Hier ist Raum für sämtliche Produkt-Details …

Stellt man sich ein Verkaufsgespräch vor, entspricht der Prospekt dem „Musterkoffer" des Verkäufers. Er öffnet ihn und zeigt das Produkt. Er präsentiert Vorteil für Vorteil. Der Prospekt bildet diese Struktur in kurzen Textblöcken ab. Redet der Verkäufer zum Beispiel über „Sicherheit", leitet er ein mit: „Dieser Rasenmäher macht die Gartenarbeit sicher wie noch nie!" Das ist die Aufgabe der Headline, die jeden Textblock einleitet. „Sicher? Warum? Wie?", denkt sein Gegenüber, und nun beginnt die Vorteilsargumentation des Verkäufers. Dabei beobachtet er sein Gegenüber genau. Und ist zufrieden, wenn es „Verstanden"-Signale sendet: ein Kopfnicken, ein zustimmendes Ja. Auch ein guter Prospekt löst diese Ja-Signale aus. Der einzige Unterschied für den Texter ist: Er muss ein solches Gespräch vorausdenken.

Präsentieren Sie Vorteil für Vorteil. In kurzen Textblöcken.

Der Prospekt als „Musterkoffer" …

Während der Brief noch den Kontakt aufbaut, den Leser auf die Spur setzt, will der Betrachter im Prospekt wissen, was er bekommt. Er will ein Produkt sehen (Sie zeigen Bilder) und im besten Fall sieht er sich selbst mit Ihrem Produkt (das leisten die inneren Bilder, die Ihre Texte hervorrufen). Es geht also nicht nur darum, das Produkt zu zeigen, sondern darum, das Produkt durch Ihren Text in die Lebenswelt des Lesers zu transportieren.

Im Prospekt will der Betrachter wirklich sehen, was er bekommt.

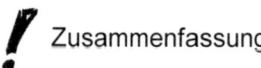 Zusammenfassung

Prospekte machen die ausführliche Präsentation Ihres Angebots möglich, sind ein optisches Erlebnis und ein Schauspiel, in dem der Betrachter den Regie-Anweisungen des Gestalters und Texters folgt.

Bevor es richtig losgeht: Eine kleine Abgrenzung – das sagt das Lexikon ...

Prospekt und Broschüre sind zweierlei.

Prospekt (lat. *prospectus* = Hinblick, Aussicht)

Meist mit Illustrationen ausgestattete Werbeschrift (in Form eines Faltblatts o. Ä.). (Quelle: Duden – Das Fremdwörterbuch)

Broschüre (franz. *brochure* = (Druck-)Schrift)

Leicht geheftete Druckschrift geringeren Umfangs, Druckheft, Flugschrift. (Quelle: Duden – Das Fremdwörterbuch)

Der Unterschied zwischen Prospekt und Broschüre lässt sich an Umfang und Zielsetzung festmachen. Klar ist: Prospekte sind in der Regel etwas einfacher gestaltet, selten (oder zumindest nicht zwingend) geheftet oder gebunden, sondern gefalzt. Und: Sie sollen vor allem Interesse wecken, im Dialogmarketing als Verkaufsprospekt jedoch auch neue Kunden gewinnen – meist für ein Einzelprodukt oder eine einzelne Dienstleistung. Großer Bruder des Verkaufsprospekts ist deshalb übrigens der Katalog.

Mehr zum Katalog lesen Sie ab Seite 185.

Der Broschüre geht meistens eine konkrete Anfrage voraus. Das bedeutet: Hier wird der Interessent zum kaufwilligen Kunden. Sie ist aufwendiger gestaltet, hat einen Umschlag, ist umfangreicher, aber auch kostenintensiver als der Prospekt. Eine Broschüre ist noch kein Buch, wird aber auch bei aufwendigen Produkten und Dienstleistungen eingesetzt, um ausführlich zu informieren. Sie ist länger haltbar, setzt auf Information, der Text ist in weniger verkäuferischem Duktus. Großer Bruder der Broschüre ist das Buch.

Im Überblick: Die wichtigsten Prospekt-Elemente, um „Appetit" zu wecken

Bevor der Empfänger Ihren Prospekt wirklich liest, betrachtet er ihn erst einmal genau. Besser gesagt, er überfliegt ihn schnell. Er nimmt in Sekunden Bilder, Headlines und Hervorhebungen sowie grafisch prominent platzierte Elemente wahr. Und entscheidet über Lesen oder Wegwerfen. Bleibt er bei Ihrem Prospekt, müssen Sie ihm auch wirklich etwas bieten: Text und Konzeption müssen stimmen, damit Sie Ihren Leser gekonnt durch Ihr Schreiben führen. Dafür gibt es acht Elemente im Prospekt, die wahre „Appetizer" sind.

Wie beim Brief müssen auch im Prospekt die ersten Sekunden überzeugen.

1. Der Aufmacher

Die Titelseite Ihres Prospekts muss unbedingt Aufmerksamkeit erregen – am besten platzieren Sie hier deshalb das stärkste Bild Ihres Prospekts. Einen Blickfang, der dem Betrachter den Hauptvorteil Ihres Produkts zeigt oder ihn neugierig macht. Idealerweise kombinieren Sie hier Text und Bild. Der Titel an sich ist ein elementares Führungselement, das den Leser zum Weiterlesen motivieren soll.

2. Das Format

Ausschlaggebend für die Wahl des richtigen Formats sind Portogebühren und die damit zusammenhängenden Gewichtsgrenzen.

Wer klassische Mailings günstig per Post verschicken will, orientiert sich meist am Infopost-Standardformat und -gewicht: Dies ist das Format DIN lang mit einem Gewicht von 20g. Meist werden hier für Prospekte Abwandlungen des A4-Formats verwendet. Wichtig dabei: gutes Handling für den Betrachter. Er sollte jedes Format mühelos halten, wenden und aufblättern können.

 Mehr zum Thema gibt's bei der Deutschen Post → Werben mit der Post.

deutschepost.de

Überlegen Sie , welche Falztechnik am besten zu Ihren Produkten passt.

3. Die Falzung

Die richtige Falztechnik kann die Wirkung Ihrer Präsentation wesentlich beeinflussen. Denn der Falz entscheidet maßgeblich über den Textfluss. Aber: Meiden Sie zu komplizierte Falzungen. Sie könnten Irritationen auslösen. Achten Sie darauf, dass durch die Falzung die Führung des Betrachters nicht verloren geht.

Hier sind die wichtigsten Falzarten für einfache Prospekte im Überblick:

Ihre Notizen:

....

....

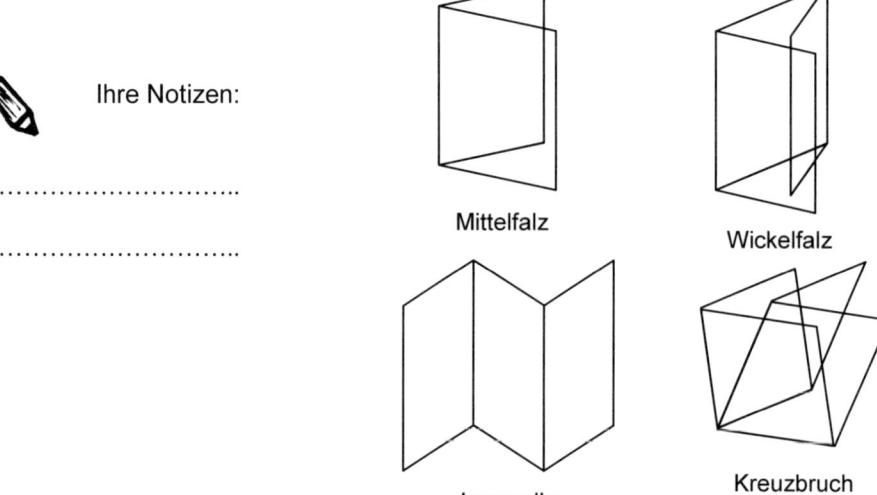

Mittelfalz

Wickelfalz

Leporello

Kreuzbruch

4. Die Bilder

Auf Bildern zeigen Sie, wie vielseitig Ihr Produkt ist.

Zeigen Sie Ihr Produkt in Aktion, mit Menschen, bei der Problemlösung. Machen Sie keine langweiligen Sachfotos und versehen Sie Bilder im Prospekt mit einer Bildlegende. Auch sonstige Bildelemente, Grafiken, Illustrationen, Signets, farbige Fonds passen in Ihren Prospekt. Zum Beispiel, um bestimmte Textteile stärker hervorzuheben.

5. Leseablauf und Führung

Sie führen den Leser mit Bildern, Headlines und Hervorhebungen durch den Prospekt. Im Format DIN A3 gefalzt rechnet man bei der ersten schnellen Betrachtung mit je maximal zehn Augenhaltepunkten pro A4-Seite (also jeweils auf Titel und Rückseite) und mit ca. 15 Haltepunkten auf der aufgefalteten A3-Seite (beide Innenseiten).

Mehr zu Fixationen lesen Sie in Kapitel 1.

Übrigens: Etwa 50 % der Betrachter drehen einen Prospekt noch vor dem Öffnen um und beschäftigen sich nach dem Titel direkt mit der Rückseite. Deshalb sollten Sie hier eine Kurzzusammenfassung, Vorteile im Überblick oder wichtige Referenzen platzieren. Auch Bestellaufforderung und Produktabbildung lassen sich hier wirkungsvoll in Szene setzen.

Oft wird die Rückseite direkt nach dem Titel betrachtet.

Wird ein gefalteter Prospekt von vorn aufgeblättert, liegt die erste Fixation auf den Innenseiten rechts oben, das Auge springt dann jedoch sehr schnell nach links, folgt also dem Öffnen und fixiert die stärksten Bilder und Headlines mit der Zielrichtung rechts unten. Hier ist der „Ausstieg" aus den Innenseiten. Setzen Sie deshalb die stärkeren Bilder nach links, um die Augen des Betrachters länger im Prospekt zu halten.

Diese Übersicht zeigt den schematischen Blickverlauf auf einer Doppelseite (Mittelfalz):

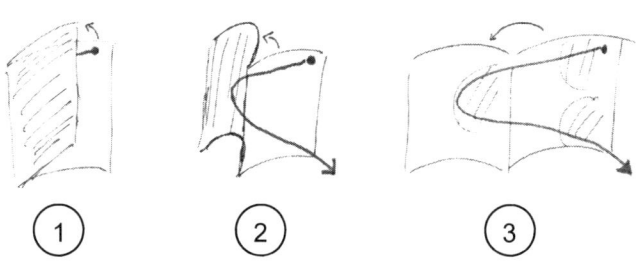

① ② ③

So verläuft der Blick auf einer Doppelseite ...

Wenn Sie den Blickverlauf nicht steuern (können), bekommt die rechte Seite des Prospekts automatisch mehr Beachtung. Das ist übrigens auch ein Grund, warum bei der Anzeigenschaltung die Buchung einer rechten Seite oft teurer ist als die Buchung einer linken Seite.

6. Textanordnung

Achtung: Zu viel Text
schreckt ab.

Überladen Sie Ihren Prospekt nicht mit zu viel Text. Allein der Eindruck „Das soll ich alles lesen?" erzeugt Ablehnung. Achten Sie auf großzügige und klare Textanordnung, die zum Lesen einlädt.

7. Garantien

Der beste Platz für Garantien ist in der Nähe der Bestellaufforderung. Wie im persönlichen Verkaufsgespräch ist es jetzt wichtig, dem potenziellen Kunden Sicherheit zu geben. So untermauert zum Beispiel der Firmenchef die Qualität des angebotenen Produkts durch eine „Vertrauensgarantie", manchmal sogar durch eine „Geld-zurück-Garantie".

8. Rückseite

Auf der Rückseite wiederholen Sie das Wichtigste.

Die Rückseite bietet wie eine Kurz-Zusammenfassung noch einmal alle Produktvorteile auf einen Blick. Das ist wichtig, denn in der Regel wird hier auch Response eingefordert. Deshalb sind Web-Adresse, E-Mail-Kontakt und Telefonnummer für die Bestellung deutlich zu sehen. Natürlich kommt es hier wieder auf das Format an. Trotzdem gibt es einige Dinge, die auf Rückseiten platziert werden sollten:

- Die Garantie, die meistens aus mehreren Teilen besteht. Sie muss gelten für Waren, das Umtausch- und Rückgaberecht, die schnelle Auslieferung usw.

- Die positive Formulierung der Liefervorteile, der Hinweis auf einfache Zahlungsweise, auf vorteilhafte Konditionen, auf Lieferung an die angegebene Versandadresse usw.

- Eventuell ein zusätzlicher Order-Starter: ein Gastgeschenk, Gewinnspiel oder Gutschein.

- Eventuell: ein Extra-Verstärker, zum Beispiel ein Testimonial in Form eines Kundenschreibens, ein Expertengutachten, Test-Ergebnisse oder Prominente als Leitbilder.

- Die Kurz-Zusammenfassung als Bulletpoints und die Auskunft über den Anbieter: Wer sind wir, wo sind wir, wie sind wir erreichbar usw.

- Eine Produktabbildung, möglichst in Verbindung mit der Bestellaufforderung.

Konzeption und Text im Wickelfalz

Da der Wickelfalz eine der häufigsten Falzarten ist, betrachten wir ihn hier etwas ausführlicher. Sie sehen, welcher Text wo stehen sollte und was das für die Blickführung bedeutet.

Der Wickelfalz ist die beliebteste Falztechnik.

Wickelfalze begegnen uns im Format DIN A4 oder DIN lang. Gerade der DIN-lang-Wickelfalz gehört zu den beliebtesten Prospektarten im Dialogmarketing, scheint er doch wie gemacht für das 20-Gramm-Standardmailing. Auch konzeptionell ist er unglaublich klar.

Die Platzierung von Text im Wickelfalz

Der Wickelfalz ist anspruchsvoll und einfach zugleich. Die folgende Skizze zeigt den aufgeklappten Prospekt und demonstriert, wo Sie Ihre Texte platzieren ...

Welcher Text steht wo im Wickelfalz?

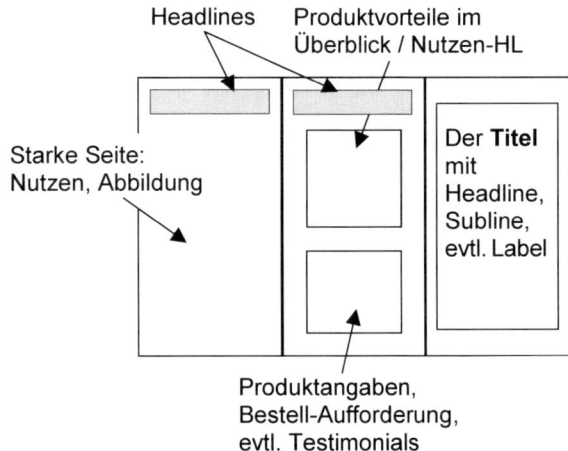

Headlines

Produktvorteile im Überblick / Nutzen-HL

Starke Seite: Nutzen, Abbildung

Der **Titel** mit Headline, Subline, evtl. Label

Produktangaben, Bestell-Aufforderung, evtl. Testimonials

Ihr Textkonzept für
die Innenseiten ...

Headline (evtl. über alle Innenseiten)

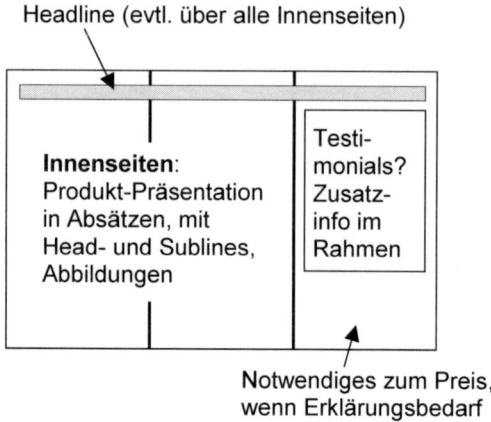

Innenseiten:
Produkt-Präsentation
in Absätzen, mit
Head- und Sublines,
Abbildungen

Testi-
monials?
Zusatz-
info im
Rahmen

Notwendiges zum Preis,
wenn Erklärungsbedarf

Die Außenseite
muss stark
aktivieren.

Die Texte der Außenseite

Haben Sie Ihren A4-Wickelfalz geöffnet, lässt sich sofort
eine einfache Leitlinie für Ihre Textkonzeption erkennen:
Die Außenseite muss stark aktivieren und leserbezogene
Vorteile auflisten. Sie zeigt Nutzen in Stichpunkten und
verstärkt die Motivation des potenziellen Käufers durch
Testimonials oder den schnellen Überblick, während die
Innenseite Details vermittelt. Zur Außenseite gehören Titel,
Rückseite und die nach innen einzuklappende Seite (im
Folgenden „Klappseite").

Der Titel

Ein Muss für die Seite 1: der wichtigste Vorteil für den
Leser. Doch der Titel bietet noch mehr Möglichkeiten, dem
Leser Vorteile zu präsentieren. Im folgenden Beispiel
werden vier Möglichkeiten genutzt. Textbeispiel:

Ihre Notizen:

Overhead:
>   Das marktführende Seminar:

....

Headline:
>   So werden Sie zum Profi-Texter ...

....

Subline:
>   Liefert in 6 Stunden 66 ganz konkrete
>   Tipps

Störer:

Gleich Platz reservieren!

Der Text der Rückseite

Die Rückseite Ihres Wickelfalzes ist ein guter Platz für die Zusammenfassung der wichtigsten Vorteile in Stichpunkten, die Bestell-Aufforderung mit Produkt-Abbildung oder ein Testimonial.

Gerade die Bestell-Aufforderung darf keinesfalls fehlen! Denn Sie müssen Ihren Leser zur Reaktion auffordern. Hier sollte nochmals der Hauptvorteil Ihres Angebots herausgehoben und erwähnt werden, wie einfach und schnell dieses Produkt zu erwerben ist. Weisen Sie auf Antwort-Möglichkeiten hin und zeigen Sie Ihrem Kunden sein neues Produkt erneut im Bild. Textbeispiel:

Überzeugen Sie sich selbst ...

... und bestellen Sie gleich jetzt Ihre neue Texter-Tafel. Per Telefon unter 333333 oder per Mail an textertool@sgv-verlag.de. Und schon morgen profitieren Sie von diesem praktischen Helfer im Texter-Alltag.

(Bild, vollständige Produktangaben, Preis, weitere Response-Möglichkeiten)

Die „Klappseite"

Öffnet ein Leser den Wickelfalz, liegen die erste Innenseite und die Klappseite vor ihm. Bieten Sie hier noch einmal schnell auswertbare Informationen: ein Bild mit Label, Vorteile in Stichpunkten, kurze Textblöcke. Motivieren Sie Ihren Leser auch hier, sich mit den Details auf den Innenseiten zu beschäftigen.

So texten Sie auf den Innenseiten ...

Mit dem ersten Absatz der Innenseiten nehmen Sie den Leser an die Hand und führen ihn in den Text. Motiviert

Ihre Notizen:

....

....

Ein Muss für die Rückseite: die konkrete Bestellaufforderung.

Auch auf der Klappseite muss es schnell gehen.

haben Sie ihn schon. Durch eine Headline, die wichtige Vorteile der Innenseiten für ihn zusammenfasst, und durch die Subline des einführenden Textes. Vielleicht drucken Sie auch den ersten, einführenden Absatz der Innenseiten fett. Dadurch wird für den Leser ein deutliches Signal gegeben, an dieser Stelle zu beginnen.

Was die Innenseiten sonst noch können ...

Auf den Innenseiten ist Raum für Details.

Die Innenseiten bieten Details. Hier ist Platz für eine oder mehrere Abbildungen, für Vorteile und Zusatzinformationen. Zum Beispiel eine Garantie des Geschäftsführers, ein längeres Testimonial, einen Anwendungs- oder Testbericht Ihres Produktes. Der beste Platz für solche Zusatzinformationen ist die obere Hälfte der Innenseite 3.

Seite 3 nutzen Sie auch, falls bestimmte Merkmale Ihres Angebots erklärt werden müssen. Zum Beispiel der Preis.

Textbeispiel Preisargumentation

Unser Beispiel geht von folgender Situation aus: Im Markt gibt es ähnliche Produkte zu niedrigerem Preis. Das weiß natürlich auch der Leser. Deshalb wird das Thema „Preis" aufgegriffen und erklärt. Bei besonders günstigem Preis-Leistungs-Verhältnis würde man den Preisvorteil bereits auf den Außenseiten zeigen.

So sieht eine gute Preisargumentation aus ...

`Genießen Sie beste Qualität zu einem`
`fairen Preis ...`

`Dass nicht alles Gute teuer sein muss,`
`zeigen Ihnen die vielen Zusatz-Leistungen`
`Ihres neuen Xtronic MV5. Selbstverständ-`
`lich sitzen Sie auf erstklassigen Materi-`
`alien, die wir 5 Jahre lang im Fall der`
`Fälle kostenlos ersetzen. Und selbstver-`
`ständlich bieten wir Ihnen Service rund`
`um die Uhr. All das zu einem Preis von`
`nur 250 €. Entscheiden Sie sich einfach`
`für beste Qualität.`

Praxis-Tipp: „Kauf mich!" auf der Rückseite

Übrigens begegnet man immer wieder Wickelfalzen, die die Rückseite frei lassen. Das mag ästhetisch wirken, ist aber unter verkäuferischen Gesichtspunkten großer Unsinn. Denn Sie nutzen Ihre Chancen nicht, verschenken eine absolut prominente Seite. Und wenn's um die Ästhetik geht – dann lassen Sie etwas Luft, gestalten Sie großzügig, aber nutzen Sie diesen Platz, um zu sagen: „Kauf mich!".

Nutzen Sie auf jeden Fall das Potenzial der Rückseite!

Ihre Notizen:

....

....

Wie baut man erfolgreiche Kataloge?

Der Katalog ist – das haben wir im vorhergehenden Abschnitt bereits erwähnt – der große Bruder des Prospekts. Ein erwachsener Bruder. Denn wenn der Prospekt das Schaufenster ist, ist der Katalog das komplette Warenhaus. Hier stellen Sie aus, verführen und führen: von Seite zu Seite und von Vorteil zu Vorteil. Ganz besonders wichtig: der Plan dieses Warenhauses. Wie sieht die Konzeption aus? Wie wird der Leser durch den Katalog geführt? Erlebt er immer wieder Höhepunkte?

Denn in diesem Warenhaus gibt es Sonderausstellungen, Sortimente, die immer wieder anders präsentiert werden, und „Schnäppchen", auf die deutlich hinzuweisen ist. Findet Ihr Leser sich in einer Struktur, die trotz vieler Seiten nicht langweilig wird, die immer wieder neue Anreize bietet? Entsteht eine Erlebniskurve beim Blättern durch den Katalog? Denn hier erfolgt die Produkt-Präsentation auf viele unterschiedliche Arten. Texter und Konzeptioner haben an viele Dinge zu denken, denn kein anderes Werbemittel nutzt und braucht so viele Struktur-Elemente wie der Katalog.

Kataloge sind wie Warenhäuser: Sie enthalten Ihre gesamte Produktpalette.

Aufhänger sorgen für Struktur im Katalog

Und trotzdem sind Kataloge lange, aber komplette schriftliche Verkaufsgespräche. Doch diesmal gibt es zahlreiche Aufhänger. Dazu zählen der Titel, die Auftaktseiten oder die Startseiten der einzelnen Sortimente. Den Einstieg in dieses Verkaufsgespräch bilden das Editorial oder der sogenannte Editors-Letter am Beginn des Kataloges. Auch Kommentierungen zum Sortiment durch Geschäftsführer oder Chef-Einkäufer gehören in diese Phase. Und dann kommt natürlich die eigentliche Produkt-Präsentation. Der Kern des Kataloges. Mit Höhepunkten, die viel Text und

Zahlreiche Aufhänger bilden den Einstieg ins Verkaufsgespräch.

Aufmerksamkeit bekommen, und den zahlreichen Artikeln zweiter Ordnung, die mit wenig Text auskommen müssen. Einklinker und Feature-Texte verstärken den Produktverkauf und ergänzen den Text.

Und der Text selbst?

Der Text im Katalog ist oft auf das Allernötigste beschränkt.

Der ist bei Top-Produkten üppig, um sie deutlich in Szene zu setzen, doch oft auch Minimalkonsens, gerade noch aussagefähige Texthappen, die in ihrer Kürze und Struktur manchen Shop-Texten im Internet sehr ähnlich sind.

Die hohe Kunst: Mit wenig Text ein Verkaufsgespräch führen.

Solche Texte sind verkürzte Verkaufsgespräche, die gerade genug Vorteils-Informationen liefern, damit eine Produktentscheidung fallen kann. Und hier beginnt die große Kunst des Katalogtexters. Aus wenig Text großes Kopfkino zu machen. Denn viele Katalogtexte folgen einer festgelegten Struktur. Sie lassen sich durch sogenannte Katalog-Sets definieren. Doch um die vielen Anforderungen für Sie einfach aufzubereiten, beginnt der Katalogteil mit einem Blick in das Geheimnis erfolgreicher Katalogtexte.

Auch im Katalog gibt es zwei Phasen der Begegnung

Auch hier gilt: Erst sehen, dann lesen.

Und das ist schnell erklärt. Genau wie bei Kundenbrief, Prospekt und Co. gibt es auch hier zwei Phasen der Begegnung: Sehen und Lesen. Zunächst wird ein Katalog angeschaut. Das Auge schweift beim Blättern über die Seiten, nimmt unter anderem Bilder, Headlines und grafisch hervorgehobene Elemente wahr, wandert über Einklinker, Kopf- und Fußzeile – und so entsteht eine erste Struktur im Kopf des Betrachters. Je höher die Aktivierung in dieser Phase, je intensiver wir auf Vorteile und die gewünschte Reaktion hinweisen, umso erfolgreicher wird der Katalog sein ...

Ihr Text muss den Leser zur Reaktion motivieren.

... wenn er auch in der zweiten Phase der Begegnung, im Lesevorgang, einen hohen Aktivierungsgrad erreicht. Durch verkaufsorientierte und ansprechende Texte, die ebenfalls zur Reaktion führen. Ganz besonders wichtig:

Achten Sie auf eine großzügige und klare Textanordnung, die zum Lesen einlädt. Gliedern Sie die komplexen Informationen in leicht verständliche Sinn-Einheiten.

Wo Texter besonders gefordert werden ...

Auftaktseiten eines Kataloges haben immer eine elementare Funktion: Sie „konditionieren" den Betrachter, wecken Erwartungen, setzen Sie als Anbieter ins rechte Licht. Preisbrecher oder Exklusiv-Vermarkter? Die Auftaktseiten legen's fest. Und Sie entscheiden auf den ersten Seiten noch etwas anderes: Treten Sie als Texter dem Kunden eher rational oder emotional entgegen?

Überlegen Sie: ☑ Mit welcher Tonalität begegnen Sie Ihren Lesern?

Denken Sie daran: Natürlich gibt es in Katalogen viele unterschiedliche Texte. Und nach wie vor gilt: Text ist Trend! Der klassische Katalog mit enger Seitenkalkulation muss eine bestimmte Produktmenge unterbringen. Naturgemäß bleibt da wenig Raum für längere Texte. Hier hilft man sich mit feststehenden Gerüsten, sogenannten Katalog-Sets, die aus den folgenden Elementen zusammengebaut werden:

Feste Gerüste sorgen für Struktur.

- Headline
- Subline
- Aufzählung per Bulletpoints
- Textblock
- Merkmale

Praxis-Tipp: Wie viel Text darf's denn sein?

Wenn wenig Text für die einzelnen Produkte bleibt, verwenden Sie besondere Sorgfalt (und Text) auf die Startseiten der einzelnen Sortimente. Und für definierte Produkt-Highlights. Wenn Ihr Katalog textlich genügend Raum bietet, arbeiten Sie am besten mit den üblichen Text-Bild-Kombinationen: Headline – Bild – Subline.

Bewährt: Headline – Bild – Subline.

Doch nicht nur die verwendeten Sets sind für den Texter relevant. Ganz besonders gefordert ist er noch bei Einklinkern und Feature-Texten. Und diese drei Elemente (Sets, Einklinker, Features) beschäftigen uns in diesem Abschnitt ganz besonders.

Katalogsets: Vorteilsorientierte Textraster für das „Mengengeschäft"

Kataloge brauchen ein klares Textkonzept.

Viele Katalogtexte sind steif und „stottern" an den falschen Stellen. Einigen merkt man an, dass sie aus den Federn unterschiedlicher Texter stammen. Mit definierten Textrastern gelingt es, viele Hundert Artikel nach einheitlichen (Text-)Standards im Katalog zu etablieren. Denn Kataloge brauchen ein klares Textkonzept. Passend zu den angebotenen Produkten.

Was wir sehen, muss der Text verstärken. Auch ein guter Verkäufer verstärkt ein Produkt durch Sprache. Schlechte Verkäufer bleiben unverständlich und führen nicht. Der Text im Katalog ist die Stimme des Verkäufers. Welcher Verkäufertyp soll dort auftreten? Wohin soll er die Aufmerksamkeit des Lesers lenken? Nur mit einheitlichen Standards kann garantiert werden, dass Informationen in der richtigen Reihenfolge und zielgruppengerecht platziert sind.

Was in jeden Produkttext gehört ...

Produkttexte haben meist vier Elemente:

- Nutzenformulierung, Nutzenversprechen („Consumer-Benefit")

- Nennung von Merkmalen, die den Nutzen untermauern

- Eigennamen von Materialien oder Patenten, die in der Regel für den Leser übersetzt werden müssen

- eventuell konkrete Nennung der Zielperson

Gerüste für den Textaufbau finden Sie im nächsten Kapitel.

In Textrastern definiert man nun die Abfolge und Funktion dieser Elemente. Doch weil solche Textraster auch im Online-Shop eine ganz zentrale Rolle spielen, haben wir einige Beispiele, die sich für den Einsatz in Shop und / oder Katalog eignen, an dieser Stelle besprochen. Haben Sie also bitte noch ein wenig Geduld – oder springen Sie direkt ins nächste Kapitel. Den Beitrag zum Internet-Shop finden Sie ab Seite 247.

Ihre Notizen:

....

....

Einklinker: Nehmen Sie den Leser mit!

Einklinker oder Störer sind Grafik- bzw. Textelemente, die den Betrachter auf etwas ganz Bestimmtes aufmerksam machen sollen. Sie führen und ziehen in den Text hinein, weil ihre Botschaft schnell auswertbar ist, aus starken Signal- und Vorteilswörtern besteht und unserem Gehirn signalisiert: „Das ist etwas für dich ...“

Einklinker und Störer sind „Hängenbleiber“, die in den Text führen.

Die inhaltlichen Botschaften von Einklinkern bieten viele Chancen und besetzen ein breites Themenspektrum. Ganz klar: Einklinker und Störer sollen auffallen und vorab das präsentieren, was der Text später ausführt. Hier setzen wir in der Konzeption ganz bewusst Augenhaltepunkte und verstärken mit Begriffen, die Ihr künftiger Kunde gerne liest. Meist stehen hier also Schlagwörter – oder stark vereinfachte Sätze, oft ergänzt mit Symbolen, die eindeutig zur Textbotschaft passen.

Einklinker sind Chancen, um viele unterschiedliche Themen in den Katalog und den Kopf des Kunden zu ‚bringen. Wenn Sie also besondere Empfehlungen für Ihre Kunden haben, schreiben Sie nicht andauernd „Tipp“, sondern auch mal „Der besondere Tipp“, „Empfohlen von ...“ oder „Der Testsieger!“.

Sorgen Sie bei Ihren Einklinkern für Abwechslung!

Steht in Ihren Einklinkern immer dieselbe Information, geht der Effekt der bewussten und schnellen Hervorhebung verloren. Bei ständigen Wiederholungen vermutet der Betrachter, dass sich die Einklinker auf den hinteren Seiten nicht von denen am Anfang des Katalogs unterscheiden. Schade, wenn es so weit kommt. Verkaufsstarke Kataloge nutzen Einklinker, um Vorteile und wichtige

Variieren Sie Ihre Einklinker!

189

Informationen schnell zu vermitteln. Viele davon lassen sich in Themengruppen unterteilen:

Einige Beispiele für Störer, thematisch sortiert ...

Inhalt

- **Ihr Geschenk auf Seite 24**
- **Gleich zur Bestellung auf Seite 80!**

Empfehlung / Referenz

- **Empfohlen von ...**
- **Der Testsieger!**

Logistik

- **Bestseller**
- **Neue Generation**

Zielgruppe

- **Für Marketing-Profis**
- **Ein Muss für alle Fußball-Fans**

Ausstattung / Vorteile

- **Ledergebundene Ausgabe**
- **Mit zwei Scherköpfen**

Ihre Notizen:

Anwendung

- **Ideal für unterwegs**
- **Für empfindliche Haut**

....

....

(Zeit-)Druck / Beschleunigung

- **Gleich bestellen**
- **Solange Vorrat reicht**

Vorteil/Preis

- **Nur 19,90 Euro!**
- **Amortisiert sich in drei Tagen**

Material / Vorteile

- **Aus reiner Baumwolle**
- **Hoher Tragekomfort**

Headlines im Katalog

Viele Kataloge führen durch die reine Produktbezeichnung in den Textblock. Deutlich schneller geht's mit aktivierenden Headlines. Was sie gemeinsam haben: Sie bekommen Produktnamen, Nutzen oder Emotionalisierung und die direkte Anrede unter einen Hut. Besonders beliebte Techniken dazu: Doppelpunkt-Technik und Bindestrich-Technik. Manchmal sind es aber auch einfache Aussagesätze, die uns in den Textblock ziehen.

Aktivierende Headlines führen in den Text.

Doppelpunkt-Technik:

Hier nennen wir den klaren Leservorteil oder die Emotionalisierung zuerst.

Variieren Sie Ihre Headlines! Hier sind vier einfache Techniken.

> Leicht wie eine Meeresbrise: der
> Steppblazer.

> Perfekte Harmonie: Sommer-Cardigan
> mit Streifenbluse.

Bindestrich-Technik:

Hier steht das Produkt am Anfang.

> Die knitterfreie Wollstretchhose –
> machen Sie den Knotentest!

> Die „Sympatex"-Langjacke in Extraleicht-
> Qualität – Ihre „Schutzhütte" für unter-
> wegs!

Mehr zur Headline lesen Sie in Kapitel 2.

> Die Blazerjacke aus Seide und Cashmere –
> pure Noblesse!

Aussagesätze mit Leservorteil:

> Dieser Rock bringt Sie schwungvoll durch
> den Sommer.

> Die klassische Batist-Bluse mit liebevoll
> gestalteten Details.

> Der absolut knitterfreie Reisemantel ist
> ideal für unterwegs.

Overheads, um zu verstärken:

`In diesem Mantel könnten Sie schlafen ...`

`Garantiert knitterfrei!`

`In femininer Form.`

Feature-Texte: Vorhang auf für Ihre Geschichten ...

Erzählen Sie eine Geschichte zum Produkt: mit dem Feature-Text.

Feature-Texte illustrieren Sortimente und bereichern Produktwelten. Sie sind keine reinen Produkttexte, sondern liefern ergänzende Informationen zum Thema. Sie malen einen schönen Horizont, vor dem sich dann nach und nach die passenden Produkte oder Dienstleistungen aufreihen. Das Ziel: Feature-Texte erzählen die Geschichte hinter dem Produkt. Eine oft noch ungenutzte Chance.

In jedem Fall gilt aber: Die Feature-Texte, wenn sie denn vorhanden sind, müssen unbedingt zu Zielgruppe und Produkt passen. Werden bei Skateboards für den „Hin und wieder"-Gebrauch die besonderen Eigenschaften des Holzes betont, mag das eine jugendliche Zielgruppe nicht so sehr interessieren. Aufregender: Wie das Skateboard auf andere wirkt, dass man damit immer im Mittelpunkt steht und einfach „in" ist. Typische Themen von Feature-Texten sind: Erlebniswelten, Inhalt, Empfehlungen, Testimonials, Vorstellung einer Referenzperson, Anwendung, Service. Oder auch Hintergrund-Informationen. Der Klassiker: Auf der Startseite der Produktreihe „Pullover" findet sich die Geschichte von glücklichen Schafen, die ihre Wolle für die Pullover hergeben.

Response-Anzeigen: Konzeption mit Antwort-Garantie

Auf den nächsten Seiten dreht sich alles um die Response-Anzeige. Warum? Weil wir meinen, dass viele Anzeigen kein klares Ziel verfolgen und unter ihren Möglichkeiten bleiben. Und das ist schade, geben Unternehmen doch viel Geld für Anzeigenwerbung aus. Die Anzeige ist attraktiv. Wenn das schaltende Unternehmen klar weiß, was es will. Und die gestaltende Abteilung oder Agentur diese Ziele im Fokus hat. Auffallen oder verkaufen? Einmal abgesehen von neuen Möglichkeiten wie der personalisierten Anzeige, die per Tip-on-Card oder Eindruck heute im Abonnentenstamm vieler Zeitschriften möglich sind.

Soll Ihre Anzeige auffallen oder verkaufen?

Vorab-Definition: Image-Anzeige vs. Response-Anzeige

Zwischen den beiden Anzeigen-Typen muss man klar unterscheiden, deswegen starten wir mit zwei kurzen Definitionen.

Die klassische Anzeige (Image-Anzeige)

Image-Anzeigen sind auffallend schön und faszinierend gestaltet. Hier steht nicht der Verkauf im Mittelpunkt, sondern Unternehmen, Produkt oder Dienstleistung. Image-Anzeigen möchten Bekanntheit steigern, sich immer wieder in Erinnerung rufen, Einstellungen ändern oder einfach „nur" das Bild in der Öffentlichkeit bei einer bestimmten Zielgruppe prägen. Gleichzeitig versuchen Unternehmen per Image-Anzeige, Unternehmens- bzw. Markenidentität aufzubauen – oder sie zu festigen.

Image-Anzeigen formen das Unternehmensbild in der Öffentlichkeit.

Image-Anzeigen arbeiten sehr stark mit Schlüsselbildern und -reizen. Sie laden den Betrachter zum Nachdenken und Verweilen ein, spielen mit Emotionen und bekannten Motiven. Image-Anzeigen sprechen selten direkt an und fordern den Betrachter nicht auf, jetzt gleich etwas zu tun. Sie sind auch schon mal witzig und frech gestaltet, transportieren ihre Aussage erst mit Verzögerung und sorgen dafür, dass sich jemand möglichst lange damit beschäftigt. Hier geht es darum, das Unternehmen ins Gespräch oder in Erinnerung zu bringen – und dort zu halten.

Die Dialogmarketing-Anzeige (Response-Anzeige)

Response-Anzeigen
führen zur Reaktion.

Die Response-Anzeige soll den Betrachter zum Handeln auffordern, soll eine direkte Reaktion auslösen. Hier ist Aufmerksamkeit allein zu wenig. Eine gelungene Dialogmarketing-Anzeige bringt beides: hohe Aufmerksamkeit und hohe Response. Auch hier sind es zwei Phasen der Begegnung zwischen Werbemittel und Zielgruppe, die den Response-Erfolg beeinflussen: Sehen und Lesen. Erfolgreiche Anzeigen erreichen einen hohen Aktivierungsgrad in beiden Phasen und führen ganz gezielt und klar zur Reaktion.

Wie viel Zeit eine Anzeige nun genau hat, um beim Blättern in einer Zeitschrift das Auge des Betrachters einzufangen, darüber gibt es – je nach Untersuchung – unterschiedliche Meinungen. Einigkeit besteht darin, dass dieser allererste Kontakt besonders kurz ist (ca. 0,2 bis 0,6 Sekunden). Das sind wenige Augenhaltepunkte. Erst wenn „Vorinteresse" geweckt ist, schauen wir genauer hin.

Der Zusammenhang zwischen Headline und Bild muss klar zu erkennen sein.

Praxis-Tipp: Was für Response-Anzeigen gilt

Headline und Bild ergänzen sich. Denn die Response-Anzeige muss schnell sein. Entsteht zwischen Headline und Bild eine zu große kognitive Dissonanz, dauert das Erfassen länger. Auch bei unklaren oder abstrakten Bildern brauchen wir zu lange. Headline und Bild sind im weitesten Sinne Wiederholungen oder schnell zu erfassende Ergänzungen. Das Bild wiederholt die Aussage des Textes bzw. steht in einem klar erkennbaren Zusammenhang. Vorsicht bei Verrätselung und bei abstrakten Bildern! Denn nicht jedes Bild sagt mehr als tausend Worte. Klassische Anzeigen wollen oft diese kognitive Dissonanz. Das Nachdenken über ein Bild, das uns unter Umständen festhält, zum Verweilen bringt.

Schnelle Aufzählungen bringen Tempo …

Um den Leser noch stärker zu motivieren, folgen der Headline weitere Schlagzeilen. In Form von Selling-Points oder Bullets. Klarer Vorteil: Sie sind schnell erfassbar und verlangen wenig Leseleistung, um sie aufzunehmen. Sie verstärken noch einmal und liefern dem Leser weitere Kaufargumente.

Mit Listen präsentieren Sie viele Infos und Vorteile ganz übersichtlich.

Schnelle Texteinschübe und Störer sorgen für zusätzliche Aufmerksamkeit. Sie helfen, die Aussagen von Headline, Subhead, Bullets und Copy zu untermauern. Sie greifen Preisvorteil, Nutzervorteil oder Risikofreiheit bei Vertragsabschluss auf. Und bringen sie durch optische Hervorhebung schnell zum Leser. Zusätzlich bieten sie oft einen schnellen und einfachen Texteinstieg, weil sie leicht auswertbar sind.

Response, Response: Das sind die Möglichkeiten

Die Aufforderung zur Reaktion ist der eigentliche „Star" jeder Response-Anzeige. Response-Anzeigen eignen sich zur Interessenten-Gewinnung und zum Direktverkauf. Zwar streut jede Anzeige, bietet jedoch durch die Differenzierung des Zeitschriftenmarktes in immer mehr Special-Interest- und Fachzeitschriften beste Chancen, klar definierte Zielgruppen zu erreichen.

Im Rampenlicht: die Response-Aufforderung …

Das Response-Element ist der Ort der Kaufhandlung, hier werden Termine vereinbart oder es wird die Erlaubnis erteilt, telefonisch nachzufassen. Und: Hier schlägt die Stunde der Wahrheit. Haben Sie es geschafft, durch alle anderen Elemente Ihrer Anzeige das Interesse des potenziellen Kunden an einer Bestellung zu wecken? Überlegen Sie: Haben Sie Ihrem Leser das Ausfüllen des Reaktionselements so einfach wie möglich gemacht?

Machen Sie es Ihrem Wunschkunden leicht!

Für Anzeigen gilt wie für alle anderen Dialogmarketing-Medien: Wenn Sie Ihren potenziellen Kunden nicht zur

Konkrete Handlungs-
aufforderungen
erhöhen die Response
enorm.

Reaktion einladen, bleiben trotz aller Reaktionsmöglichkei-
ten die Bestelleingänge niedrig. Deshalb: Sagen Sie klar
und deutlich, was er tun soll, lassen Sie genügend Platz, um
Angaben auszufüllen, und heben Sie die Response-
Möglichkeit deutlich heraus. Gerade in Response-Anzeigen
müssen die Telefonnummer, die Website, die
E-Mail-Adresse ins Auge springen. Seltener geworden:
Coupon und aufgeklebte Antwortkarte.

Präsentieren Sie im direkten Umfeld bzw. auf dem Antwortelement Vorteile wie „Gleich bestellen und 50 Euro
sparen". Geben Sie dem Empfänger vor der Bestellung ein
gutes Gefühl und nennen Sie triftige Gründe, wieso er bei
Ihnen kaufen soll.

Was Anzeigen so
wertvoll macht ...

Die Vorteile der Anzeige:

- Anzeigen werden nicht weggeworfen, denn Sie sind
  fester Bestandteil der Zeitschrift.

- Anzeigen profitieren unter Umständen vom redaktionellen Umfeld: Vielleicht wird ein paar Seiten weiter
  Ihr Produkt besprochen, oder Ihr Produkt bietet eine
  Problemlösung, die im redaktionellen Teil gefordert
  wird.

- Ihre Anzeige hat mehrere Chancen, gelesen zu
  werden: zum Beispiel durch Mitleser im Haushalt oder
  Patienten im Wartezimmer des Arztes. Daraus folgt,
  dass Sie neben dem Response-Element weitere Antwortmöglichkeiten einbauen sollten: Neben die deutliche Telefonnummer gehört eine einfach zu merkende
  URL Ihrer Landing-Page. Oder gleich ein QR-Code.

Mehr zu QR-Codes
lesen Sie in Kapitel 2.

Die Nachteile:

- Ihre Anzeige konkurriert mit vielen weiteren bunten
  Seiten. Unter Umständen auch mit der Anzeige des
  Wettbewerbs.

- Ihre Anzeige muss schnell sein. Hier ist wenig Raum
  für Spielereien.

- Die Testmöglichkeiten für Anzeigen sind beschränkt.
  Oft ist es schwierig, kleine „ungefährliche" Auflagen

zu belegen, denn nicht in allen Zeitschriften sind Teil-belegungen möglich. Wichtig: Fragen Sie nach Teil-belegungen und wenn's geht: Testen Sie!

Praxis-Tipp: Trichter-Layout

Das ideale konzeptionelle Gerüst einer Response-Anzeige ist das Trichter-Layout: Alle Anzeigen-Elemente führen zum Response-Element. Dabei haben Headline und Abbildung zunächst Stopper-Funktion. Beim Durchblättern der Zeitschrift soll ein Betrachter anhalten. Sein Interesse wird geweckt. Der folgende Text steigert das Interesse durch die leserbezogenen Vorteile des Produkts. Er gibt zusätzliche Anreize, vermittelt im Umfeld des Reaktionsteils nochmals Sicherheiten und fordert zur Reaktion auf.

Im Layout ist alles auf das Response-Element gerichtet.

Format und Größe von Anzeigen

Hat man sich dafür entschieden, eine Anzeige zu schalten, müssen Größe und Platzierung festgelegt werden. Dies hängt zunächst einmal von den Vorgaben der belegten Zeitschrift ab. Alle wichtigen Informationen erfahren Sie aus den Mediadaten, die bei den Anzeigenabteilungen angefordert werden können. Zu kleine Anzeigen verbieten sich jedoch fast von selbst.

Die Mediadaten informieren über Anzeigenformate und -preise.

Zur Response-Anzeige gehört entweder ein Reaktionselement, das genug Platz lässt, alle geforderten Angaben einzutragen, oder ein optisch deutlicher Hinweis auf die Response. Gebräuchliche Formate sind deshalb 1/3, 1/2, und 1/1 Seite des Zeitschriftenformats. Größere Formate sind selten, denn die Mehrkosten lassen sich kaum durch gleichermaßen steigende Response-Quoten ausgleichen.

Beim Format von **Image-Anzeigen** gilt: Groß geht immer, denn groß beeindruckt. Ideal sind also doppel- und einseitige Formate. Aber auch kleinere Anzeigen sind, je nach Platzierung und Motiv, durchaus sinnvoll. Kleiner als eine Viertelseite im Zeitschriftenformat oder eine Achtelseite im Zeitungsformat sollten sie allerdings nicht sein. Es sei

Image-Anzeigen: Je größer, desto besser.

....

....

Die Dialogmarketing-
Anzeige muss groß
genug sein für alle
wichtigen
Textelemente.

denn, Sie haben ein deutliches Key-Visual (das sogenannte Hauptbildmotiv, in der Regel eine Abbildung des zu bewerbenden Produkts) oder Motiv, das auch bei wenig Fläche deutlich zur Wirkung kommt.

Und was ist beim Layout zu beachten? Hier sollten Sie sich an folgende Faustregel halten: Bei der **Dialogmarketing-Anzeige** muss mindestens ein Drittel der Fläche für Headline, Key-Visual und ein bis zwei zusätzliche Elemente (zum Beispiel Ihr Logo oder ein Störer) eingesetzt werden. Den übrigen Raum nehmen ein: das Response-Element, Führungselemente, Handlungsanweisungen, Vorteilsargumentation und Hintergrund-Informationen.

Denn hier ist's genau andersherum wie bei der klassischen Werbung: Der Leser benötigt Hintergrund-Infos zu Unternehmen und Produkt. Deshalb muss Dialog-Kommunikation meistens mehr Informationen pro Betrachtungsfläche vermitteln als die klassische Variante.

Klassische Anzeigenlayouts

Was fällt dem Leser als Erstes auf, wenn er Ihre Anzeige betrachtet? Die wahrscheinliche Reihenfolge der einzelnen Elemente einer Anzeige:

Was wird in der
Anzeige zuerst
wahrgenommen?

- Bild
- Headline
- Zwischen-Überschriften im Fließtext
- Text
- Logo, Response-Aufforderung, Kontaktinfos

Wie stellen Sie also sicher, dass Ihre wichtigsten Informationen gelesen werden? Platzieren Sie die Elemente von oben nach unten – entsprechend des Blickverlaufs. Dabei gilt: Beginnen Sie mit dem stärksten Element. Dieses soll sofort seine Wirksamkeit zeigen, denn oft bekommt eine Anzeige keinen „zweiten Blick". In manchen Fällen ist das Bild im Vergleich zur Headline eher sekundär. Dann sollte die Headline unbedingt auf der prominentesten Stelle platziert werden. Hier sind zwei Gestaltungsvorschläge für die Platzierung der einzelnen Elemente einer ganzseitigen Anzeige.

Das Basis-Layout:
Bild – Headline –
Subline – Fließtext.

Basis-Layout

Ganz einfach: Dieses Layout folgt dem klassischen Blickverlauf. Bild – Headline – Subline – Fließtext. Am Schluss folgen die Response-Aufforderung mit Angabe der Kontaktmöglichkeiten, die Signatur und Kontaktdaten des Unternehmens.

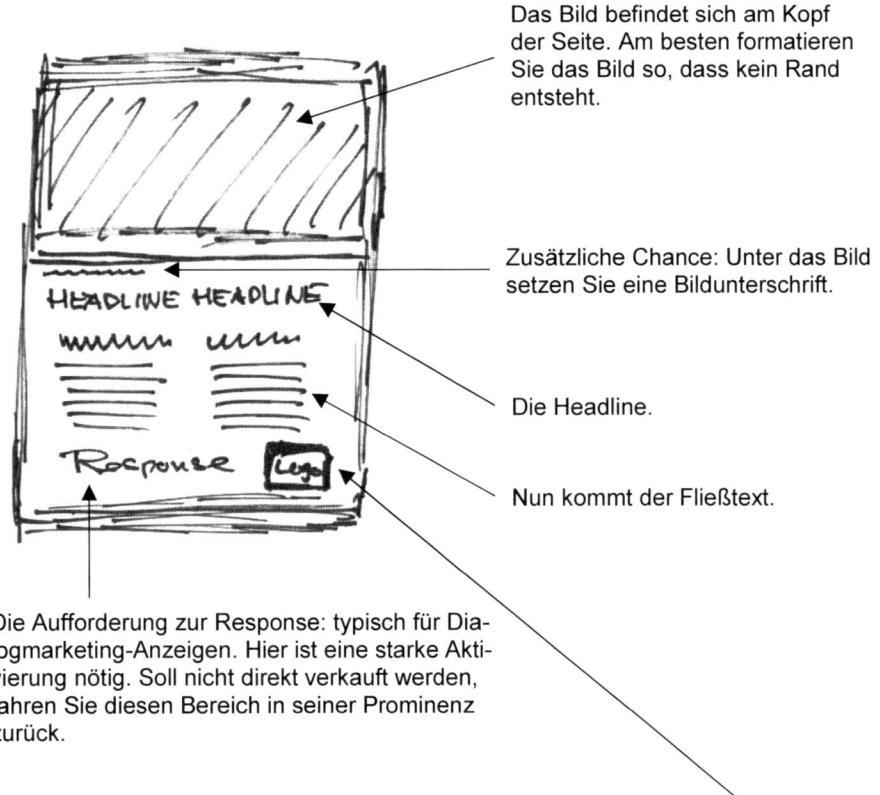

Das Bild befindet sich am Kopf der Seite. Am besten formatieren Sie das Bild so, dass kein Rand entsteht.

Zusätzliche Chance: Unter das Bild setzen Sie eine Bildunterschrift.

Die Headline.

Nun kommt der Fließtext.

Die Aufforderung zur Response: typisch für Dialogmarketing-Anzeigen. Hier ist eine starke Aktivierung nötig. Soll nicht direkt verkauft werden, fahren Sie diesen Bereich in seiner Prominenz zurück.

Signatur / Logo mit Kontakt-Informationen: am unteren Rand, oft in der Ecke unten rechts. Denn in der Regel der letzte Punkt, den ein Leser beim Scannen und dann beim Lesen einer Anzeige mitnimmt.

Praxis-Tipp: Aufmerksamkeit für Ihre Headline

Headlines, die sich unter einem Bild befinden, werden von
10 % mehr Lesern betrachtet als Headlines über dem Bild.

Trotzdem: Das Headline-zuerst-Layout

Hier steht die Headline
im MIttelpunkt.

Manchmal hat die Headline mehr
Gewicht als das Bild. Dann sollte
diese auch über dem visuellen Element stehen. Achten Sie unbedingt
darauf, dass Ihre Headline besonders gut zur Wirkung kommt:
durch klare Kontraste, große und
gut lesbare Schrift.

Tipp zur Lesbarkeit: Mehrspaltensatz (2- oder 3-spaltig) in
großformatigen Anzeigen ist deutlich schneller als lang
laufende Zeilen.

Texterclub-Konzept: Orientierung an den Leserfragen

Ein drittes Anzeigenkonzept fußt auf den gerade genannten
Basis-Layouts, orientiert sich jedoch an den gedachten
Fragen des Lesers und gibt dem Texter eine klare Leitlinie
vor. Denn es zeigt sofort, was die einzelnen Elemente der
Anzeige zu leisten haben. Der Text folgt den Fragen eines
Lesers.

Vier Leitfragen,
die Ihre Anzeige
beantworten sollte ...

1. Warum soll ich das lesen?
Antworten liefern Bild und Headline. Je nach Wichtigkeit:
entweder Headline oder Bild zuerst.

2. Welche Vorteile habe ich?
Sublines und Fließtext zeigen Vorteile und begründen,
warum Ihre Zielperson Ihr Angebot annehmen soll.

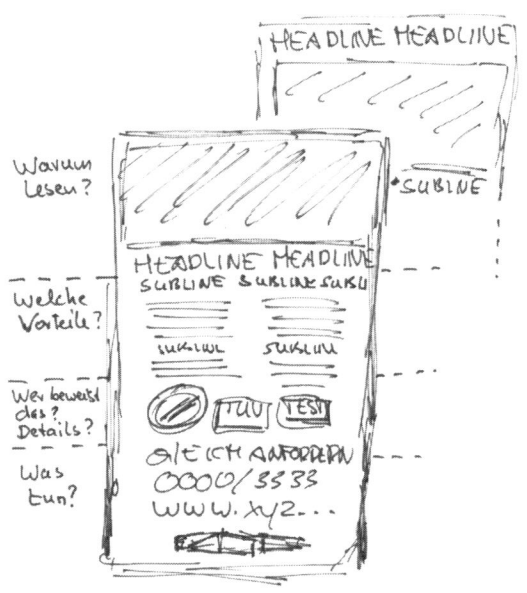

Ihre Notizen:

....

....

3. Wer beweist das? Alternativ auch: Welche Details?

Der Platz für Gütesiegel, Zertifizierungen, Testimonials, eine Auflistung von Details oder Produktmerkmalen, die Ihre Vorteile untermauern.

4. Was soll ich tun?

Hier fordern Sie zur Response auf und zeigen deutlich, auf welchen Wegen die Reaktion möglich ist.

Das „Kauf mich"
nicht vergessen!

Übrigens: Signatur und Logo des Unternehmens sind eventuell bereits im Bild integriert oder im abgebildeten Produkt sichtbar, folgen jedoch spätestens am unteren Ende der Anzeige.

Gefordert: Text-Bild-Balance. Vorsicht vor Überladung!

Durch das Vollkleistern von Anzeigen mit Bildern und anderen Elementen bekommt der Leser ein visuelles Völlegefühl. Er ist satt. Und wer satt ist, der möchte nichts mehr konsumieren oder wahrnehmen. Ein Todesurteil für Ihre Anzeige.

Zu viele Bilder
machen „satt".

Was für den Text gilt ...

Alles, was das Lesen erleichtert, ist gut. Alles, was Geschwindigkeit kostet, meiden Sie. Stellen Sie Vorteile deutlich heraus und nutzen Sie dazu Bulletpoints, Kästen und Zwischenüberschriften. Und bitte keine Großbuchstaben in Fließtexten und langen Headlines.

Aber wie viel Bild und Text ist zu viel? Wenn eine Anzeige sehr viele Elemente enthält, kann das dazu führen, dass der Betrachter einen „Tunnel-Blick" bekommt: Das heißt, die wahrgenommenen Gegenstände werden weniger. Es werden folglich nur wenige der Informationen aufgenommen. Aber nicht nur das: Bei Informations-Überladung fällt es dem Leser außerdem schwer, sich an die zentralen Elemente und Informationen der Anzeige zu erinnern, die er tatsächlich wahrgenommen hat. Das bedeutet: Die eigentlich wirksamen Teile Ihrer Anzeige verlieren ebenfalls an Kraft. Gegen diese „Überladung" hilft: Weißraum schaffen.

Sorgen Sie für Luft!

Vermeiden Sie Satzkonstruktionen, die die ganze Breite Ihrer Anzeige ausfüllen. Schreiben Sie in Textblöcken und halten Sie die Zeilen schmal – so können Sie Ihre Satzgruppen beliebig nach allen Seiten verschieben. Weißraum schafft man außerdem durch eine angepasste Schriftgröße. Eine Schriftgröße in 7 oder 8 Punkt ist für den Grundtext durchaus lesbar.

Textblöcke mit kurzen Zeilen schaffen Ordnung.

Praxis-Tipp: Schriftgröße und Platzierung

1. Machen Sie lieber die Schrift etwas kleiner, dafür den Zeilenabstand etwas größer (20 bis 50 % der Schriftgröße).

2. Texte und Headlines rechts von einem Bild werden häufiger gelesen als links stehende. Der Grund: Hier entspricht die Anordnung den natürlichen Blickverläufen, die vom Bild zum Text in Leserichtung führen. Steht die Headline links vom Bild, muss das Auge des Betrachters zuerst zum Bild und dann zurückgehen.

Zwei zusätzliche Tipps ...

Die Coupon-Anzeige: Alte Form mit neuen Chancen

Dieser Anzeigentyp soll dazu animieren, mittels Coupon in Kontakt mit einem Unternehmen zu treten. Ganz typisch war sie bei der Gewinnung von Interessenten oder der Abonnenten-Werbung. Heute gehören echte Coupon-Anzeigen zu einer aussterbenden Gattung, denn die klassische Coupon-Anzeige verlangte ja das Heraustrennen des Coupons und damit das Zerschneiden der Zeitschrift.

Eine aussterbende Gattung?

Spannend heute: Der Coupon als Signal „Tu was!"

Neue Formen der Coupon-Anzeige binden das Internet mit ein, wenn zum Beispiel ein Gutschein-Code eingedruckt ist, der bei Eingabe im Online-Shop zu einem Rabatt berechtigt.

Übrigens: Gerade in der Verbindung mit dem Internet (zum Beispiel Führung in einen Online-Shop via Gutschein-Code) ist der Coupon ein psychologisches Signal. Auch wenn kein Heraustrennen mehr nötig ist, gestaltet man einen Coupon oder ein couponähnliches Element, um dem Leser deutlich zu signalisieren: „Du musst etwas tun!"

Auch ohne Perforation sagt der Coupon: „Tu was!"

Ein einfaches Konzept für Ihre Coupon-Anzeige ...

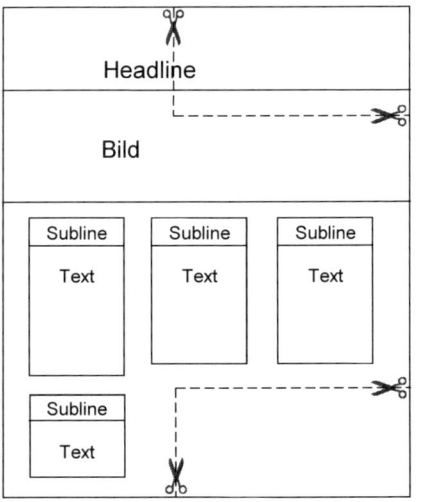

Mögliche Position des Coupons bei rechter Seite

Idealposition des Coupons bei rechter Seite

Ihre Notizen:

....

....

Und gerade weil der Coupon ein Signal ist, hat die Coupon-Anzeige auch heute noch Chancen. Denn Sie signalisiert optisch sehr deutlich, dass hier etwas geschehen muss. Sie nimmt grafisch den Bestelltext auf, zeigt deutlich das „Ja, ich bestelle". Starke optische Signale, die zum Beispiel bei der reinen Angabe der Telefonnummer fehlen.

Ganz wichtig: Heben Sie Ihr Coupon-Element deutlich von der Anzeige ab. Er ist ein Signal und muss bereits in der ersten Begegnung gesehen werden.

Tip-on-Card: Psycho-Element mit Charme

Hier wird eine Antwortkarte auf die Anzeige geklebt. Vorteil: Der Leser muss nicht ausschneiden oder aufkleben, sondern einfach die Karte von der Anzeige abziehen. Bieten Sie dem Leser eine deutliche und nicht zu übersehende Response-Möglichkeit.

Heben Sie Response-Elemente vom Hintergrund ab – zum Beispiel farblich.

Tipp: Die aufgeklebte Karte sollte schnell gesehen werden und sich durch ihre Gestaltung vom Hintergrund abheben. Ein typischer Fehler: Sie verschenken die Wirkung der Tip-on-Card, wenn sie an den Hintergrund angeglichen wird und nicht auffällt. Achten Sie auch darauf, dass Sie dem Interessenten beim Ausfüllen und Absenden so viel Arbeit wie möglich abnehmen.

Vorteile:

Die Vorteile der Tip-on-Card ...

- Die Anzeige wird schnell gesehen, da sich das Heft durch die aufgeklebte Postkarte beim Durchblättern oft an dieser Stelle öffnet.

- Die Reaktion ist denkbar einfach. Auch hier geht es jedoch um die psychologische Wirkung. QR-Codes auf der Karte und direkt im Heft unter der Karte sowie einfache Response-Wege führen den Leser schnell zur Reaktion.

- Manchmal sind Tip-on-Cards auch auf Titelseiten oder der U4, der Umschlag-Rückseite, möglich. Ein absoluter Garant für hohe Aufmerksamkeit!

Nachteile:

- Höhere Kosten.

- Klebestreifen oder Klebepunkte im Text unter der Postkarte.

Übrigens: Wer Tip-on-Card-Anzeigen gestaltet, muss immer ein weiteres Problem lösen: Was geschieht, wenn ein Leser (zum Beispiel im Wartezimmer) bereits vorab die Karte entfernt hat? Deshalb gehören unter die aufgeklebte Karte weitere Response-Hinweise wie Telefonnummer, Web-Adresse, E-Mail und ein ganz klarer Führungstext.

Nicht vergessen: Geben Sie alternative Response-Möglichkeiten an!

Ihre Notizen:

....

....

So entsteht Ihre erfolgreiche PR-Meldung ...

In Redaktionen laufen heute zwei Typen von Presse-meldungen ein. Einmal die Meldung per Post: altbe-währt und gut. Aber nicht schnell genug für die heuti-ge Zeit. Und deshalb immer häufiger ersetzt durch die Pressemitteilung per E-Mail und / oder Link in den Online-Pressebereich des schreibenden Unterneh-mens. Egal auf welchem Weg – bei der Pressemittei-lung gibt es für Sie immer zwei Zielgruppen. Zuerst die Redaktion, dann aber auch die Leser der betreffenden Zeitung, Zeitschrift oder Webseite. Und beide müssen überzeugt werden.

Was ist also lesenswert? Obwohl PR nicht gleich Marketing ist, müssen Sie hier ein wenig wie ein Verkäufer denken. Überlegen Sie sich, nach welchen Kriterien Meldungen ausgewählt werden. Sie wollen Ihre PR-Meldung einem Journalisten verkaufen. Also wecken Sie sein Interesse!

Die grundsätzliche Frage: Was interes-siert den Journalisten?

Hierbei sind zwei Zahlen wichtig. Zuerst bleiben Ihnen circa 3 Sekunden. Das ist die Zeit, in der der Redakteur nur die Überschrift wahrnimmt. Klingt diese spannend oder informativ? Interessieren auch die Unterüberschrift und die ersten ein bis zwei Sätze? Das heißt für Sie: Die ersten 5 Zeilen Ihrer Pressemeldung müssen überzeugen. Und zwar mit

Sie haben 3 Sekunden!

- der Headline,
- der Subline,
- den ersten 1 bis 2 Sätzen.

Schreiben Sie nach journalistischen Standards!

Ist das erste Interesse geweckt, haben Sie weitere 20 Sekunden. So lange dauert es oft nur, bis ein Text ausgewählt wird. Deshalb brauchen Sie einen korrekten Aufbau und eine überzeugende Einleitung. Einfacher Tipp: Eine Pressemitteilung ist wie eine Zeitungsnachricht. Sie sollte gut recherchiert sein, spannend und informativ für die Leser – und auch für den Redakteur. Der möchte sie am liebsten so, dass er sie direkt verwenden kann. Deshalb achten Sie darauf, journalistisch zu schreiben, wenn's darum geht, in der Presse zu landen. Und so geht's ...

Die Struktur macht's: Ihr PR-Meldung-Grundgerüst

Und so geht's: Der richtige Aufbau Ihrer Pressemeldung ...

Die Kopfzeile

Machen Sie gleich klar, worum es sich bei Ihrem Schreiben handelt. Über Ihrer Meldung steht deshalb in größerer Schrift oder in Großbuchstaben der Hinweis:

```
Pressemitteilung
PRESSEMELDUNG oder
Presse-Information
```

Übrigens wird die Kopfzeile in E-Mails im Betreff nochmals aufgegriffen.

Die Headline oder Überschrift

Ihre Headline oder Überschrift hat mit die wichtigste Funktion. Denken Sie an die 3 Sekunden. Denn wenn die Headline nicht wirkt, kann der Text Ihrer Pressemitteilung noch so gut sein – er wird vermutlich trotzdem nicht gelesen.

Keine Fragen in der Headline! Hier gibt's Antworten.

Deshalb: Die Headline muss schon etwas über den Inhalt verraten und neugierig machen. Überschriften haben immer eine Aussage. So kann ein Redakteur bereits beim Durchsehen seiner Post beurteilen, ob Ihre Information für seine Leser relevant ist. Vermeiden Sie hier unbedingt Fragen. Denn Fragen in der Überschrift sind in vielen Redaktionen verpönt: Die Zeitung soll schließlich Antworten liefern und informativen Mehrwert bieten.

Beispiele für Headlines:

> `Neptun-Therme: Erlebnisbad im Herzen`
> `von Musterstadt eröffnet`
>
> `Weihnachtsmarkt Musterstadt: Lässt`
> `Kinderherzen höher schlagen`
>
> `Web 3.0 im Trend: Die Technologie-Messe`
> `CoTec informiert`
>
> `Weiter auf dem Vormarsch - Zahl der`
> `Smartphone-Besitzer wächst stetig`
>
> `Das kleine Kino für unterwegs`

Prüfen Sie Ihre Headline: Enthält sie die wichtigste Information?

Noch mehr „Biss" bekommt Ihr Einstieg, wenn Sie Ihre Headlines mit Sublines (untergeordneten Überschriften) aufmöbeln:

Headline:
> `Unternehmensberatung für 26,90 Euro`

Subline:
> `Über 200 sofort anwendbare Expertentipps`
> `im Fachbuch „Marketing-Attacke"`

Die Kurzmeldung: Anreißer und Lückenfüller

Bei der Flut an Mitteilungen, die über Redakteure hereinbricht, bleibt keine Zeit, jede Meldung genau zu lesen. Tipp: Schreiben Sie zusätzlich zur eigentlichen Mitteilung eine schnelle Meldung in Kurzform: das Lead oder Lead-in. Damit helfen Sie einerseits dem Redakteur, in der Masse einen schnellen Überblick zu gewinnen. Andererseits kann die Kurzmeldung genau die Chance für Ihre Pressemitteilung sein, auf zweitem Wege in die Zeitung zu rutschen. Denn Kurzmeldungen bieten sich bestens als Lückenfüller an. Und solche Füller benötigen Journalisten – die heute häufig mit Redaktionssystemen arbeiten – wenn gerade noch wenig Platz verfügbar ist.

Im Lead erfährt der Leser sofort, worum es geht.

Praxis-Tipp: Mehr Service für den Redakteur

Geben Sie unbedingt die Zeichenzahl Ihrer Pressemeldung und Kurzmeldung an (inklusive Leerzeichen). So machen Sie es dem Redakteur noch einfacher abzuschätzen, ob Ihre Meldung als Füller für einen „Leerraum" verwendet werden kann.

Ereignis und Ergebnis im Einstieg.

Die Kurzmeldung ist Ihr erster Absatz, also der Einstieg in den Langtext. Wie das Wort schon sagt: Kurz soll sie sein. Und prägnant. Und direkt ins Thema führen. Die wesentlichen Informationen bereits enthalten. Auf keinen Fall weitschweifig. Klingt schwierig? Keine Sorge, denn die sieben „W-Fragen" kommen Ihnen hier zur Hilfe. Anhand dieser einfachen Fragen schaffen Sie Struktur für Kurzmeldung und Langtext. Wann und wo haben Sie Ihre Meldung verfasst? Setzen Sie diese Info an den Anfang Ihrer Kurzmeldung.

Wer, wie, was – und viele W-Fragen mehr ...

Mindestens die ersten vier dieser sieben W-Fragen müssen Sie in Ihrer Kurzmeldung beantworten:

- **Wer?** → Verursacher, Handelnder
- **Was?** → Ereignis, Neuigkeit
- **Wo?** → Ort
- **Wann?** → Zeit
- **Wie?** → Ablauf, Art und Weise
- **Warum?** → Grund
- **Woher / Welche Quelle?** → Quelle der Nachricht, wenn Sie Dritte zitieren

Zusatzfragen:

- **Welche Folgen hat diese Information für die Betroffenen?**
- **Wie lange?**
- **Wen betrifft das?**

Ein Beispiel:

> Musterhausen, 20.05.2013. Die digitale Welt
> wendet sich neuen Märkten zu. Zwei
> besonders innovative Produktbereiche
> werden von 10. bis 14. Juni zu den Haupt-
> Anziehungspunkten der CoTec 2013 in
> Musterstadt gehören. Apps für das
> Smartphone stehen dieses Jahr im Mittel-
> punkt. Weiteres Highlight: die breite
> Funktionalität der Tablet-PCs. Insgesamt
> sind nach Angaben des Veranstalters CoCo
> auf der kommenden CoTec-Messe weit über
> 500 Aussteller aus 26 Nationen vertreten.

Ein Beispiel für eine Kurzmeldung.

Der Langtext

Das Gerüst für Ihre Meldung bieten wieder die sieben W-Fragen. In Ihrem Kurztext haben Sie die Meldung komprimiert. Jetzt haben Sie mehr Platz, Ihre Nachricht auszubreiten. Und dafür gibt's einen klaren Aufbau, an dem Sie sich orientieren können. Im Mittelteil ist Platz für nähere Erläuterungen. Hier werden die klassischen Ws ergänzt (Wer genau? Was genau ist geschehen? usw.) und es ist Platz für zusätzliche Details und Quellen. Schreiben Sie in einer klaren Struktur. Faustregel: Das Wichtigste zuerst – Unwichtiges nach unten.

Wichtiges gehört nach vorn!

Und was steht am Ende? Hintergrundinfos und zusätzliche Statements von Zuschauern oder Betroffenen. Ganz einfach deshalb, damit Redakteure Ihre Pressemeldung schnell bearbeiten können. So können sie direkt von unten nach oben kürzen.

„Boilerplate" oder: Sagen Sie, wer Sie sind

Ganz am Schluss Ihrer Pressemitteilung steht der sogenannte Abbinder (Boilerplate). Dieser kurze Textblock enthält Informationen zu Ihrem Unternehmen. Einfach nach der Meldung einen neuen Absatz beginnen: „Die ABC AG ist …". In zwei bis drei kurzen Sätzen beschreiben Sie Ihr Unternehmen. Und auch hier gilt: Fakten ja, Werbung nein.

Schließen Sie mit einer kurzen Unternehmensinfo.

Kontaktinfos und Ansprechpartner – bleiben Sie erreichbar

Wie kann man Sie erreichen?

Fast geschafft! Für den Abschwung sollten Sie folgende wichtige Regel beachten: Halten Sie Kontakt zur Redaktion und bleiben Sie erreichbar. Deshalb nennen Sie Ihre Kontakt-Informationen und den Ansprechpartner am Ende Ihrer Meldung. So muss der zuständige Redakteur bei Rückfragen nicht lange suchen. Am besten bieten Sie direkt weitere Infos an und bitten auch gleich um eine Nachricht, falls sich die Zuständigkeit oder der Ansprechpartner innerhalb der Redaktion ändern.

Formales

Auch in der PR-Meldung ist Struktur Trumpf.

Wenn Sie Ihre Pressemeldung ausdrucken und per Post verschicken, muss diese einem klaren Aufbau folgen:

- Maximal 2 Seiten lang,
- einseitig beschrieben,
- ca. 60 Zeichen pro Zeile,
- mit breitem Rand
- und zweifachem Zeilenabstand für Korrekturen und Anmerkungen.

Außerdem sollte Ihre Meldung auch formal leicht auswertbar sein – Sie wissen ja, die Redakteure haben wenig Zeit. Gliedern Sie deshalb mit Zwischenüberschriften oder Marginalien, also kurzen Zusammenfassungen einzelner Absätze am Rand. Damit wird gleich klar, was Sie in dem jeweiligen Textabschnitt sagen.

Der Umfang: 1.500 bis 2.000 Zeichen. Aber halten Sie weitere Infos bereit.

Und wie lang soll das Ganze sein? Als Richtwert gelten 1.500 bis 2.000 Zeichen inklusive Leerzeichen. Will ein Redakteur mehr, fragt er nach. Das heißt für Sie: Vorbereitet sein – und Zusatzinformationen in der Schublade bereithalten.

Fakten, Fakten, Fakten ...

... Das ist es, was Redaktion und Leser haben wollen. Also liefern Sie aktuelle Informationen, die einen Mehrwert bieten. Das kann einmal ein Beitrag zu Ihrem Unternehmen sein, das nächste Mal eine Ankündigung neuer Produkte und Dienstleistungen oder die Mitteilung zu wichtigen personellen Veränderungen. „Aktualität" ist hier das Zauberwort. Bieten Sie Fakten, kommen Sie schnell zur Sache und käuen Sie nicht längst vergangene Ereignisse wieder.

Themenideen für Ihre Pressemeldung ....

Und vor allem: Schicken Sie keine Produktwerbung. Journalisten wollen keine Werbung. Sie wollen übersichtlich strukturierte, anspruchsvolle, informative Meldungen und Gespräche mit kompetenten PR-Profis. Bieten Sie Wissenswertes – am besten mit konkreten Daten, Namen und Zahlen.

Wie sieht's mit der Sprache aus?

Grundregel: Bleiben Sie journalistisch! Vermeiden Sie die typisch werblichen Texttechniken wie Direktansprache oder starke Aufforderungen. Berichten Sie sachlich über das Ereignis und sparen Sie sich Hinweise auf die großartigen Erfolge Ihres Unternehmens.

Vergraulen Sie den Journalisten nicht durch Werbesprache.

Apropos Erfolgsgeschichten: Die müssen wirklich gut sein. Und Sie müssen sie wirklich gut erzählen. Wer sind die Macher des Erfolgs? Und von welchen Visionen werden sie geleitet? Die PR-Turbos auf den folgenden Seiten dienen Ihnen als Leitfaden. Wenn es darum geht, sich „kostenlose" Werbung zu erschleichen, kennen Journalisten keinen Spaß. Und sie können interessante Meldungen ganz genau davon unterscheiden.

Turbos für Ihre Pressemeldung: Betroffenheit und Nachrichtenfaktoren

Ihre Meldung sollte den Leser „betreffen".

Nachdem der „Formalkram" abgehakt ist, geht es jetzt um die Frage: Wie kommen Sie mit Ihrer Meldung in Kopf, Herz und schließlich in das Medium des Redakteurs? Es gibt mehrere Möglichkeiten, die Ihnen beim „Verkauf" Ihrer Story helfen. Ganz nach dem Motto: Betroffenheit ist immer gut!

Eine gute Geschichte macht betroffen. Darum sollten Sie sich immer fragen: „Löst meine Meldung Betroffenheit aus?" Wenn nicht, dann ändern Sie das. Und so geht's:

1. Emotionale Betroffenheit

Wecken Sie Emotionen!

Gefühle leiten Menschen – und Sie sollen die Gefühle leiten. Suchen Sie nach Möglichkeiten, Emotionen zu wecken. Durch Handlung, Handelnde oder Betroffene. Durch Sex, Crime oder Drama. Durch Kinder. Durch Tiere. Ihre Meldung soll spannend, lustig, traurig, erschreckend, verblüffend sein. Dann macht sie emotional betroffen.

2. Fachliche Betroffenheit

Lösen Sie fachliche Betroffenheit aus.

Lustige Tiere haben in Ihrer Meldung einfach keinen Platz? Macht nichts. Dann erzeugen Sie fachliche Betroffenheit. Speziell im Bereich Business-to-Business natürlich hervorragend geeignet, aber auch für Privatmenschen ein probates Mittel, um Interesse zu wecken. Durch den besonderen „Fleck-weg-Trick", durch ein neues technisches Verfahren usw.

3. Persönliche Betroffenheit

Auch hier hilft die Leserfrage: „Was bedeutet das für mich?"

Wenn Sie es schaffen, dass der Leser sich fragt „Was bedeutet das für mich?", haben Sie persönliche Betroffenheit ausgelöst. Deutlich wird's am Beispiel: Berichtet eine Pressemeldung von Budgetkürzungen im Schuletat, bedeutet das für den Leser, dass er zusätzliche Bücher für seine Kinder kaufen muss. Oder: Die Regierung beschließt, weitere Steuern einzuführen. Frage im Kopf des Lesers: „Was heißt das für mich?"

Zauberwort „Nachrichtenfaktoren"

Klingt nicht magisch, meinen Sie? Da haben Sie Recht. Trotzdem können die Nachrichtenfaktoren Ihnen auf zauberhafte Weise die Türen in die Presse öffnen. Denn sie machen Meldungen interessant – für Redakteure und Leser. Je mehr dieser Faktoren Sie in Ihrer Pressemitteilung stimulieren, desto größer ist die Chance, in der Zeitung statt im Papierkorb zu landen.

Zehn Nachrichtenfaktoren gibt es. Und zwei davon sind besonders wichtig. Ohne die Faktoren „Aktualität" und „Nähe" wird aus Ihrer Meldung keine Nachricht. Im Klartext heißt das: Zeitliche, räumliche oder psychologische Nähe muss unbedingt gegeben sein.

Prüfen Sie Ihre Meldung: Macht sie betroffen? Bedient sie Nachrichtenfaktoren?

Alle Nachrichtenfaktoren auf einen Blick:

- Aktualität
- Nähe
- Human Interest (Menschlichkeit und Gefühl /„Human Touch")
- Prominenz / öffentliche Bedeutung
- Action und Drama
- Sex / Liebe
- Folgenschwere
- Konflikt
- Fortschritt
- Originalität / Kuriosität (Beispiel: Ein deutscher Mobilfunk-Discounter verkaufte 2009 für einen Tag an ausgesuchten Tankstellen den Liter Benzin zum gleichen Preis wie seine Gesprächsminuten: 9 Cent.)

Die 10 Nachrichtenfaktoren: Damit packen Sie Ihre Leser.

Probieren Sie hier ruhig aus und spielen Sie ein bisschen mit Ihren Themen. Je mehr Betroffenheit entsteht und je mehr Nachrichtenfaktoren bedient werden, desto besser. Irgendwann haben Sie Ihre Nachricht so gedreht, dass Sie genau das erreichen.

 Zusammenfassung

Wie's weitergeht ...

In Kapitel 4 haben Sie die wichtigsten konzeptionellen Gerüste für den Print-Bereich kennengelernt. Jetzt wissen Sie, wie Sie starke Werbebriefe aufbauen, wie Sie im Prospekt gekonnt führen und wie Ihnen feste Textraster bei Ihrer Katalogkonzeption helfen. Doch was ist nun mit all den anderen Werbemedien? Wir meinen, all das, was Sie bis jetzt gelesen haben, ist übertragbar. Auf Postkarte, Info-Broschüre, Selfmailer und, und, und.

Selbstverständlich bleibt hier die Frage: Wie viel Konzeption braucht ein Texter? Im Zweifelsfall eher zu viel als zu wenig. Deshalb werden wir Sie auch weiter mit konzeptionellen Informationen versorgen. Im Texterclub auf Facebook und in einem eigenen Buch rund um die Konzeption.

 Ihre Notizen:

....

....

Weil im Web nicht alles, aber doch manches anders ist, liefert das nächste Kapitel konkrete Baupläne für den Online-Bereich. Hier geht es unter anderem um E-Mail-Newsletter, Online-Shops und Blogs. Sie erfahren, welche Anforderungen Sie als Online-Texter erwarten und bekommen ganz praktische Werkzeuge an die Hand. Damit Sie Ihre Leser auch im Internet sicher zur Reaktion führen.

Baupläne Online

Was Sie in diesem Kapitel erwartet ...

Baupläne Online

Darum geht's in Kapitel 5 ...

Texte fürs Internet, für E-Mails, Shops oder Social-Media-Plattformen. Alles keine Hexerei. Noch immer ist das Material dasselbe: die 26 Buchstaben des Alphabets. Nur die Baupläne sind auf mehr Geschwindigkeit getrimmt. Und es gibt noch einige Dinge, die Sie als Texter wissen sollten ...

Ist in Internet und E-Mail alles anders als im Print? Nein, selbstverständlich nicht. Aber es gibt zusätzliche Faktoren, die ein Texter berücksichtigen muss. Und gerade im Internet steigt die Verantwortung des Texters zunehmend. Setzen doch immer mehr Unternehmen auf Redaktionssysteme, die mit Text befüllt werden. Deshalb erhält der Texter immer mehr **konzeptionelle Aufgaben**. Weil er eben nicht nur Text einstellt, sondern im Rahmen der definierten Möglichkeiten zum Beispiel auch gleich die komplette Wordpress-Seite anlegt.

Und ganz nebenbei schreiben wir im Web ja nicht nur für unsere (menschlichen) Leser, sondern müssen auch immer **unsere zweite „Zielgruppe"** – die Suchmaschinen – im Sinn haben. SEO heißt das Zauberwort. Denn was nützt Ihre schöne Website, wenn sie nicht in den Trefferlisten erscheint? Und umgekehrt: Besucher, die Ihre Online-Präsenz finden, wollen sprachlich wie inhaltlich abgeholt werden. Und zum Kauf geführt werden.

Auch beim **Texten für Blogs oder Facebook** ergeben sich neue Feinheiten. Für die Unternehmen beginnt nun langsam die Phase 2. Was das bedeutet? In Phase 1 waren Unternehmen noch sehr stark von den technischen Möglichkeiten fasziniert. Erklärungen für Texter beschäftigten sich oft nur damit, wie Facebook funktioniert. Um überhaupt Präsenz zu zeigen. Nun fokussiert man sich auf den Inhalt und überlegt, was Social Media tatsächlich kann. Zum Beispiel mit den Fragen: Welche sprachlichen Möglichkeiten gibt es, um **Likes einzufordern**? Wie schafft man die sprachliche Balance zwischen Spaß und Fachinformation? Spricht man Fans und Follower mit „Sie" oder „Du" an? Denn auch und ganz besonders in den sozialen Netzwerken gilt: Der Ton macht die Musik.

Natürlich gibt's auch im **E-Mail-Newsletter** Erkenntnisse, die den Texter betreffen: Blickverläufe beispielsweise, die zu klaren Konsequenzen führen. Beim Texten von Headlines, beim Texteinstieg. Aber lassen Sie sich überraschen. Dieser Einstieg sollte Appetit machen, und nun gilt's: Viel Spaß mit diesem Kapitel!

5

ONLINE

Ihre Notizen:

....

....

Stark texten im Internet

Welche Rolle spielen Texte im Internet? Wird im Internet überhaupt noch gelesen? Und was genau unterscheidet Web-Texte von ihrem gedruckten Pendant? Klar ist: Texte im Netz „ticken" anders. Weil Besucher sofort wissen wollen, worum es geht. Weil nicht mehr der Texter, sondern die Leser den Weg der Informationsaufnahme vorgeben. Doch Informationen nach Gusto müssen klug konzipiert werden, schnelle Texte kurz und präzise sein und Headlines in 3 Wörtern den Kern treffen. Und dann ist da neben dem Leser noch eine zweite Zielgruppe: die Suchmaschine …

Im Internet muss es schnell gehen.

Schreibt man im Internet anders als im Print?

Ja, weil Geschwindigkeit bei der Info-Aufnahme eine wesentliche Rolle spielt und uns zwingt, Informationen anders zu präsentieren. Das Internet ist kein Lesemedium und wird es wohl auch nie werden. Es ist einfach straffer und schneller. Und unterscheidet sich vom Print besonders im Aufbau: weg vom Linearen hin zum Parallelen.

Das Internet ist kein Lesemedium.

Eine Besonderheit beeinflusst den Internet-Text jedoch mehr als alles andere: Web-Texte haben neben dem Besucher der Website immer eine zweite Zielgruppe: die Suchmaschine. Deshalb hat die veränderte Präsentation von Informationen im Internet ganz wesentlich mit der Frage zu tun: Wie signalisiere ich schnellstmöglich Relevanz für meine Schlüsselthemen? Durch die sorgfältige Konzeption von Landing-Pages und natürlich durch die richtige Auswahl und Platzierung von Keywords. Es geht um zielgruppenorientierte und Google-orientierte Zugänge zu Web-Informationen.

Im Web schreiben Sie immer für zwei Zielgruppen …

Nein, weil auch im Internet ein klarer deutscher Satz ein klarer deutscher Satz bleibt. Wenn sich auch die Frage stellt, wann man denn noch ganze Sätze schreibt. Doch man schreibt sie. Und es gibt genügend Gelegenheiten dazu. Schon mit dem ersten Klick von einer Portalseite auf die nächste Ebene beginnt die große Chance des Internet-Textes: einen Leser zu fesseln, zu faszinieren und interessengeleitet in Themen zu „verwickeln".

Was ist Ihr Reaktionsziel?

Für Angebote im Netz gilt nach wie vor: Wer eine Reaktion auslösen will, muss dorthin führen – ob Ihr Ziel nun der Kauf oder das „Weiterlesen" ist. Durch klar erkennbare Inhalte, klares Design, klare Struktur und in einer Sprache, die ein Leser versteht. Was dabei besonders wichtig ist, verrät Ihnen dieser Abschnitt.

Das größte Vorurteil von allen: Texte im Internet werden nicht gelesen

Im Web gilt meist: Erst überfliegen, dann lesen.

Stimmt nicht und stimmt doch. Texte im Internet lesen wir nicht sofort. Bei der ersten Begegnung überfliegen wir eine Webseite, suchen „Informationshappen", schnell Verwertbares. Wird unser Interesse geweckt, beginnt eine intensivere Beschäftigung. Spätestens nach dem ersten Klick lesen wir nur noch das, was wir wirklich spannend finden.

Das Leseverhalten im Internet ist anders als bei gedruckten Texten. Texte im Internet liest man – zunächst – tatsächlich nicht, sondern überfliegt Webseiten beim ersten Kontakt. Zeitdauer pro Homepage bis zum ersten Klick: circa 7 Sekunden. Wir scannen, was wir sehen, immer auf der Suche nach Schlüsselwörtern und Hinweisen, die dann per Klick in den Text hineinziehen.

Auch im Web müssen Sie Leserfragen beantworten

Der Text muss sofort sagen: „Ich bin lesenswert."

Vier Fragen müssen in dieser ersten Phase beantwortet werden: Wo bin ich? Wie navigiere ich? Was ist für mich spannend? Was kann ich tun? Wesentliche Informationen müssen hier schon schnell und leicht erfassbar sein und sollten signalisieren: „Ich bin lesenswert." Wir lesen also interessengeleitet, und es ist ganz entscheidend, ob ein Texter genug getan hat, um dieses Interesse wachzukitzeln.

Durch die Platzierung von Schlüsselwörtern, ansprechen-den Headlines, Headline-Text-Strukturen, Bulletpoints anstatt langer Sätze und durch packende Anreißertexte.

Zunächst geht es also um den ersten Klick. Auf einen Link oder das „Mehr" nach einem packenden Anreißer. Hat ein Besucher erst einmal geklickt, will er mehr wissen. Jetzt lesen wir tatsächlich. Über weitere Ebenen hinweg, wenn der Text fesselt. Auch Langtext. Allerdings noch immer langsamer als auf einem Blatt Papier, denn Lesen am Bild-schirm macht Mühe. Während wir bei normaler Lesege-schwindigkeit ca. 250 Wörter pro Minute aufnehmen, sind wir jetzt ein gutes Drittel langsamer. Deshalb sollten Sie für lange Lesetexte – und so machen das viele Zeitungen in ihren Web-Auftritten – nach wie vor den Ausdruck anbieten.

Nach dem ersten Klick lesen wir interessengeleitet.

Praxis-Tipp: Aktivierende Kurztexte vs. Lesetext

Trotz dieser Empfehlung stellt uns das Internet natürlich immer wieder vor die Frage, wo denn eigentlich noch lange Sätze angebracht sind. Für die erste Ebene gilt: Homepages haben heute vorwiegend aktivierende Funkti-on. Sorgen für Orientierung. Und deshalb hat man hier langen Lesetext zugunsten aktivierender Kurztexte weitge-hend aufgegeben. Hier muss es eben schnell gehen und ein Besucher zum Weiterlesen motiviert werden. Echter Lese-text beginnt immer auf der zweiten Ebene – mit der Chan-ce, den Leser weiter in ein Thema zu „verwickeln".

Auf der ersten Ebene – der Homepage – regieren kurze Texte.

Texten im Internet fängt im Quelltext an

Neben dem Leser hat der Texter im Internet noch eine zweite „Zielgruppe": die Suchmaschinen, allen voran Google. Das beeinflusst den Text an zahlreichen Stellen. Besonders wichtig: Title und Description oder das, was die Suchmaschine Google in der Trefferliste anzeigt. Denn sie entscheidet, welche Bedeutung (oder Relevanz) Ihr Auf-tritt für die möglichen Leser hat – und damit auch über eine Platzierung in den Trefferlisten.

Ihre Notizen:

....

....

	1. Phase	2. Phase	3. Phase
Ziel:	Inhalt bewerten, nach relevanten Informationen und Vorteilen suchen, Überfliegen der Inhalte	Wichtigste Informationen schnell erfassen / Entscheidung, ob relevant / noch unsystematisches Erfassen von Inhalten	Weitere Aufnahme der Informationen bei Interesse, Entscheidung über den ersten Klick
Was wird erfasst:	Navigation, Bilder, Grafik, prägnante Headlines	Links, Zwischenüberschriften, Absatz-Anfänge, Hervorhebungen, Bildunterschriften	LESEN / evtl. nach Klick: gesamte Bild- und Textinformationen

Sie texten auch für die Suchmaschine: Title und Description müssen kurz und prägnant formuliert sein.

Deshalb fängt Texten für das Internet eigentlich bereits im Quelltext an. Title- und Description-Tag zeigen, was kommt. Der Title gibt der Suchmaschine per Keyword einen konkreten Hinweis, was auf einer Seite zu finden ist, und ist wie eine Zusammenfassung oder Headline getextet. In sieben Wörtern oder ca. 60 Zeichen (maximal sind 80 möglich, allerdings stellt Google nur etwa 65 bis 70 Zeichen dar). Er erscheint als Überschrift in der Trefferliste und – falls die Seite geöffnet wird – links oben in Ihrem Webbrowser. Deshalb ist es so wichtig, jeder Seite einen Titel zu geben. Schade, wenn ein Besucher da immer dasselbe sieht. Und schlecht für Ihr Ranking.

In 160 Zeichen sagen, worum's geht ...

Der Description-Tag beschreibt in ca. 160 Zeichen, was den Leser auf einer Seite erwartet. Nehmen Sie hier das Schlüsselwort aus dem Title-Tag gleich zu Beginn auf. Und beschreiben Sie klar und kurz, was auf der Seite zu finden ist. Das freut Mensch und Suchmaschine. Vergessen Sie dieses Element, liest Google automatisch die ersten Wörter einer Seite ein. Für den Suchenden bedeutet das Verwirrung, für die Suchmaschine falsche Abfragemuster.

Ordnung gefällig?

Wie verteilt man Text nach Prioritäten auf einer Internet-Seite? Wie ordnen Sie Informationen richtig an? Wer sich im Internet an den natürlichen Blickverläufen orientiert, liegt ganz richtig.

Eine einfache Regel hilft, wenn es um die Anordnung von Informationen geht. Merken Sie sich einfach: links vor rechts, oben vor unten. Die Gründe: Auch im Internet lesen und schauen wir von links nach rechts, von oben nach unten. Deshalb finden Sie in der linken oberen Ecke oft die größten Bilder oder das Firmenlogo. Gleichzeitig gilt: Was in den Scroll-Bereich einer Seite gerät, hat bis zu 90 Prozent weniger Kontaktwahrscheinlichkeit. Das haben Sie nun selten in der Hand, denn dafür ausschlaggebend ist die Bildschirmauflösung Ihres Anwenders. Doch auch Zeitschriften mit traditionell langen Websites achten darauf, verkaufsaktive Elemente wie die Bestellung des Probe-Abonnements im oberen Bereich anzusiedeln. Ebenfalls typisch für lange Seiten: Anreißer-Links im oberen Bereich verlinken zu Themen im unteren Bereich der Scrollseite.

Wie Sie die richtigen Prioritäten setzen ...

Wenn es um die Anordnung Ihrer Anschreiber im Portal geht, ist also klar: Der wichtigste steht links oben, der Text mit Priorität zwei rechts davon, Text Nummer drei folgt links unten und so weiter. Selbstverständlich setzen Sie weitere Schwerpunkte durch die Länge der Anschreiber und Headlines, durch den Einsatz von Bildern.

Wenn wir per Verlinkung tiefer in ein Thema einsteigen, geht das sehr schnell: Wir klicken auf den ersten Link, der uns anspricht. Wir lesen also nicht alle Anschreibertexte und Links, um uns dann für den ansprechendsten zu entscheiden. Es geht um Geschwindigkeit! Deshalb nehmen wir selten den besten, sondern den erstbesten Link. Ein weiterer Grund, warum Informationen mit Priorität eins ganz oben platziert sein müssen.

Ihre Notizen:

....

....

Links vor rechts.
Oben vor unten.

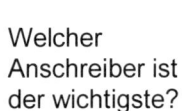

Welcher Anschreiber ist der wichtigste?

Setzen Sie auf paralleles Erzählen – und gleichzeitig auf viel Struktur

Mehr zum Thema gibt's hier im Video.

www.sgv-verlag.de/ web-texte.html

Texte im Netz ticken anders. Weil Besucher sofort wissen wollen, worum es geht. Weil nicht mehr der Schreiber, sondern der Leser den Weg der Informationsaufnahme vorgibt. Das ist ein fundamentaler Unterschied zu gedruckten Texten. Richtig gute Webtexter denken sich in ihre Leser hinein und sehen voraus, welche unterschiedlichen Wege sie „in den Inhalt" nehmen. Dramaturgie ist out, Konzeption ist in. Lineares Schreiben, der Aufbau eines Textes vom Einstieg bis zum Schluss, Absatz für Absatz, Argument für Argument, aufgereiht wie die Perlen einer Kette ist Print. Und out im Netz.

Pralinenschachtel statt Perlenkette

Internet-Texte sind in Ebenen aufgebaut, nicht linear.

Die eigentliche Sensation am Internet ist die Tatsache, dass sich lineare Erzählstrukturen nun auflösen. Führen – nur noch bedingt ist das möglich. Jetzt erzählen wir parallel. Wir brauchen immer noch die stärksten Informationen zuerst. Um den Leser an die Hand zu nehmen und schnell Interesse aufzubauen. Doch viele „Informationshappen" liegen bereit. Konsumiert wird nach Gusto des Users. Die Struktur ähnelt nicht mehr der Perlenkette, sondern eher dem Aufbau einer Pralinenschachtel aus mehreren Schichten. Viele süße Stücke ergeben zusammen das süße Ganze. Doch der eine mag lieber Marzipan, der andere lieber Nougat. Der eine isst Schicht für Schicht nur Marzipan, der andere komplett die erste Lage. Wie sieht also der Bauplan Ihrer Pralinenschachtel aus – und haben Sie überhaupt schon daran gedacht, Ihre Inhalte in „süße Stücke" zu zerteilen?

Verständlich texten im Web: Ein paar Eckdaten

Texten heißt führen. Ganz besonders im Web. Durch sichtbare Struktur, klickbare Aktionen und verständliche Sprache. Doch wie erreicht man Verständlichkeit, wenn gar nicht klar ist, wo Satzfragmente und wo ganze Sätze stehen?

Auch beim Texten im Internet geht es um Führung: in die nächste Ebene, zum nächsten Klick in den nächsten Link, zur Bestellung im Shop. Die Gründe, warum wir uns mit weiterführenden Informationen beschäftigen, sind die gleichen wie im Print: Angst oder Druck, Neugier, Vorteile, oder wir erkennen Bekanntes (wie Schlüsselwörter). Diese psychologischen Motive motivieren für den nächsten Klick, aktivieren zum Lesen von Texten und Headlines – wie auch in anderen Medien. Sie müssen nur schneller vermittelt werden. Durch sofort erfassbare Strukturen auf der ersten Kontaktebene einer Website. Und die schaffen Sie durch:

Ihre Notizen:

Eine klare Struktur motiviert den Besucher zum Weiterlesen.

- konsequente Headline-Text-Strukturen auch mit Zwischen-Überschriften,
- das Zerbrechen langer Sätze in Aufzählungen (mit Bulletpoints),
- Linkleisten oder -kästen zum Thema,
- fettgedruckte Hervorhebungen im Text (1-2 pro Absatz),
- klare Absätze auch in längeren Textblöcken (3-7 Zeilen),
- konsequente Begrenzung der Zeilenlänge (maximal ca. 40 Zeichen) und mehrspaltigen Aufbau.

Kommen Sie schnell zum Punkt – auf allen Ebenen.

Verständlich texten auf der ersten Ebene heißt: Sie schreiben kurze Sätze oder Satzfragmente, nutzen kurze Headlines und Anreißer-Links, die vollständige Informationen bieten. Ist das Interesse eines Besuchers geweckt, liest er auf den nächsten Ebenen auch längere Texte. Doch bleiben Sie auch hier kurz und prägnant. Es gelten die gleichen Regeln der Verständlichkeit, die in Kapitel 1 unter Basics besprochen wurden.

Liefern Sie
konkrete Inhalte.

Praxis-Tipp: „Erlebbarer" Content

Überlegen Sie nicht nur, welche Informationshappen Sie Ihren Lesern präsentieren. Zu den süßen Stücken der Pralinenschachtel gehört „erlebbarer Inhalt". Und der ist immer konkret: Im Print lesen wir, in welchen Farben und Ausstattungsvarianten ein Pkw zu haben ist. Im Internet wollen wir unser Wunschmodell konfigurieren und in unterschiedlichen Lackierungen und Ausstattungen ansehen. Im Printbeitrag über Ernährung lesen wir, dass man per Formel das Idealgewicht errechnen kann. Im Internet verlinken Sie zum konkreten Idealgewicht-Rechner.

Wie geht's weiter? Die wichtigsten Baupläne für Web-Content

Drauflosschreiben ist out. Es gibt Baupläne, die das Texten im Internet deutlich erleichtern. Zunächst haben wir einen „Grundtext". Das ist eine Hauptinformation oder ein „Neugierig-Macher". Zum Beispiel ein Anschreiber auf einer Portalseite. Der hat nun vielleicht 400 Zeichen. Nach diesem Anschreiber geht's auf den folgenden Wegen weiter ...

Gut: Verlinkung über „mehr" oder „weiter". Besser: die konkrete Führung. Zum Beispiel mit „Zur Anmeldung".

Modell 1: Entweder Sie verlinken über „mehr" oder „weiter" in die nächste Ebene. Der Klassiker. Das funktioniert allerdings noch besser, wenn solche Floskeln an den Kontext angepasst werden und konkret führen: „Zum Traumhaus", „Zur Buchung", „Wie das geht?". Denn „mehr" und „weiter" bringen für die Suchmaschinen gar nichts. Am besten sind die Links möglichst eindeutig.

Verlinken Sie direkt im Text ...

Modell 2: Sie verlinken direkt im Text: Gerade bei längeren Anschreibern oder auf den folgenden Ebenen geht's direkt aus dem Text weiter. Ihr Besucher hangelt sich nun interessengeleitet durch Ihren Internet-Auftritt. Besonders wichtig: eine Konzeption, die mögliche Wege vorab berücksichtigt. Problem: Zu viele Links in kurzen Texten lassen einen Text schnell überladen wirken. Hier ist besser ...

Modell 3: Sie nutzen Anreißer-Links unter Ihrem Text-block. Wie Modell 2, doch bieten Anreißer-Links unter dem Text einen klaren Vorteil. Hier lassen sich viele wei-terführende Themen abbilden, ohne das Auge des Lesers im Text zu verwirren. Übrigens wendet man dieses Modell nicht nur an, um weitere Ebenen zu erreichen. Auch auf Scrollseiten oder in textbasierten Newslettern führen Anreißerlinks in die im Scrollbereich liegenden Kurztexte derselben Seite.

... oder unter dem Text.

Modell 4: Mehrere Textblöcke hintereinander sind über Reiter erreichbar. Eine schnelle Textstruktur aus den Onli-ne-Shops. Hier ist man dazu übergegangen, wichtige Infor-mationen nicht mehr in tiefere Ebenen zu verlegen, sondern mehrere Kurztexte über Reiter zugänglich zu machen. So hat ein kurzer Produkttext beispielsweise drei bis vier Reiter wie „Material", „Technik", „Design".

Alternative: Sie wählen für Kurztexte einzelne Reiter.

Selbstverständlich gibt es neben diesen Grundmodellen weitere Möglichkeiten, Text zu verteilen. Zum Beispiel diverse Mischformen. Oder die Headline als Link, wenn die Anschreiber besonders kurz sind, und, und, und. Trotz-dem sollen diese Grundmodelle eine erste Orientierung für die Textverteilung geben.

Wer sucht, nutzt Google – und findet Sie nur, wenn Sie Ihre Keywords optimiert haben ...

Auf der Suche nach den richtigen Websites, Shops und Blogs im World Wide Web benutzen wir täglich Suchma-schinen – allen voran natürlich Google. Doch woher wissen die Suchmaschinen, welche Seiten die richtigen sind, wenn man nach „Gebrauchtwagen", „Büromaterial" oder „Texterseminar" sucht?

Mit den richtigen Keywords locken Sie Interessenten auf Ihre Seite.

Vereinfacht gesagt: Suchmaschinen schicken sogenannte Robots oder Webcrawler auf die Suche nach Keywords (Schlüssel- oder Suchbegriffen) ins Netz. Passen die Key-words einer Website mit dem Suchbegriff zusammen, den wir in Google und Co. eingegeben haben, dann wird diese

Website in den Treffern der Suche angezeigt. Und natürlich soll die eigene Website unter den Top-Ergebnissen auf Seite 1 der Suche landen. Diese Platzierung hängt von verschiedenen Faktoren ab – unter anderem von den Keywords. Und die kann man optimieren, damit's wirklich klappt mit Google.

Wie findet man die richtigen Keywords?

Gesucht. Gefunden.
Überzeugt?

Dass Keywords wichtig sind, wenn man in der Online-Vermarktung bestehen möchte, sollte jedem klar sein. Nur: Wie findet man die Keywords, die für den eigenen Online-Auftritt passen? Schließlich soll man ja nur dann gefunden werden, wenn Interessenten auch nach einem suchen. Es hilft nichts, die Website mit markanten Schlüsselbegriffen aufzuladen, wenn das Angebot dann gar nicht dazu passt. Denn wer nach „Goldkette" sucht, will auch auf einer Seite oder in einem Shop landen, in dem es Goldketten gibt. Also: Optimieren Sie Ihre Website mit den richtigen Keywords.

Hier geht's direkt zum Keyword-Planer.

Oder bei Google einfach „Keyword-Planer" suchen.

Die findet man ganz einfach mit dem Google-Keyword-Planer. Dieses Tool bietet Google gratis an, es ist einfach zu bedienen, und schnell hat man sich einen themenrelevanten Keyword-Pool aufgebaut. Ungefähr 20 Keywords gelten hier als erster Richtwert. Im Online-Shop können das natürlich noch viel mehr sein. Das Tool finden Sie ganz leicht mit der Google-Suche oder mit diesem QR-Code.

Im Tool kann man kostenlos online die Dienstleistung oder das Produkt eingeben, zu dem die passenden Keywords herausgefunden werden sollen. Sucht man beispielsweise nach „texten" bekommt man als Keywords Vorschläge wie „texten fürs web", „seo texter", „texte schreiben", „pr texter" etc.

Die Liste, die dabei entsteht, ergänzen Sie einfach um eigene Ideen. Überlegen Sie sich hierbei, nach welchen Begriffen ein Suchmaschinen-Benutzer wohl suchen könnte. So zum Beispiel „Geld sparen" oder „Geld anlegen", wenn Sie ein Girokonto auf Ihrer Website bewerben.

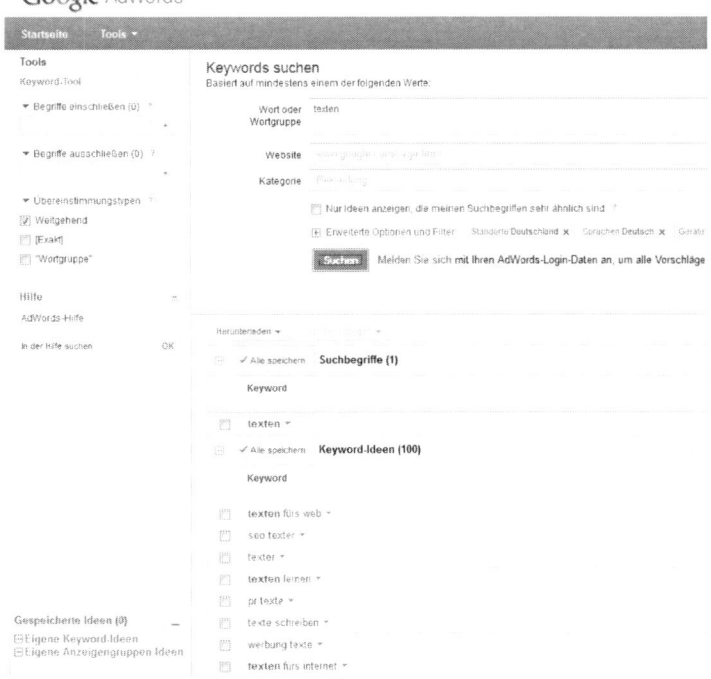

Passende
Keywords finden
Sie ganz einfach mit
dem Google-Keyword-
Planer.

Immer an die Zielgruppe denken!

Denken Sie immer an Ihre Zielgruppe und optimieren Sie die Keywords entsprechend. Will ein Fahrrad-Online-Shop Bikes für die breite Masse verkaufen, finden sich unter den Keywords auch nur allgemein bekannte Begriffe: „fahrrad", „mountainbike", „neues fahrrad", „herrenrad" und, und, und. Möchten Sie einen professionelleren Kreis ansprechen, nutzen Sie Keywords wie „Hardtail" oder „Fully". Für absolute Experten kommen dann auch noch technische Fachbegriffe wie „Rock Shox Poploc" in Frage. Hier wird gleich klar: Mit so einem Keyword kann ein Wochenend-Radler vermutlich wenig anfangen – also wird er auch nicht danach suchen. Für Profis aber ist das vielleicht sogar der ausschlaggebende Punkt, um gerade Ihren Online-Shop zu besuchen. Wägen Sie also ab, für welche Zielgruppe Sie optimieren möchten.

Die Kriterien der
Suchmaschinen-
Optimierung gelten
auch für Web-Shops.
Mehr dazu ab
Seite 247.

Viel hilft viel? Nicht bei den Keywords pro Seite ...

Achtung: Überladen Sie Ihre Seite nicht mit Keywords!

Je größer die Anzahl möglicher Keywords ist, desto größer ist auch die Versuchung, eine einzige Seite Ihres Online-Auftritts mit vielen Keywords vollzustopfen. Das kann dazu führen, dass vor lauter Keywords der eigentliche Nutzen Ihrer Seite verloren geht. Und Besucher sich im Keyword-Dschungel verlieren. Die Textverständlichkeit darf nicht zu kurz kommen, sonst sind die mühsam gewonnenen Besucher gleich wieder weg – ein Klick genügt.

Ihre Notizen:

....

....

Als Daumenregel gilt: Zwei bis drei verschiedene Keywords pro Seite. So erhöhen Sie die Relevanz Ihrer Site und werden schneller gefunden. Das hat auch den Vorteil, dass Sie nicht ins Keyword-Stuffing verfallen: Viele sinnlos verteilte Schlüsselbegriffe im Website-Text. Das gefällt den Suchmaschinen ganz und gar nicht – die Strafen dafür reichen von Rückstufungen bis hin zur kompletten Entfernung aus dem Index.

Und dann ist da ja noch die Schlüsselwort-Dichte ...

Noch ein Punkt, der beachtet werden will. Und der ist eigentlich viel einfacher, als er zunächst scheint. Denn die Schlüsselwort-Dichte bezeichnet schlicht das Verhältnis der Keywords zum gesamten Text auf einer Seite. Auf einer Website mit 100 Wörtern hat also ein Keyword, das siebenmal im Text erscheint, eine Schlüsselwort-Dichte von 7 %. Die Empfehlung liegt bei 3-5 %.

Wohin mit den Keywords?

Platzieren Sie Keywords sinnvoll und weit vorne bzw. oben.

Auch bei der Frage, wo Sie die Keywords auf einer Seite platzieren, gibt es ein paar wichtige Tipps. Denn Suchmaschinen finden Ihre Website besser, wenn die Schlüsselwörter prominent und leicht zu finden sind. Wie im Verkaufstext gilt auch hier: First things first – das Wichtigste nach vorne. Und da die Keywords nun mal zu den wichtigsten Wörtern Ihrer Website, Ihres Shops oder Blogs gehören, sollten sie an den Anfang.

Ganz konkret bedeutet das: Keywords in den Title-Tag, in Headlines und im Fließtext in den ersten Absatz. Auch in

Links sollten Keywords enthalten sein, wenn es irgendwie möglich ist. Im Beispiel des Fahrrad-Online-Shops wäre ein guter Title also zum Beispiel „Fahrrad Online Shop – Herrenräder, Damenräder, Mountainbikes". In der Headline der Unterseite für Herrenräder steht natürlich „Herrenräder" ganz am Anfang: „Herrenräder: Günstiges Herrenfahrrad im Online-Shop". Und im weiterführenden Link steht nicht nur „mehr" sondern am besten „Zu Ihrem Herrenrad".

Praxis-Tipp: Beobachten Sie die Konkurrenz

Ist die Konkurrenz zu groß, kann es sein, dass Ihre Website nicht unter jedem gewünschten Suchbegriff gefunden wird. Überprüfen Sie deshalb, was die Konkurrenz tut, die bei Google vor Ihrer eigenen Seite gelistet ist.

Ist Ihre eigene Website ähnlich informativ? Bietet sie dem Besucher einen gleichwertigen Nutzen? Wie sieht es mit der Anzahl der Links aus? Treten Sie bei der Suchmaschinen-Optimierung nicht gegen die Markt-Riesen an: Gegen Amazon, Zalando und Konsorten ist die Chance nahezu aussichtslos. Konzentrieren Sie sich lieber darauf, die „gleichstarke" Konkurrenz zu überholen.

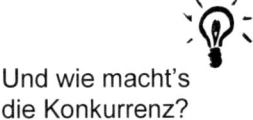

Und wie macht's die Konkurrenz?

Den Einstieg in eine Website gibt es nicht

Es gibt viele Einstiege – und dementsprechend viele Text-Chancen. Besucher nur über die Homepage einer Website zu leiten, ist falsch. Schaffen Sie also nicht nur einen Zugang, sondern viele Zugänge. Und entwickeln Sie Landing-Pages so sorgfältig wie Ihre Homepage.

Viele Wege führen auf Ihre Website ...

Finde ich hier, was ich suche? Die Kernfrage eines Besuchers, der auf einer Website landet. Nun sind Web-Portale bereits ein Konzept, das unterschiedliche, themenbezogene Antworten gibt. Teaser für Teaser, Anreißerlink für Anreißerlink. Und über die Wichtigkeit einer Schnellsuche braucht man heute ebenfalls nicht mehr zu diskutieren. Trotzdem geht's noch schneller. Indem man für

233

Entwickeln Sie
unterschiedliche
Landing-Pages – für
unterschiedliche
Besucher.

„Ankommende" nicht erst Wegweiser aufstellt, sondern potenzielle Besucher direkt zum richtigen Ort bringt. Über Landing-Pages, die den Besucherinteressen angepasst sind. Überlegen Sie: Wie sehen Ihre vielen Zugänge aus? Welche unterschiedlichen Interessen bringen Besucher auf Ihre Website? Gibt es analog zu den unterschiedlichen Interessen unterschiedliche Landing-Pages? Darüber freuen sich übrigens nicht nur Besucher, sondern auch die Suchmaschinen, wenn Sie – siehe oben – hohe Themenrelevanz signalisieren.

Wohin die Reise geht, zeigt wiederum Google durch die Möglichkeit, Anzeigen-Sitelinks zu setzen. Das heißt: Zum Link auf die Hauptzielseite Ihrer AdWords-Anzeige können Sie nun vier weitere Links zum Content Ihrer Website hinzufügen. Und die lassen sich schnell ändern und damit mühelos an saisonale oder aktionsbezogene Aktivitäten und Angebote anpassen. Bleiben Sie dran!

Texten für E-Mails: So werden Ihre Mails gelesen ...

Hätten Sie's gewusst? Mehr als eine Milliarde E-Mails werden in Deutschland jeden Tag verschickt. Das macht im Schnitt 30 Mails pro Person. Logische Konsequenz: ein völlig überfüllter Posteingang. Jetzt entscheiden Sekundenbruchteile über Lesen oder Löschen. Wie schaffen Sie es, dass der Empfänger genau Ihre E-Mail öffnet? Und wenn er dann „drin" ist: Wie halten Sie ihn bei der Stange? Klare Regeln, die helfen, und Hinweise, was Sie in Korrespondenz und E-Mail-Newsletter besser lassen sollten, zeigt Ihnen dieser Abschnitt.

Wie erreichen Sie, dass Ihre E-Mail überhaupt gelesen wird?

Von Beginn an Vollgas: Betreff und Absender

Schon mit dem Betreff fällt die Entscheidung: „Will ich das lesen?". Soll heißen: Schon in dieser kleinen Zeile müssen – ähnlich wie bei der Schlagzeile in der Zeitung – die wichtigsten Fakten den Leser erreichen. Nehmen Sie sich die Zeit und formulieren Sie einen aussagekräftigen, spannenden Betreff. Er soll den Empfänger auf den Inhalt neugierig machen und in die E-Mail hineinziehen. Tipp: Suchen Sie das „3-Wort-Wunder". Beim Blick auf Headlines und Co. erfasst das Auge 3 bis maximal 4 Wörter. Und mit großer Wahrscheinlichkeit haben Sie auch nur so viel Raum, um mit Ihrer Botschaft im Kopf des Lesers zu landen. Darum: Fassen Sie sich kurz und packen Sie den wichtigen Input an den Anfang Ihres Betreffs: „E-Mail-Flut: So behalten Sie die Übersicht …".

Der Betreff muss einfach gut sein. Tipp: Suchen Sie „3-Wort-Wunder"!

Was soll in die Betreffzeile?

Ein einfaches Prinzip: Kurz, klar und zielgruppenorientiert sollte sie sein. Eine typische Headline motiviert zum Lesen und führt in den Text hinein. Immer gut, wenn schon in der Headline ein Vorteil steckt. „Newsletter der Firma X"

Ihre Notizen:

....

....

ist die denkbar schlechteste Art, eine Betreffzcile zu texten. Der Adressat soll wissen, warum es sich lohnt, gerade diesen Newsletter zu öffnen.

Beispiele:

> **DM Newsmail: Klare Texte kommen besser an**
>
> **Entdecken Sie alte und neue Bekannte ...**
>
> **Ihr Textertipp: Gibt es den Weihnachtsmann wirklich?**
>
> **Exklusiv für Sie: Neue Schnäppchen vorab im Internet!**

Vorsicht: Spam-Filter!

Achtung vor dem Spam-Filter! Ist die Betreffzeile zu werbend, kann Ihre Mail ungelesen im Netz des Spam-Filters hängen bleiben. Auf der Liste der „verbotenen" Wörter in der Betreffzeile stehen in Firmen oft „gratis", „kostenlos", „Gewinn", „Geschenk" usw. Auch Zahlen, Sonderzeichen wie : / ! / ? / „ oder GROSSBUCHSTABEN gehören nicht in die Betreffzeile. Denn all das macht Ihre E-Mail für Spam-Filter verdächtig.

Mehr ist weniger!

Die Betreffzeile darf nicht zu lang sein!

Achten Sie in der Betreffzeile auf die Zeichenanzahl. Denn je nach Dienstanbieter werden mal mehr, mal weniger Zeichen Ihres Betreffs dargestellt. So zeigt Outlook in der typischen voreingestellten Ansicht (drei Spalten, übliche Bildschirmauflösung und -größe) zwischen 40 und 50 Zeichen. Bei GMX sind es dagegen nur 21, bei Hotmail immerhin 40, und Google Mail zeigt 87 Zeichen an. Das heißt: Je nach Länge des Betreffs wird Überstehendes einfach abgeschnitten. Überlegen Sie sich also genau, wie viel und was Sie hier zu sagen haben.

Lässt sich der Betreff unter keinen Umständen abkürzen, dann sagen Sie das Wichtigste zuerst. Aus „Heute verraten wir Ihnen, wie Sie mit Ihrem Texter-Tool einfach korrekt schreiben" wird dann „Ihr Texter-Tool: Wie Sie einfach korrekt schreiben".

Personalisierungen in der Betreffzeile: Im Betreff wirkt der eigene Name auf den Empfänger besonders stark. Das kann die Klickraten erhöhen. Aber: Dieser Effekt nutzt sich schnell ab, wenn Sie es zu weit treiben. Wohl dosiert ist es aber eine gute Möglichkeit, um den Empfänger schnell an die E-Mail zu binden und Vertrauen zu wecken. Überlegen Sie sich immer eine alternative Betreffzeile für Empfänger, deren Namen Ihnen nicht vorliegen. Denn das kommt selbst in der bestgeführten Datenbank einmal vor. So bekommen die Empfänger dann auch keinen missglückten Versuch einer Personalisierung.

Wer ist der Absender?

Wer den Betreff mit einem eindeutigen Absender versieht, erhöht die Chance um ein Vielfaches, gelesen zu werden. Es sei denn, Sie sind Steuerberater und Ihr Empfänger kann gar nicht anders, als Ihre E-Mail zu öffnen. Also noch mal im Klartext: Der Absender muss auf Anhieb identifizierbar sein und darf sich nicht hinter kryptischen Kürzeln wie harry2106@googlemail.com verbergen. Solche E-Mails landen mit Sicherheit im Spamfilter. Auch wichtig: Lassen Sie den Leser nicht spekulieren, ob sich hinter dem Absender „S. Schmitt" ein Stefan oder eine Stefanie Schmitt versteckt. Der Empfänger sollte schon beim Öffnen der Mail sehen, mit wem genau er kommuniziert. Das sieht er, wenn der Name entweder schon im Absender oder – allerspätestens – in der Signatur ausgeschrieben wird.

Ein eindeutiger Absender ist wichtig. So erkennt der Empfänger sofort, wer ihm schreibt.

Jetzt geht's in den Text: Anrede und Co.

Auch in der E-Mail gilt: Halten Sie sich an die Uralt-Schreibregel und bekämpfen Sie den „Aküfi" (Abkürzungsfimmel) – besonders in der Anrede. Hin und wieder springt einem beim Öffnen einer Mail ein „S. g. D. u. H." entgegen. Das soll für „Sehr geehrte Damen und Herren" stehen. Überlegen Sie: Hätten Sie das Kürzel sofort erkannt? Zwar verbindet die E-Mail die Unmittelbarkeit eines Telefonats mit den Vorzügen der Schriftlichkeit. Doch S. g. D. u. H. ist unhöflich und

Schreiben Sie, wie Sie sprechen: ohne Abkürzungen.

„gestottert". Gesprochen wie geschrieben. Die persönliche Anrede – also eine kurze Begrüßungsfloskel und der Name des Empfängers – ist einfach ein Gebot der Höflichkeit. Und die Sekunde, die Sie brauchen, um ein „Sehr geehrter Herr Müller" oder „Lieber Thomas" hinzuschreiben, sollten Sie investieren. Übrigens: E-Mail-Adressaten sollten grundsätzlich mit „Sie" angesprochen werden, auch wenn das Internet ein freundliches Duzen eher verzeiht als die strenge Briefetikette. Faustregel: Lieber ein „Sie" zu viel als ein Kunde weniger.

Grafische Gestaltung ist vor allem in Werbe-E-Mail und Newsletter wichtig.

Praxis-Tipp: Vorsicht Farbe!

Was sich bei E-Mails nicht alles machen lässt: farbige Hintergründe, verschnörkelte Schriften und, und, und. HTML macht's möglich. Trotzdem: Bei geschäftlichen E-Mails, die Sie persönlich versenden, verzichten Sie lieber darauf! Kein Mensch braucht Logos, knallbunte Hintergründe oder eingescannte Unterschriften in kurzen Nachrichten.

Ganz anders sieht es bei Werbe-E-Mail und Newsletter aus: Die werden deutlich besser gelesen und geklickt, wenn sie grafisch gestaltet sind.

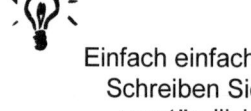

Einfach einfach: Schreiben Sie verständlich.

Der Text: Verständlich bleiben! Unbedingt!

Und wie bauen Sie Ihre E-Mail nun inhaltlich auf? E-Mail-Autoren fassen sich kurz und orientieren sich an den Fakten. Lange Texte ermüden. Wenn die E-Mail doch mal länger wird, gilt die alte Regel: „Das Wichtigste zuerst." Denn mit einem E-Mail-Empfänger ist es wie mit jedem Leser. Wer sich nicht informiert fühlt, langweilt sich und hört auf zu lesen. Also beantworten Sie sehr schnell die Schlüsselfrage, die jeder Leser stellt: „Warum soll ich das lesen?" Auch umständliche Satzkonstruktionen und viele Wortmonster strapazieren unnötig Geduld und Konzentration des Lesers. Eine einfache Regel lautet: Wir kaufen dort, wo wir verstehen.

Der Abschwung: Geordnet ins Ziel

Die automatische Signatur von E-Mail-Programmen ist längst kein Geheimtipp mehr. Einmal entworfen, setzt das Programm von ganz alleine die vollständigen Kontaktdaten ans Ende der E-Mail. Umso wichtiger ist es, sich an die gängigen Konventionen zu halten. Unbedingt dabei sein sollten eine nette Grußformel à la „Mit den besten Grüßen", der vollständige Name des Absenders, die Position im Unternehmen, Telefon- und Faxnummer sowie die Postanschrift. Auch hier gilt wieder: Beschränken Sie sich auf das Wesentliche! Überfordern Sie den Leser nicht mit Privatadresse, Lebensmotto, Sternzeichen und Co. Sie wollen es dem Empfänger so einfach wie möglich machen, beruflich mit Ihnen in Kontakt zu treten. Ausführliche Angaben zu Ihrer privaten Person haben deshalb an dieser Stelle nichts zu suchen.

Juristisches Finale: Der Rattenschwanz ...

... im Fachjargon „Disclaimer" genannt. Er weist auf die Vertraulichkeit des Inhalts hin. Fakt ist: Häufig macht er den größten Teil des elektronischen Postverkehrs aus. Ein Beispiel für ein besonders „gelungenes" Exemplar:

```
Der Inhalt dieser E-Mail ist vertraulich
und ausschließlich für den bezeichneten
Adressaten bestimmt. Wenn Sie nicht der
vorgesehene Adressat dieser E-Mail oder
dessen Vertreter sein sollten, so beachten
Sie bitte, dass der Inhalt urheberrecht-
lich geschützt ist und dass jede Form der
Kenntnisnahme, Veröffentlichung,
Vervielfältigung oder Weitergabe des
Inhalts dieser E-Mail unzulässig und ggf.
strafbar ist. Wir bitten Sie, sich in
diesem Fall umgehend mit dem Absender
der E-Mail in Verbindung zu setzen. Der
Inhalt der E-Mail ist nur rechtsverbind-
lich, wenn er unsererseits durch einen
unterzeichneten Brief gleich lautend
bestätigt wird.
```

Ihre Notizen:

....

....

Mit freundlichen Grüßen: Beschränken Sie sich auf das Wesentliche.

Prüfen Sie, ob Sie den Disclaimer wirklich brauchen.

„Monster" wie diese sollen zwar vertrauliche Inhalte schützen. Wer aber wirklich geheime Informationen zu verschicken hat, wählt andere Wege. Der einzige Grund, diese Gewohnheit aufrechtzuerhalten, ist rechtlicher Natur: der Haftungsausschluss. Fraglich ist aber, ob eine einfache E-Mail wie „Sind Sie noch gut nach Hause gekommen?" einen Disclaimer nötig hat.

Anwendung für Fortgeschrittene: Der E-Mail-Newsletter

Auch im Newsletter gelten die Text-Leitlinien der E-Mail.

Und wie sieht's nun beim elektronischen Newsletter aus? Hier gewinnt der E-Mail-Text zusätzliche Dimensionen und bietet viele Kombinations-Möglichkeiten. Aber natürlich folgt er auch hier klaren Leitlinien. Alle Texter-Regeln für die Korrespondenz-E-Mail gelten grundsätzlich auch für Ihren Newsletter: Kundennutzen und Wichtiges müssen sofort erkennbar sein. Einfache Sätze, kurze Absätze und eine klare Struktur sorgen für Verständlichkeit. Und per Direktansprache führen Sie Ihren Leser zum nächsten Klick.

Unterschied zur persönlichen E-Mail: Hier haben Sie es mit einer erweiterten Grundstruktur zu tun. Folgende Elemente sind deshalb Pflicht im E-Mail-Newsletter:

Was unbedingt in den E-Mail-Newsletter muss ...

- Das Editorial alias Anschreiber bzw. persönliche Hinführung / Begrüßung,
- bei längeren Newslettern: ein mit den jeweiligen Themenpunkten verlinktes Inhaltsverzeichnis,
- kurze Texte zu den einzelnen Themen, die als Teaser (Anreißer) Spannung aufbauen und zum nächsten Klick motivieren,
- am Schluss: Impressum und Abmeldehinweis.

Blickverläufe und Editorial

Ihr E-Mail-Newsletter ist kein Brief. Das ist klar. Trotzdem wirken hier noch immer Elemente des echten Briefes: Verzichten Sie im Newsletter deshalb nicht auf die persönliche Anrede. Sprechen Sie mit den Pronomen „Sie", „Ihr", „Ihnen" direkt an, vermitteln Sie das Gefühl „persönlich" durch ein kurzes Editorial, das ein Mensch unterschreibt.

Dieser Anschreiber ist ein Kurzbrief, verknappt auf wenige Sätze, der in den Text hineinführt. In vielen Newslettern funktioniert das Editorial als Klammer des Folgenden und gleichzeitig als Marktschreier, der kurz und knapp die kommenden Höhepunkte zusammenfasst. Die direkte Anrede und ein paar einführende Zeilen machen den Newsletter persönlich und den Leser neugierig. So ziehen Sie ihn buchstäblich in den eigentlichen Inhalt hinein – ohne langes Blabla: „Sehr geehrter Herr Müller, alles Wissenswerte über XY lesen Sie heute in Ihrem Newsletter … ".

Mit dem Editorial erreichen Sie Ihren Leser auf der persönlichen Ebene.

Es gibt sie noch immer: Die Diskussion „Brauchen wir ein Editorial im E-Mail-Newsletter?" Haken Sie die für alle Zeiten ab: „Ja. Unbedingt!". Weil's menschelt, weil wir's hier mit einer Brief-Reminiszenz zu tun haben. Direkte Anrede und ein paar einführende Zeilen machen den Newsletter persönlich und den Leser neugierig. Wie viele Werbemedien gibt es schon, in denen Sie „ich" oder „wir" sagen können? Zum Beispiel auch den einfachen Satz „Ich empfehle Ihnen". Und weil's ein schreibendes Ich gibt, unterschreibt das auch. Überflüssig mit Sicherheit, aber beruhigend. Kein technisches, sondern ein psychologisches Muss in Ihrer kundenorientierten E-Mail.

Die erste Spur der Augen: Wie wir Newsletter scannen

Es gibt übrigens noch ein gewichtiges Argument für das Editorial. Denn der Blickverlauf bei Newslettern ergibt laut verschiedenen Studien eine F-Struktur der Augenhaltepunkte. Nun ist klar, dass der Newsletter in der ersten Begegnung nicht gelesen, sondern nur sehr schnell mit den Augen „gescannt" wird. Der Lesevorgang beginnt irgendwo, wo's interessant wird – und führt dann erst einmal zum nächsten Klick.

Der natürliche Blickverlauf beim Betrachten eines Newsletters: eine F-Struktur.

Die F-Struktur ist das, was man bei der Beobachtung der ersten Phase misst. Vereinfacht gesagt: Wir „scannen"

Das Auge bleibt meist
am linken Rand.

immer schneller. Der Blick wandert nicht – wie im Brief – von links oben nach rechts unten. Stattdessen rast das Auge von oben nach unten – mit der starken Tendenz, am linken Rand zu bleiben. Doch im oberen Drittel des Newsletters bestehen gute Chancen, dass wir auf dem Weg Zeilen auswerten. (die beiden horizontalen Striche des F). Dann bleibt

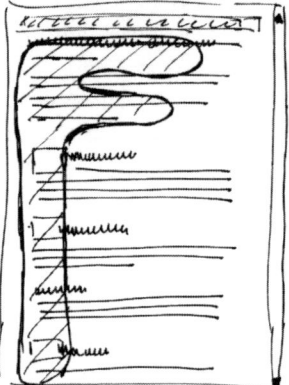

das Auge am linken Rand und nimmt Bilder (wenn vorhanden) oder die ersten Wörter der Headline mit.

Wichtig: Dort, wo sich die beiden horizontalen F-Striche befinden, ist Ihr Editorial, in dem Sie hoffentlich die Höhepunkte des kommenden Newsletters und Vorteile für den Leser deutlich herausgestellt haben.

Heben Sie den
Bereich links oben
besonders hervor!

Noch mehr Blickmessung: Wo das Auge hingeht

Die F-Struktur ist nachweisbar für eher textorientierte Newsletter und textbasierte Webseiten wie die Google-Trefferliste. Übrigens ist sie auch der Grund, warum AdWords-Anzeigen nicht mehr nur rechts von, sondern auch über den generischen Suchtreffern auftauchen. Es gibt jedoch noch mehr Erkenntnisse aus Blickverlaufs-Analysen. Das Auge des Lesers hält in der E-Mail zunächst zwei- bis viermal an. Weit weniger als im Print. Erst bei echtem Grundinteresse bleibt der Leser länger oder „verlässt" die E-Mail. Entweder durch Klick auf den erstbesten Link – oder er steigt komplett aus. Dass das Auge am linken Rand bleiben will, wissen Sie schon. Deshalb ist auch in der E-Mail der aufmerksamkeitsstärkste Bereich in der linken oberen Ecke. Auch hier gilt – wie für Webseiten – die gestalterische Regel: Links vor rechts, oben vor unten.

Überlegen Sie einmal: Warum haben viele E-Mail-Newsletter einen auffällig gestalteten linken Rand? Richtig:

Eine Reaktion auf den festgestellten typischen Blickverlauf. Denn wenn der Bereich links sowieso stark betrachtet wird, liegt es nahe, den linken Rand besonders hervorzuheben. Durch die Platzierung von Bildern, Marginalien, Headlines, Kurzkommentaren.

Was gilt bei Bildern?

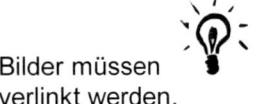

Bilder müssen verlinkt werden.

Ähnliches gilt für Bilder und Grafiken, die vom eigentlichen Inhalt ablenken. Menschen klicken überallhin – nicht nur auf Links. Die Folge: Sie sollten sinnvolle Klick-Möglichkeiten anbieten. Auf jeden Fall müssen Bilder verlinkt werden. Auch Überschriften und Preis-Informationen werden gerne geklickt. Vermeiden Sie aber, alles zu verlinken – zu große Link-Anteile werden von vielen Spam-Filtern negativ bewertet.

First things first: Damit Newsletter-Headlines im Kopf des Lesers landen …

Wichtiges gehört nach vorne.

Die F-Struktur hat nun noch weitere Konsequenzen für die Headlines oder Marginalien Ihres E-Mail-Newsletters: Zunächst werden nur die ersten drei bis vier Wörter Ihrer Headlines wahrgenommen. Schade, wenn Sie erst mit dem zehnten Wort zum Punkt kommen.

Ein Beispiel:

```
Aus der Praxis: 10 Tipps für den erfolgrei-
chen Einsatz von QR-Codes im Marketing
```

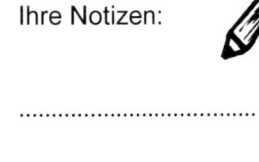

Ihre Notizen:

Wahrscheinlich landet hier in der ersten Phase nur „Aus der Praxis" im Kopf des Lesers. So etwas kann sinnvoll sein, wenn Sie als IT-Unternehmen immer wiederkehrende Rubriken haben und Ihre Leser mit den Titeln Ihrer Rubriken starke Nutzen verbinden.

....

....

```
Aus der Praxis: …
Tipp der Woche: …
Nachgefragt: …
```

Dann gilt jedoch: Heißt die Rubrik „Aus der Praxis", sollte das Thema auch das behandeln. Die themenorientierte

243

Newsletter-Headline sagt dagegen schon mit den ersten Wörtern, worum es geht. Unser Beispiel könnte dann lauten:

```
QR-Codes im Marketing: 10 Erfolgs-Tipps
aus der Praxis
```

 Mehr zum Thema gibt's hier im Video.

www.sgv-verlag.de/ webinar.html

Wichtig: Der Satz- bzw. Zeilenanfang findet die größte Beachtung: Dort sollte also die wichtigste Info stehen. Beispiel: Statt „80 Jahre Müllermarkt – 25 % Rabatt auf alles" sollte man besser schreiben: „25 % Rabatt auf alles – Müllermarkt wird 80!".

Natürlich greifen auch beim Texten von Newsletter-Headlines die Motive der Informations-Aufnahme, die Sie aus Kapitel 1 bereits kennen: Angst / Druck, Neugier, Nutzen, Bekanntes und die Möglichkeit, eine Information schnell auszuwerten.

Teaser-Texte brauchen einen Verkaufsköder

So texten Sie richtig gute Anreißer ...

Viele Versender von Newslettern fragen sich, warum kein Kunde auf den Teaser im Newsletter klickt. Antwort: Weil viele Anreißer nicht anreißen. Weil Produktarroganz oder dumme Anmachersprüche nicht helfen. Hier geht es wirklich darum, Leser „hinterm Ofen hervorzulocken". Teaser oder Anreißertexte lassen sich in der Regel deutlich optimieren, wenn Sie als Texter die folgenden Tipps verinnerlichen:

1. Sagen Sie immer genau, was Sie vom Kunden wollen

Jeder Text, der etwas bewirken soll, braucht sie: klare Aufforderungen. In der Fachliteratur nennt man das den „call to action". Vorgemacht hat es die Deutschrock-Band „Die Toten Hosen". Und tauften eine CD kurzerhand „Kauf mich!". Genau das braucht Ihr Text: das „Kauf mich". Wenn Sie wollen, dass jemand kommt, müssen Sie sagen „Komm!". Und wenn Sie wollen, dass jemand kauft, müssen Sie sagen „Kauf!". Das gilt für das Einfordern von Likes, Klicks und jeder sonstigen Reaktion. Halten Sie's also mit den Toten Hosen!

2. Orientieren Sie sich an drei Leitfragen

Klare Texte brauchen klare Gedanken. Schon daran schei-
tert's manchmal. Schreiben Sie nicht einfach drauflos. Entwickeln Sie immer zunächst ein Konzept für Ihren Text.
Einfache, aber klare Konstruktionsprinzipien helfen
Schreiber und Leser. Zum Beispiel die einfache Abarbei-
tung von drei Fragen, die jeder Leser an einen Text stellt:
Warum soll ich das lesen? Welche Vorteile habe ich (wenn
ich das lese)? Was soll ich tun?

Die Leserfragen helfen auch bei der Konzeption von Teasern.

Ein Beispiel:

Der Textertipp im Juli

Strecken und kürzen: 10 Gymnastik-Übungen für Ihre Texte

Sie kennen das sicher: Ihr Text ist fertig – und plötzlich heißt es „zu lang"
oder „zu kurz". Denn es gilt, Texte genau auf den Punkt zu bringen. Im
wahrsten Sinne des Wortes. **Platzvorgaben einzuhalten** gehört zu den
täglichen Herausforderungen für Profi-Texter. Mal engt das Zeichen-Limit
den Schreibstil ein, dann wieder scheint die geforderte Zeichen-Anzahl
unerreichbar.

Genau da kommt Ihr heutiger Textertipp ins Spiel. Denn der hat 10
Gymnastik-Übungen im Gepäck, mit denen Sie Ihre Texte ganz
einfach in Form bringen: Fünfmal dehnen und fünfmal kürzen.

» <u>Zum Textertipp</u>

Frage 1: Warum soll ich das lesen?
Im Einstieg Ihres Anreißertextes beschreiben Sie das Thema. Nun sind Anreißertexte unterschiedlich lang. Hier
genügt ein Satz, um das Thema zu beschreiben. Allerdings
könnte man es weiter erläutern, und dadurch noch näher an
den Leser heranbringen (wie im Beispiel).

Im Anreißer wird zuerst das Thema genannt.

```
Sie kennen das sicher: Ihr Text ist
fertig – und plötzlich heißt es „zu lang"
oder „zu kurz".
```

Frage 2: Welche Vorteile habe ich (wenn ich das lese)?
Vorteile verstärken das Themeninteresse. Auch hier lässt
sich – je nach Platzvorgabe – weiter verstärken.

Danach kommen die Vorteile ...

```
Genau da kommt Ihr heutiger Textertipp
ins Spiel. Denn der hat 10 Gymnastik-
Übungen im Gepäck, mit denen Sie Ihre
Texte ganz einfach in Form bringen.
Fünfmal dehnen, fünfmal kürzen.
```

… und die
Aufforderung zur
Handlung.

Frage 3: Was soll ich tun?
Hier verweisen wir auf den Link zum Thema oder antworten durch den Linktext selbst. Elegant, wenn am Ende des Textes eine kurze Aufforderung steht wie „Gleich ausprobieren!". Dann kann ein beschreibender Link wie „Zum Textertipp" folgen.

Übrigens: Mehr zum
Texten von Teasern
finden Sie in Kapitel 2.

Allerdings kann die Aufforderung auch direkt im Linktext angelegt werden. „Gratis-Tipp abrufen!" ist wesentlich stärker als die reine Beschreibung und sagt dem Leser, was er tun soll.

Verkaufsstark texten im E-Commerce

Verkaufstexte folgen auch in Online-Shops klaren Regeln. Denn auch hier gibt es ganz bestimmte Erfolgsregeln und Verkaufskiller. Wer diese Regeln beachtet, landet direkt in Kopf und Herz seiner Kunden. Kurzum: Ein Online-Shop braucht ein klares Textkonzept. Passend zu den angebotenen Produkten. Denn was wir sehen, muss der Text verstärken. Nur so nehmen Sie den Kunden an die Hand und führen ihn von Vorteil zu Vorteil. Wie's geht, lesen Sie auf den folgenden Seiten.

Was Shop-Texte besonders macht ...

Die Besonderheit beim Online-Text: Er teilt sich in mehrere Ebenen. Deutlich wird das, wenn wir in Online-Shops per Produktkategorie einsteigen. Was dann zu sehen ist: das entsprechende Sortiment. In Bildern. Text gibt's nur, wenn man den Mauszeiger über das Bild zieht. Oder er steht kurz und knapp unter dem Bild, in Schlagwörtern oder in einem kurzen Satz. Die Herausforderung für den Texter: die Produktaussage zu finden, den Benefit für den Kunden herauszuarbeiten und in wenigen Worten zu begeistern. Hier steht die schnelle Information, um die Bildbotschaft weiter zu stärken. Der Kunde muss schnell auswerten: Lohnt sich ein Klick in die Tiefe?

Heben Sie den Benefit für den Kunden bei jedem Produkt(-Bild) klar hervor.

Häppchenweise wird der User mit mehr Informationen versorgt, die ihn nach und nach immer tiefer in das Verkaufsgespräch „verwickeln". In der zweiten Ebene nennen Produktbeschreibungen das Wichtigste zuerst, beschränken sich auf das Wesentliche und zeigen per klarer und einfacher Struktur, dass die Informationen schnell und einfach auszuwerten sind.

Auch im Web gilt: Verkaufen Sie freundlich und zuvorkommend.

Drei schnelle Optimierungspunkte

Mehr zum
Thema
gibt's hier
im Video.

www.sgv-verlag.de/
shop-texte.html

Das Problem: Unfreundliche Verkäufer, nur Preisschilder, kein „Das steht Ihnen aber gut". Für jedes Kaufhaus wäre so ein Verhalten gegenüber Kunden ein Pleite-Plan. Dennoch ist dieses Szenario heute Alltag in vielen Online-Shops. Denn viele Shop-Texte sind zu knapp, zu wenig verkäuferisch, zu langweilig. Firmen glauben oft, dass Produktfriedhöfe ihre Kunden ansprechen. Was tun? Packen Sie zuerst drei Punkte an:

1. Leser richtig abholen!

Es sind auch im Shop einfache Prinzipien, warum sich Menschen mit Informationen beschäftigen: Angst und Druck, die Suche nach Vorteilen, Bekanntes, Neugier und die schnelle Auswertbarkeit. Bedienen Sie die? Wenigstens zum Teil? In Headlines, Text, Abbildung? Zum Beispiel mit roten Störern („-20 %"), knackigen Headlines („Wie Sie garantiert die richtige Tasche zum Outfit finden …"), mit einem Vorsatzwort, das gleich sagt, was kommt oder Vorteile setzt („Praktisch: Das neue High-Speed-Paket"). Das bringt Leser auf die richtige Spur und verkauft.

2. „Kauf mich" nicht nur flüstern!

Sagen Sie klipp und klar, was Sie vom Leser wollen.

Wenn Sie wollen, dass jemand kauft, müssen Sie das auch sagen. Deutlich. Nicht zu schüchtern. An den richtigen Stellen. Ein Positivbeispiel liefert das Live-Shopping-Angebot „Happy Preis" bei Otto, das jeden Tag einen anderen Artikel zum Sparpreis bietet. Ein Zähler zeigt die verbleibende Stückzahl, eine Stoppuhr die verbleibende Zeit. Das ist sanfter Druck auf den Kunden. Denn das Gehirn sagt: „Kaufen". Das muss auch im Shop konkret beim Produkt gesagt werden: etwa „kostenpflichtig bestellen" oder „jetzt kaufen". Solche Führungsfloskeln sind ein Sprachgeländer zum Kauf. Und Service.

3. Im Shop mehr als nur Produktmerkmale anbieten!

Ein Beispiel: Ein Online-Shop listet einen Stiefel samt Foto. Daneben steht „Marks Sergeant Paul Blue Suede". Darunter folgen Artikelnummer und Text: „Obermaterial:

Veloursleder; Innenfutter: Textil; Sohle: Gummi, Absatz-höhe: 40 mm." Nach diesem Strickmuster bauen Tausende Unternehmen ihre Shop-Texte. Schade, dass es dabei nicht um die alles entscheidende Frage des Kunden geht: „Was habe ich davon?"

Wer nur Merkmale auflistet, fordert den Leser auf, selbst Schlussfolgerungen zu ziehen. Ersparen Sie Ihrem Leser diese Denkarbeit. Was bringt Veloursleder? Warum ist eine Gummisohle wichtig? Welchen Vorteil bietet ein 40-mm-Absatz? Erst wenn diese Fragen beantwortet werden, wird ein Text lebendig, nutzenorientiert – und damit verkäuferisch. Kunden wollen wissen, dass ein Shirt schlank macht, ein Schuh festen Stand verleiht, eine Software die Zeitressourcen verdoppelt. Im Shop nicht unbedingt bei jedem Produkt, aber immer wieder, im Idealfall bei jeder Warengruppe.

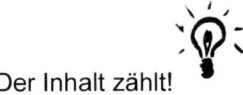

Wie macht Ihr Produkt das Leben des Lesers besser, schöner, leichter?

Praxis-Tipp: Qualität plus Quantität

Ein Problem: Allzu oft dreht sich in der Shop-Konzeption alles um das „Befüllen" des Shop-Systems mit Inhalten. Dabei orientiert sich Ihr Internet-Kaufhaus nun nicht am maximal Machbaren auf der Verkaufsebene, sondern an der Machbarkeit bezogen auf die verwendete Software. Aber es gibt eben zwei Komponenten: Quantität und Qualität. Denn was nützt es, wenn Sie alles richtig machen – nach Schema befüllen, die Suchmaschine bedienen, aber der Text, der dann da steht, eben den Charme eines mehrmals gekauten Kaugummis hat?

Der Inhalt zählt!

Worauf es bei Online-Shops ankommt ...

Verkaufen hat auch im Shop etwas mit Vorteilen und guten Gefühlen zu tun. Allein das „Nach-Schema-Befüllen" stellt manche Shop-Betreiber vor fast unlösbare Aufgaben. Denn eine Struktur, nach der befüllt werden könnte, gibt es nicht. Und so werden dann zum Bild drei Produktmerkmale geklatscht und alles, was zum Kauf animiert, ist ein kleiner Störer mit 20 % Rabatt. Ja, das ver-

Ihre Notizen:

....

....

kauft. Manchmal. Bei Lesern, die sich stark am Preis orientieren. Doch schon mit dem ersten konkurrierenden Produkt, das ebenfalls einen 20%-Störer trägt, wirken Bild und Text. Je schwerer die Entscheidung fällt, umso stärker suchen wir gute Gründe im Text.

Nicht jedes Produkt ist ein Top-Produkt

Definieren Sie Ihre Top-Produkte.

Nun ist klar, dass wir im Shop allenfalls für Highlight-Produkte genügend Schreib- und Denkzeit haben. Denn ist eine Geschichte einmal gut erzählt, entstehen Texte, bei denen der Leser einfach zuschlagen muss. Weil gute Geschichten durch klare Nutzen argumentieren. Der Texter kann das und die Struktur vieler Shop-Systeme ließe es auch zu, doch selten passt dies ins Budget des Shop-Betreibers. Trotzdem muss ein Shop-Text immer verkaufen. Auch bei wenig Zeit.

Auch bei wenig Zeit für den Text: Nutzen Sie die verschiedenen Ebenen im Online-Shop aus.

Denken Sie deshalb in zwei Richtungen, einmal in die Tiefe, einmal in die Struktur, denn Shop-Texte haben oft unterschiedliche Strukturen und Ebenen. Ist doch der Vorteil einer Website, dass Informationen und Informationstiefe nach Gusto des Lesers nachgeliefert werden können. Auch das schafft ein guter Shop. Den Leser in einen Text zu verwickeln. Tiefe zu liefern hinter der ersten Ebene. Wenn ein Leser nun mehr wissen will über Material und Anwendung und Accessoires und, und, und. Oft führt man über Links tiefer und tiefer, über einen Button „Beratung" oder über Register bzw. Reiter hinter dem eigentlichen Produkttext. Doch wie gestaltet man diese erste Ebene im Text? Hier helfen Textraster in Shop und Katalog dabei, funktionierende Verkaufstexte zu installieren …

Textraster für Shop und Katalog

Im vorhergehenden Kapitel haben Sie erfahren: Kataloge und Shops haben wenig Zeit für ein ausführliches Gespräch. Verkaufstexte sind hier knapp, oft bruchstückhaft. Doch diese Kurztexte müssen trotzdem überzeugen. Schnell und pointiert die wichtigsten Informationen liefern. Manchmal nicht einmal in ganzen Sätzen, sondern in Teilsätzen, die man hintereinander packt.

Deswegen brauchen Shops, genauso wie Kataloge, ein klares Textkonzept. Passend zu den angebotenen Produkten. Mit definierten Textrastern gelingt es, viele Hundert Artikel nach einheitlichen (Text-)Standards in Katalog und Shop zu etablieren.

Übrigens stehen die drei Raster, die Sie gleich kennenlernen, stellvertretend für zahlreiche Kombinationsmöglichkeiten. Probieren sie es einfach aus.

Produkttexte haben meist fünf Elemente:

- Produktbezeichnung / Produktname
- Nutzenformulierung, Nutzenversprechen („Consumer-Benefit")
- Nennung von Merkmalen, die den Nutzen untermauern
- Eigennamen von Materialien oder Patenten, die in der Regel für den Leser übersetzt werden müssen
- Produktangaben (Größen, Farben, Preis etc.)

Optional kommen dazu:

- Konkrete Nennung der Zielperson oder Zielgruppe
- Verstärker am Textanfang (Vorsatzwort oder einführender Satz)
- Abschwung, starker Ausstieg, direkte Aufforderung

Die Zutaten für jeden Produkttext ...

Grundlegendes Muster: Vorteil – Merkmal – Nutzen

Bevor Sie anfangen, solche Raster zu bauen, brauchen Sie Klarheit. Was ist ein Merkmal, was ein Vorteil, was ein Nutzen? Es ist ganz einfach, und doch ein gewichtiger Grund, warum manche Texte nicht funktionieren. Weil Texter ein Element nicht klar aus dem anderen entwickeln.

Merkmal = Material, Technik, Produkteigenschaft.

`Dieses Fahrrad ist aus Carbon.`

... und das Rezept dazu.

Ihre Notizen:

....

....

Vorteil = Die Übersetzung auf das Produkt bezogen. Was bedeutet dieses Material, diese Technik bezogen auf das Produkt? Warum ist das Produkt dadurch besonders?

```
Carbon bedeutet: Dieses Fahrrad ist
superleicht.
```

Nutzen = Die Übersetzung des (Produkt-)Vorteils in die Lebenswelt des Lesers. Nun kann ein Produktvorteil in unterschiedliche Nutzen übersetzt werden. „Superleicht" bedeutet: Der Kunde kann es einfach in den dritten Stock tragen, auf den Dachgepäckträger heben, schneller die Berge hochfahren.

Geht beides: Einstieg über das Merkmal oder den Nutzen.

Hat man für sich selbst einmal geklärt, was Merkmal-Vorteil-Nutzen eines Angebotes sind, lässt sich jeder Text logisch aufbauen. Sie können als Texter aus dem Merkmal argumentieren, oder eben umgekehrt und den Leser über den Nutzen stark aktivieren:

Fahrrad Superbike (Reihenfolge Merkmal – Vorteil – Nutzen)

```
Mit einem neuen Rahmen aus Carbon. Dieses
Bike ist wirklich superleicht. Du fliegst
die Berge hoch.

Material: Carbon
Schaltung: Kettenschaltung; 20 Gänge
Gewicht: 8,3 kg
Felgen: 28 Zoll
```

Fahrrad Superbike (Reihenfolge Nutzen – Vorteil – Merkmal)

```
Das fliegt die Berge hoch. Superleichter
Antritt durch einen Rahmen aus Carbon.

Material: Carbon
Schaltung: Kettenschaltung; 20 Gänge
Gewicht: 8,3 kg
Felgen: 28 Zoll
```

In Textrastern definiert man nun die Abfolge und Funktion dieser Elemente.

Textraster 1: Benefit-Benefit-Benefit-Regel

Ein Raster in diesem Muster, das einfach noch ein Stück weiter geht, ist zum Beispiel die Herangehensweise von Herschell G. Lewis und seiner „Benefit-Benefit-Benefit-Regel". Lewis war einer der großen amerikanischen Werbetexter und sein Raster

Bei Herschell G. Lewis kommt die Lebenssituation des Kunden dazu.

- nennt zunächst den entscheidenden Produktvorteil,
- setzt ihn dann in den Lebenskontext des Kunden
- und sagt anschließend, wie sich sein Leben konkret verbessert.

Produktbezeichnung / -name	Der Geschirr-spüler Silencium
Entscheidender Produktvorteil	Spült flüster-leise.
Vorteil in die Lebenssituation des Kunden transferieren	Klirren und Rauschen gehören der Vergangenheit an.
Beschreiben, wie sich das Leben verändert	Sie können ab sofort in der Küche des Kunden Chopin hören – und es genießen.
Produktangaben	weiß; 60x90x60 cm; Preis: 199,- EUR

Textraster 2: „Text-Energie" von Anfang an!

Im Texterclub empfehlen wir dieses Raster. Das Besondere daran: Durch Einsatz von Vorsatzwörtern oder einführenden Sätzen beginnt der Text sehr stark und schafft von Anfang an hohe Aufmerksamkeit. Dann entwickelt man aus dem Merkmal den Nutzen und schließt mit einem starken Abschwung beziehungsweise einer Aufforderung. So wie im Beispiel „Fußballschuh":

Das Texterclub-Prinzip: Einstieg über Vorsatzwörter.

Ihre Notizen:

....

....

Vorsatzwort oder Eigenname	Megastark! Der neue Fußballschuh XY
Merkmal	Die XU-Sohle mit Gummi-Noppen
Vorteil	Da geht man wie auf Wolken.
Nutzen	Du fliegst über den Platz.
Aufforderung	Mach Dein Spiel!
Produktangaben	in verschiedenen Farben; Preis: 69,90 EUR

Textraster 3: Der Allrounder

Das einfachste Textraster ...

Ein drittes Grundraster ist deutlich einfacher und bei vielen Produkten einsetzbar. Bei Textraster 3 handelt es sich um eine kompaktere Variante von Textraster 2. So sieht das Raster auf das Beispiel „Texter-Tool" angewandt aus:

Vorsatzwort	Neues Textwerkzeug
Produktname	Die Rechtschreib-tafel
Produktvorteil	Die wichtigsten Schreibregeln im Sofort-Überblick für schnelles Nachschlagen
Produktangaben	Laminierte Tafel im A4-Format; doppelseitig bedruckt; Preis: 9,80 EUR

Kunden kaufen in Shops, die sie verstehen!

Jeder Shop spricht mit seinen Kunden. Wie? Das entscheiden Sie und Ihr Text. Ob beratend, ausführlich, jugendlich oder fachlich. Ihre Text-Raster eignen sich für jede Tonalität.

Warum ist das alles wichtig? Weil eben nicht allein das Shop-Design den Leser packt. Denn Kommunikation geschieht mit Sprache. Und die ist – auch im Shop – noch immer ein völlig unterschätzter Wettbewerbsfaktor. Warum? Viele Unternehmen betrachten professionelles Texten nur als Ausgabe. Nicht aber als Investition. Ein Fehler – denn Kunden kaufen und hören da interessiert zu, wo sie verstehen.

Design ist wichtig, doch kommuniziert wird über Sprache.

Ihre Notizen:

....

....

Texten für Social Media: So geht's ...

Social Media: Müssen wir? Sollen wir? Brauchen wir das? Während Social Media sich immer schneller entwickelt, stehen viele Unternehmen noch vor der grundlegenden Entscheidung, ob oder ob nicht. Und wenn auch die Tendenz zum „Ja!" geht, heißt die größte Frage: „Wie?"

Brauchen Sie Social Media?

Die Kluft wird indessen immer größer: Immer mehr Möglichkeiten erfordern immer mehr Spezialwissen. Spezialagenturen stecken tief in der Komplexität von Social-Media-Welten, während manche Unternehmen noch grundlegende Fragen haben. Chefs wollen das volle Programm, Mitarbeiter sind noch so weit weg, dass sich die Agentur schwer verständlich machen kann. Schwierige, spannende Zeiten für Kunden und Agenturen.

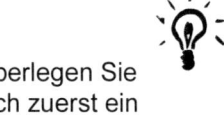

Ist die Entscheidung für den Einstieg einmal getroffen, geht's weiter. Nun ist es wichtig, erst einmal die Wirkmechanismen zu begreifen. Da ist Social Media auch nicht komplizierter als andere Medien, haben Sie mal all die technischen Fragestellungen zur Seite gelegt. (Wer Anzeigen schaltet, muss die Zeitung schließlich auch nicht drucken können.) Im nächsten Schritt geht's dann – wie in anderen Medien – um die konkrete Ausgestaltung. Wie sieht Ihr Konzept aus? Was ist Ihr Ziel? Und: Wie gut ist Ihre Kommunikation? Und schon sind wir mitten im Text.

Überlegen Sie sich zuerst ein Konzept.

Am Anfang steht immer das Wort

Eigentlich erstaunlich: Wir kommunizieren mit Sprache. Auch Facebook, XING oder Twitter erfordern das geschriebene Wort. Und trotzdem scheint Social Media ein so großes Thema zu sein, dass man den wichtigsten operativen Aspekt kaum beleuchtet: den Text. Dabei sind bereits die grundlegenden Anforderungen wesentlich höher als in anderen Medien. Besonders diese drei Punkte sollten Sie beachten:

Die drei wichtigsten Kriterien für Social-Media-Texte ...

Kurze, knackige und klare Texte sind ein Muss. Gerade im Social-Media-Bereich ist die Informationsflut so groß, dass der Leser innerhalb von Sekunden über Lesen oder Nicht-Lesen entscheidet. Den Werkzeugkasten zur optimalen Verständlichkeit haben Sie in Kapitel 1 bereits kennengelernt.

Bleiben Sie nah an der gesprochenen Sprache. Mit all ihren Verkürzungen, Stakkato-Sätzen, Ausrufen, Aufforderungen. Der alte Textertrick „Orientiere dich an gesprochener Sprache" gilt mehr denn je.

Schreiben Sie persönlich. Bei Facebook und Co. kann es ruhig auch einmal lockerer zugehen. Deswegen ist hier auch einmal Platz für Meldungen in eigener Sache, wie zum Beispiel ein Firmenumzug.

Definieren Sie klare Ziele für Ihre Social-Media-Strategie, bevor Sie loslegen

Die Frage aller Fragen: Was wollen Sie eigentlich erreichen?

Was erwarten Sie von Social Media? Zunächst brauchen Sie Klarheit, was Social Media kann – und was nicht. Für die Business-to-Business- und auch Business-to-Consumer-Kommunikation eignen sich Plattformen wie Facebook, Twitter, XING oder LinkedIn auf jeden Fall. Wer allerdings sofort steigende Verkaufszahlen erwartet, der wird vermutlich enttäuscht. Definieren Sie also erst einmal, was Ihr Ziel ist. Marktforschung? Kundengewinnung? Betreuung? Bauen Sie einen Adressenpool auf?

Und weil viele Medien in dieser Welt zusammenspielen, heißt eine wichtige Marketing-Frage: Wie sieht für mein Unternehmen eine Kommunikation aus, die unterschiedliche Medien und Maßnahmen integriert? Welche Funktion erfüllen welche Medien? Und welche Ziele kann ich mit welchem Medium erreichen? Da gibt's nun Medien, die sich per Dialogmarketing besser für den Verkauf eignen, und andere, die helfen Bekanntheit aufzubauen. Welchen Platz hat Social Media in Ihrem Marketing-Mix? Und wohin verteilen Sie Ihre Budgets?

Social Media braucht eine professionelle Redaktion

Ein professioneller Auftritt in den sozialen Online-Netzwerken läuft nicht einfach so nebenbei. Sie brauchen Wissen, Zeit, ein Budget und einen (Redaktions-)Plan. Denn regelmäßige Postings sind essenziell.

Offene Planarbeit: Der erste Schritt für Online-Texte in den sozialen Netzwerken

Natürlich gibt es viele Ideen, die erst im Tagesgeschehen entstehen. Denken wir zum Beispiel an die letzte Papst-Wahl. Überlegen Sie immer, welche aktuellen Ereignisse Sie für Ihre Social-Media-Aktivitäten nutzen können. Teilweise kann man das auch schon im Voraus planen: Schließlich finden Ostern, Weihnachten oder der Frühlingsanfang jedes Jahr statt – wenn auch manchmal die Temperaturen anderes vermuten lassen. Legen Sie einfach fest: Was poste ich wie und wann?

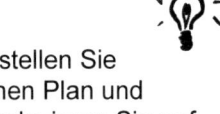

Erstellen Sie einen Plan und produzieren Sie auf Vorrat.

Zwischen den bereits fixierten Aktionen bleibt Ihnen genug Raum für Experimente. Nutzen Sie das, denn nur so finden Sie im Lauf der Zeit heraus, was genau Ihre Fans zum „Liken" oder „Sharen" bringt. Und halten Sie – das hört jetzt niemand gern – auch Textkonserven bereit. Wenn's mal ganz schnell gehen muss und es gerade kein aktuelles Ereignis als Aufhänger gibt. Oder wenn zwischen den sonstigen Aufgaben des Arbeitsalltags einfach zu wenig Zeit bleibt, weitschweifig über ein brillantes Posting nachzudenken. In solchen Momenten ist ein vorproduzierter Text besser als keiner und absolut Gold wert.

Bilder, Gewinnspiele, Schreibanlässe: Auf die richtige Mischung kommt es an

Praktische Infos, Unterhaltsames, Banales: Die Mischung macht's!

Machen Sie sich klar: In Facebook und Co. geht es um „kontrollierte Banalität". Wir nennen das so, weil Sie kurz, aktivierend und verständlich schreiben müssen. Mit jedem Post geht es darum, Ihre Leser einzufangen, zu aktivieren, zum Mitmachen zu bewegen. Es ist ganz einfach: Liefern Sie in Facebook nur trockenen oder schwer verständlichen Input, der weder Likes noch Kommentare erzeugt, landen Sie irgendwann nicht mehr auf der Startseite Ihrer Fans. Und Ihr regelmäßiges Logo im Newsfeed ist dann ebenfalls Geschichte. Denn das System will gefällig sein und nimmt Bewertungen vor. Verlass ist darauf allerdings nicht, denn Facebook ändert immer wieder die Kriterien.

Ein paar Themenideen für Ihre Postings ...

Was Sie posten können? **Fachlich**: Fragen, Aufforderungen, interessante Links, Experten-Interviews, Videos. Thematisieren Sie Events, aktuelle Ereignisse und vergessen Sie nicht die **persönliche Komponente**: Zitate, Sinnsprüche, das Foto vom Chef beim Fußball, den Blick auf die Krabbelgruppe des Unternehmenskindergartens und, und, und. Passen Sie nur auf, dass es nicht zu viel wird. Denn thematische Relevanz steht immer noch an erster Stelle. Natürlich ist hier auch Platz für Ihren komplexen Fachartikel oder den eigentlichen Verkauf. Allerdings hinter dem Link, den Sie in Ihrer aktivierenden Facebook-Meldung platziert haben. Das spart Platz im Netzwerk und führt direkt auf Ihre Website.

So schaffen Sie mehr Aktivierung ...

Posten Sie regelmäßig.

Wichtig ist in jedem Fall, dass Sie regelmäßig posten. Bei Facebook, XING und Google+ empfiehlt sich zwei- bis dreimal pro Woche. Auf Twitter darf es auch gerne öfter sein – täglich oder gar mehrmals am Tag. Wie Sie Facebook-Leser aktivieren? Die folgende Tabelle zeigt einige Möglichkeiten, wie Sie Ihren Text schnell für den Anführer auf dem Social-Media-Markt optimieren. Und damit Sie sofort anfangen können, habe ich jeweils die wichtigsten Floskeln und ein Beispiel dazu gepackt.

Aktivierungsgrad durch Text	Mögliche Floskel	Beispiel	Mögliche Art des Postings
1 = wenig Aktivierung (beschreibend)	Für Euch gefunden: Gerade entdeckt:	Heute haben wir mal wieder ein kleines Video für Euch. Und diesmal geht's um die Texterseminare von Stefan Gottschling, die es ab 2013 exklusiv im Texterclub geben wird. Schaut doch mal rein ...	Interessante und eventuell humorvolle Bilder, Videos, Berichte
2 = Einbeziehen der Fans / eigene Meinung (Frage)	Was meint Ihr? Wie findet Ihr ...?	Heute eine kleine Umfrage in eigener Sache: Wir planen eine kostenlose Vortragsreihe quer durch Deutschland. Welche Städte stehen auf Eurer Wunschliste?	Umfragen
3 = erweiterter Kreis, Freunde von Fans (auffordernd)	Einfach das Bild liken, teilen und Gewinnchance erhöhen!	Jeder, der dieses Bild teilt, ist automatisch in der Liste der möglichen Gewinner.	Gewinnspiele
4 = aktives Nachdenken / Schreiben (kurzes To-do einfordern)	Vervollständigt diesen Satz: Kreativität gefragt! Was fällt euch zu folgenden Begriffen ein?	Ein guter Brief ist ... Wir starten die neue Woche mit einem Schreib-Experiment: Postet die ersten drei Wörter, die Euch spontan einfallen. Wichtig: Nicht nachdenken, einfach drauflos schreiben!	Knapper Schreibanlass
5 = erweitertes aktives Nachdenken (längere aktive Mitarbeit einfordern)	Erzählt uns Eure Geschichte. Heute werdet Ihr zu Autoren. Schreibt mit uns ...	Liebe Texterclub-Fans, heute startet unsere erste große Aktion vor Weihnachten: Facebook-Storys. Und dabei seid Ihr gefragt. Denn wir suchen die schönsten – von Euch getexteten – Geschichten.	Reizwortgeschichten Bildergeschichten Offener Schreibanlass

Social Media: Auf die Reaktionen kommt es an

Der Mensch ist ein faules Wesen – das ist auf Facebook ganz genauso. Auch wenn mittlerweile in Deutschland rund 25 Millionen bei Facebook angemeldet und viele

Nutzer regelmäßig online sind, gilt: Je einfacher und schneller man reagieren kann, desto eher tut man's auch. Das „Like" ist viel schneller gesetzt als eine Geschichte geschrieben. Daneben sprechen natürlich auch noch ein paar andere Gründe für mehr oder weniger Interaktion mit Seiten und deren Postings.

Gestalten Sie Ihre Facebook-Seite interaktiv.

Das Teilen von Bildern, Artikeln, Videos geht fast genauso schnell wie der Klick auf „Gefällt mir". Was hier allerdings zusätzlich hemmen kann: Geteilte Inhalte stehen danach in der eigenen Chronik – oder der eines Freundes. Das ist der große Gegensatz zum einfachen Liken, denn Likes erscheinen nur kurz im Newsfeed. Deshalb überlegen Fans häufig zweimal, welche Inhalte sie in ihrem eigenen Netzwerk verbreiten und welche nicht. Hier besteht bei Gewinnspielen die Chance, dass man Freunden auch die Möglichkeit geben will, Preise abzusahnen. Die Wahrscheinlichkeit, dass diese geteilt werden, ist also größer.

Fans ziehen das „Like" oft dem Teilen vor.

Bei Umfragen ist das ähnlich. Ergebnisse einer Umfrage werden in der eigenen Chronik festgehalten. Wer seine Meinung nicht öffentlich kundtun möchte oder sich nicht sicher ist, wie sein Freundeskreis darauf reagiert, zögert sicher, bei Umfragen zu klicken. Dasselbe gilt für das Weiterschreiben von Sätzen und ganzen Geschichten. Neben der Zeit, die man sich für kreatives Nachdenken und das Schreiben selbst nehmen muss, schwingt bei manchen vermutlich die Angst mit, mit der eigenen Geschichte daneben zu liegen – und statt Lorbeeren nur Hohn zu ernten.

Zusammenfassend lässt sich also sagen, dass diejenigen Postings häufig am meisten Reaktionen hervorrufen, die auf Likes zielen. Große Schreibanlässe hingegen werden eher wenige Fans zum Mitmachen bewegen. Warum also die Abwechslung?

„Renner-Potenzial": Ein Posting verbreitet sich wie von selbst.

Mehr Abwechslung für größeres „Renner-Potenzial"

Dem bloßen Reaktionen-Fang steht etwas entgegen, das wir „Renner-Potenzial" nennen. Das „Renner-Potenzial" ist die Möglichkeit, dass ein Posting so gut ankommt, dass es sich viral stark verbreitet. Und hierbei ist die Reihenfolge im Gegensatz zu schnellen und einfachen Reaktionen umgekehrt. Sicher besitzen auch Bilder, die auf bloßes Liken abzielen, die Chance, dass sie extrem vielen Facebook-Usern gefallen. Doch je mehr eigenes Gehirnschmalz, je mehr eigene Kreativität und Arbeit in einem Kommentar stecken, desto wahrscheinlicher ist eine größere Verbreitung.

So erhöhen Sie das „Renner-Potenzial" Ihrer Postings ...

Ein Beispiel:
Dem fiktiven Fan Jörg gefällt ein Posting auf Ihrer Seite. Er klickt auf „Like".

Jörgs „Like" sehen 10 seiner Freunde im Newsfeed – Max gefällt's auch: 2 Likes, „Renner-Potenzial" relativ gering.

Laden Sie Ihre Fans zum Mitmachen ein.

In einem anderen Posting fordern Sie Ihre Fans auf, eine Geschichte zu schreiben:

Nach kurzem Überlegen schreibt Jörg seine Geschichte in Form eines Kommentars und die kommt gut an. Er bekommt einige „Likes" auf Ihrer Seite. Außerdem sehen seine Freunde die Geschichte im Newsfeed. Jetzt kann Folgendes passieren: Die Freunde erkennen die Geschichte wieder – vielleicht waren sie sogar selbst mit dabei – und liken, teilen, kommentieren. Eventuell sind sie selbst angestachelt und schreiben eine eigene Geschichte – oder ihre eigene Variation zu Jörgs Geschichte. Die Folge: weitere Likes und Kommentare. Und schon ist Ihr Posting in aller Munde, die virale Verbreitung hat eingesetzt, das „Renner-Potenzial" zeigt Wirkung.

Ein Posting, das durch starke Aktivierung zum Mitmachen bewegen soll und mehr als schnelles Klicken verlangt, bringt Ihnen also zunächst wahrscheinlich weniger Reaktionen. Durch die größere Chance auf virale Verbreitung kann es aber weitaus wirksamer sein.

Schnelle Reaktionen vs. starke Viralität ...

Langer Rede kurzer Schluss: Probieren Sie aus und mischen Sie! Wechseln Sie zwischen Postings mit hohem Aktivierungsgrad und solchen mit geringerem. Das bringt Abwechslung auf Ihrer Facebook-Seite und einen optimalen Mix aus schnellen Reaktionen und größerer Viralität.

Wie spricht eigentlich Ihr Unternehmen? Und wie spricht es auf Facebook?

Corporate Language gehört auch zur Corporate Identity!

Viele Unternehmen haben in den letzten Jahren ihr Corporate Design festgelegt. Wir wissen, wie unser Briefpapier aussieht, haben den Header unserer E-Mail definiert, eine eigene Schrift entwickelt – nur wurde die Sprache oft einfach vergessen. Häufig beschränkt sich die professionelle Beschäftigung mit Sprache in Corporate-Identity-Prozessen auf ein Abkürzungsverzeichnis und ein paar Unwörter. Ein Armutszeugnis.

Denn Kommunikation geschieht zwar auch mit Bildern, in erster Linie aber über die Sprache. Wie spricht Ihr Unternehmen? Was für ein Typ ist Ihre Firma? Und wie redet er? Diese „Unternehmenssprache" muss nun erweitert werden. Die Kernfrage lautet: Wie spricht mein Unternehmen auf Facebook? Denn eine Fanpage ist ja kein echter Dialog. Hier kommuniziert ein Unternehmen mit vielen.

Beispiel Sportwagen: Da gibt es vielleicht ganz junge Fans, die das Auto fasziniert, und ältere Semester, die sich das leisten können. Welche Tonalität wähle ich als Unternehmen? Ich will ja beide Gruppen mitnehmen. Nun habe ich im Extremfall einen 20-jährigen Facebook-affinen Texter, der die Fanpage betreut. Wenn der jetzt nur in seiner eigenen persönlichen Sprache schreibt, dann schreibt er an den älteren Semestern vorbei. Es sei denn, er weiß, wie sich sein Unternehmen oder seine Marke sprachlich positioniert. Deshalb muss die Corporate Language unbedingt erweitert werden, ohne dabei aber dem Gesamt-Image untreu zu werden. „Sei ganz Du selbst" als Anweisung in Social-Media-Guidelines ist also nur die halbe Wahrheit. Sei ganz Du selbst – bis zu dem Punkt, an dem Du Dich als Vertreter Deines Unternehmens an bestimmte Festlegungen in Sprachduktus und Wording halten musst.

Wie spricht Ihr Unternehmen auf Facebook? Seien Sie nur bedingt Sie selbst.

„Sie" oder „Du"?

Oft die erste Frage: Wie spreche ich meine Fans und Follower richtig an? Auf Facebook schreiben Sie in der Regel ganz direkt, meist mit „Du"-Ansprache – also eher im Freundschafts- als im Business-Ton. Bei XING variiert dies von Kontakt zu Kontakt, hier ist die „Sie"-Ansprache weiter verbreitet: Business-Ton. Da ist noch vieles im Fluss. Gerade bei der Frage „Du oder Sie?" auf Firmenseiten in Facebook. Denn warum sollte ich als Traditionsunternehmen auf Facebook meine Geschäftskontakte plötzlich duzen? Wer wird vermutlich meine Fanpage besuchen? Wende ich mich tatsächlich an eine jüngere Zielgruppe mit der Ansprache „Du"? Das muss man per Corporate Language definieren. Die Frage heißt: Wie spricht mein Unternehmen, meine Marke? Übrigens schla-

Auf Facebook muss es nicht automatisch das „Du" sein.

Ihre Notizen:

....

....

gen Unternehmen manchmal auch einen dritten Weg ein, indem sie die direkte Ansprache komplett vermeiden.

Das Medium selbst definiert nicht die Ansprache. Das geschieht durch Sender und Empfänger. Es gibt ein respektvolles Du, aber auch ein respektloses, unangemessenes. Genauso kann die „Sie"-Ansprache persönlich wirken, aber auch zu distanziert. Sprache hat viele Möglichkeiten, Nähe herzustellen. Es sind nicht allein die Pronomen. Entscheiden Sie also selbst, was zu Ihrer Zielgruppe und zu Ihrer bisherigen Kommunikation passt.

Führen Sie Ihre Leser

Wenn Sie eine Reaktion erwarten, sollten Sie auch dorthin führen.

Wenn ich möchte, dass mein Leser etwas tut, Kommentare erwarte, möchte, dass Inhalte geteilt werden, dann muss ich auch dorthin führen. Entweder durch eine Formulierung oder durch andere Mechanismen. Doch wie macht man das? Wie schreibt man auffordernd, führend, ohne zu banal zu werden?

Grundsätzlich gibt es drei magische Wege, einen Kommentar auszulösen:

1. Sie fordern direkt dazu auf: „Postet doch einfach Eure Lieblingsbücher!" Oder: „Schreibt, was ein gutes Buch so liebenswert macht."

2. Die Frage: „Was ist Euer Lieblingsbuch?"

3. Die Auslassungszeichen: „Ein gutes Buch ist …"

Dass hier noch viele Variationen möglich sind – keine Frage. Werden Sie einfach kreativ! Auf der nächsten Seite finden Sie zusammengefasst fünf nützliche Tipps, mit denen Sie bei Ihrer Fan-Community garantiert gut ankommen.

Auf den Punkt: Die 5 Top-Tipps für das Texten in Social Media

1. Schreiben Sie aktivierend! Stellen Sie Fragen, motivieren Sie zur Reaktion, verlinken Sie zu weiteren Informationen.

2. Setzen Sie Bilder und Videos ein! Denn Bilder erzielen auf der Neuigkeiten-Seite der Nutzer die höchste Aufmerksamkeit. Ein Video weckt noch mehr Neugier.

3. Nur aktuelle News sind richtige und gute News.

4. Denken Sie mobil. Immer mehr Social-Media-User greifen mit mobilen Endgeräten wie Smartphones oder Tablets auf ihre Profile zu. Denken Sie daran bei der Konzeption Ihres Postings – kurz, prägnant und gut darstellbar sollte es sein.

5. Hören Sie gut zu! Halten Sie fest, welche Meldungen am besten, welche am schlechtesten ankommen. Und achten Sie auf die Interessen Ihrer Fans. Das können die Postings von morgen sein.

Ihre Notizen:

....

....

Blogs: Erfolgsfaktoren und Baupläne

Immer mehr Unternehmen erkennen Weblogs als nütz-liches Marketing-Instrument für sich. Nicht nur, weil Blogs bei Google oft unter den ersten Treffern erschei-nen. Sondern auch, weil sich relevanter Content hier ausgezeichnet verbreiten lässt und nebenbei Kontakte gepflegt werden können. Anders als bei privaten Blogs gibt es in der geschäftlichen Kommunikation ein paar „ungeschriebene Gesetze", an die Sie sich halten sollten, damit Ihr Weblog erfolgreich wird. Denn ein Business-Blog ist mehr als Storytelling verknüpft mit hübschen Bildern.

Warum möchten Sie überhaupt bloggen?

Definieren Sie, bevor Sie loslegen, erst ein konkretes Ziel. Was und vor allem wen möchten Sie mit Ihrem Blog errei-chen? Und was will Ihre Zielgruppe in einem Blog von Ihnen lesen?

Blogs sind eine hervorragende Möglichkeit, ein bestimm-tes Themengebiet online zu besetzen. Sie können hier einen neuen Inhalt exklusiv für Ihre Leser präsentieren. Logisch: Relevant soll er sein. Der große Vorteil ist, dass Sie Trends hier schon vor allen anderen Medien ankündi-gen können. Der Tipp: Anders sein. Wer sich von der Masse abhebt, wird auch gelesen. Doch nur, wenn ein konkreter Nutzen angeboten wird.

Die Bezeichnung „Blog" kommt von „Weblog", also „Web" + „Logbuch". Und „Logbuch" ist ein anderes Wort für „Schiffstagebuch".

Warum möchten Sie überhaupt bloggen?

Drei Erfolgsfaktoren für jeden Blog

1. Aktualität

Über den Schnee von gestern wollen Ihre Leser heute nichts mehr wissen. Deswegen steht Aktualität für Ihren

Die wichtigsten Vorgaben: Relevanz und Regelmäßigkeit.

Blog an erster Stelle. Halten Sie ihn mit aktuellen, relevanten Informationen stets auf dem neuesten Stand, dann werden sich die Leser auch nicht langweilen. Als Daumenregel gilt: Einmal pro Woche ein neuer Eintrag, gerne auch öfter. Doch nur bei qualitativ hochwertigen Informationen. Leser eines Business-Blogs haben ganz andere Erwartungen als die von privaten Blogs. Es zählt Qualität vor Quantität. Qualität heißt hier auch, dass die Inhalte sorgfältig aufbereitet und in klarer, verständlicher Sprache präsentiert werden. Was nicht bedeutet, dass sie rein sachlich und langweilig sein sollen.

Ihre Notizen:

....

....

Zusätzliche Downloads, Interviews oder Links machen Ihren Blog-Eintrag spannend. Sollten Sie einmal keine pfiffige Idee parat haben, durchstöbern Sie doch einmal andere Blogs zu ähnlichen Themen. Wird hier vielleicht über Ihr Unternehmen gesprochen? Schreiben Sie hier doch auch einmal einen Beitrag und verlinken Sie auf Ihren Blog. Diese Strategie heißt fachsprachlich übrigens „Blog-Monitoring". Doch gibt es einmal wirklich nichts Interessantes zu berichten, dann lassen Sie's einfach.

2. Nähe

Sagen Sie ruhig, wer Sie sind. Bloggen funktioniert nicht ohne persönliche Note.

Genauso wichtig wie regelmäßige aktuelle Beiträge und relevante Themen ist der Autor, der hinter jeder Meldung steht. Denn durch die persönliche Note wird Nähe zum Leser geschaffen. Der Leser will genau wie in einem Gespräch wissen, wer mit Ihm spricht. Geben Sie sich deswegen als echte Person – und eben nicht als Maschine – zu erkennen. Vielleicht sogar mit einem Foto, auf jeden Fall aber mit Kontaktmöglichkeiten. Das Gleiche gilt übrigens auch für Blogs mit mehreren Autoren. Eine „Über mich"- oder „Über uns"-Seite ist sehr empfehlenswert. Sie sollten leicht und schnell erreichbar sein, dazu gehört auf jeden Fall auch eine Kommentar-Funktion. Ganz wichtig: Beantworten Sie Fragen und Kommentare möglichst schnell, so schaffen Sie Nähe.

Manchmal müssen Sie auch mit negativer Kritik umgehen. Gehen Sie ruhig und durchdacht auf die Argumente ein.

Ignorieren oder gar das Ausschalten der Kommentarfunktion ist keine Lösung. Geben Sie Fehler auch einmal zu und sehen Sie das Ganze als Optimierungschance. Denn einer der wichtigsten Punkte beim Bloggen ist: Vertrauen aufbauen.

Reagieren Sie auf Kommentare. Unbedingt!

3. Transparenz

Dieses Vertrauen schaffen Sie auch durch Transparenz. Das bedeutet, dass Quellen immer angegeben werden, denn Abschreiben ist unter Bloggern verpönt. Recherchieren Sie vor Ihrem Post genau, ob es sich bei den Informationen um richtige und nachvollziehbare handelt. Geben Sie Fehler auch einmal offen zu. Nur, wer mit offenen Karten spielt, bleibt glaubwürdig und authentisch. Was gerade für Business-Blogs besonders wichtig ist.

Sprache und Konzeption von Blogs

Oberstes Gebot: Ein Blog-Eintrag ist kein Werbetext. Er informiert wie ein journalistischer Text, darf dabei aber emotionaler sein. Um die oben beschriebene Nähe zu erreichen, ist also eine gewisse persönliche Note durchaus erlaubt, Werbung aber absolut Tabu. Ihr Leser merkt schon in den ersten Zeilen, ob Sie ihm nur etwas verkaufen wollen.

Ein Blog-Eintrag ist kein Werbetext.

Hier gilt wieder das Stichwort „Nutzen". Nur wenn der Leser klare Vorteile für sich erkennt, liest er den Beitrag zu Ende und wird Ihren Blog wieder besuchen. Meiden Sie deswegen konkrete Kaufaufforderungen. Dennoch können Sie Ihr Produkt natürlich empfehlen, zum Beispiel mit einem Testbericht.

Trotzdem: Zeigen Sie dem Leser Vorteile.

Die Text-Struktur: Zwei Typen

Für die Struktur haben Sie zwei Möglichkeiten: Entweder Sie schreiben einfach eine Headline und darunter Ihren Fließtext, oder Sie arbeiten mit einer Teaser-Text-Struktur. Letzteres ist nur bei langen Einträgen zu empfehlen, da sonst der Leser so viel hin und her klicken muss. Achten

Sie darauf, dass Sie nur ein Thema pro Posting bearbeiten. Sonst wird es unübersichtlich. Generell sind kurze Beiträge erfolgreicher.

Was für die Headline gilt ...

Die Headline ist wesentliches Element Ihrer Blog-Postings. Sie entscheidet über Lesen oder Nichtlesen. Sie ist das Erste, was RSS-Abonnenten oder die Nutzer von Suchmaschinen entdecken. Deshalb muss die Headline gleichzeitig neugierig machen und informieren, worum es geht – auf den Punkt gebracht. Zum Beispiel:

```
Weblogs: Zehn konkrete Tipps für die
Themenfindung
```

Be everywhere ...

Schöpfen Sie aus dem Vollen! Intermedialität ist hier das Stichwort.

... bedeutet, ein ganzes Paket zu schnüren. Bauen Sie nicht auf ein Instrument, sondern auf die Gesamtheit. Und verknüpfen Sie die Instrumente miteinander. Setzen Sie auf Ihrer Website und in Ihrem Newsletter Links zum Blog. Binden Sie auch die Social-Media-Welt ein. Und verweisen Sie umgekehrt von Ihrem Blog auf diese Plattformen und zu Ihrer Website. Auch im Print ist einiges möglich: Locken Sie Leser mit einem konkreten Nutzen auf Ihren Blog, zum Beispiel einem Download oder Gewinnspiel. Und kündigen Sie auf Ihrem Blog einen neuen Katalog an. So machen Sie ihn populär und gewinnen immer mehr Reichweite.

Der technische Bauplan für Ihren Blog: Wie funktioniert's?

Ihre Notizen:

Am einfachsten und schnellsten mit Google: www.blogger.com ist ein sogenannter Blog-Hosting-Dienst, hier kann man sich einfach ein Benutzerprofil anlegen und sofort losbloggen. Professioneller, dafür aber auch ein bisschen anspruchsvoller geht's mit www.wordpress.de. Für Unternehmen ist das wohl die bessere Variante.

....

....

Und das sind die Bauteile Ihres Blogs:

- Das Muss für jeden Business-Blog: Eine eindeutige Navigation und ein klares Themenprofil. Ansonsten entsteht beim Leser nichts anderes als Verwirrung. Erstellen Sie eine Hauptnavigation mit Ihren Schwerpunkten, eingeteilt in Kategorien. So machen Sie es dem Leser leicht.

Baukasten:
Was in jeden
Blog gehört ...

- Die einzelnen Beiträge: Der aktuellste steht ganz oben; jeder hat ein Datum. Bei mehreren Autoren kommt zusätzlich der Name des Autors dazu.

- Das Archiv: beinhaltet alle von Ihnen verfassten Einträge, chronologisch sortiert. Es muss leicht zu finden und übersichtlich sein.

- Die Kommentarfunktion: Am besten unterhalb von jedem Beitrag. Ermöglichen Sie auch nicht registrierten Nutzern das Kommentieren, denn bei einer vorher nötigen Anmeldung ist die Schwelle zur Reaktion meist zu hoch.

- Die Blogroll: eine Liste mit Blogs, die Sie selbst verfolgen. Übrigens: Am besten melden Sie sich auf anderen Blogs per RSS-Feed an. Dann kommen neue, für Sie relevante Beiträge direkt zu Ihnen. Andersherum erfahren Sie mit dem RSS-Reader sofort, wenn jemand über Sie schreibt oder auf Ihren Blog verlinkt.

Nutzen Sie automatische Aktualisierungen per RSS-Feed.

- Die Linkstruktur: In vielen Postings sind Wörter ganz willkürlich verlinkt, so dass der Leser nicht weiß, wohin der Link führt. Am besten kündigen Sie das Ziel einfach an: „...Mehr über die Seminare lesen Sie direkt auf der Texterclub-Website." Hier ist klar, wohin der Link führt. Große Ausnahme sind wichtige Keywords, die können Sie auch direkt auf Ihre Website verlinken. Das ist auch für Ihre Präsenz bei Google und Co. von Vorteil.

Ihre Notizen:

....

....

„Am Ende wird alles gut. Und wenn es nicht gut ist, dann ist es noch nicht das Ende."

(Indisches Sprichwort)

Gehört habe ich diesen Spruch das erste Mal im Kino. Im Film „Best Exotic Marigold Hotel". Und wenn es nun kein indisches Sprichwort wäre – eines ist es in jedem Fall: eine tiefe Weisheit über das Texten.

Denn Texten ist ein Prozess. Nach dem ersten Textentwurf folgt das Redigieren. Die strukturierte Bearbeitung. Viele Fragen muss ein guter Texter nun beantworten: Stimmt die Struktur? Was kann ich an Satzlängen, Wortlängen, am Satzbau noch optimieren? Wo finde ich Verbesserungspotenzial auf der Wortebene? Schreibe ich direkt genug? Emotional genug? Zeigt das Kino im Kopf meines Lesers die richtigen Bilder?

Dieses Buch hat versucht, auf all diese Fragen Antwort zu geben. Ganz sicher haben Sie als Texter bekannte Dinge entdeckt, die der Intuition mehr Sicherheit geben. Aber hoffentlich auch Neues, zum Beispiel zu den Themen QR-Codes oder Shops. An einigen Stellen haben wir Videos eingebunden. Sie sollen das Gelesene ergänzen, vielleicht manchmal noch lebendiger werden lassen. Und Sie in die multimediale Welt mitnehmen. Denn eines ist klar: Alles, was Sie auf diesen Seiten finden, hat ein Ziel: Ihre Texte noch besser zu machen.

 Wo's weitergeht? Hier im Video ...

www.sgv-verlag.de/weiter-im-text.html

Selbstverständlich gibt es noch mehr nützliche Werkzeuge rund um den Text. Auch bei uns ist mit dem Schreibprozess eine Ideenliste entstanden. So haben wir einige Ideen bereits mit anderen Medien abgedeckt. Zum Beispiel durch die Texter-Tools. Das sind laminierte Tafeln im A4-Format, die in Kurzfassung zeigen, wie man richtig zitiert, die Satzglieder und Wortarten benennen oder auf zwei schnellen Seiten die wichtigsten Fragen der Rechtschreibung abhandeln.

Andere Themen haben ihren Platz in Seminaren oder eigenen Büchern. Denn selbstverständlich wirft dieses Buch immer wieder ein Schlaglicht in einzelne Bereiche hinein. Doch je nach Interesse lassen sich viele Themen noch vertiefen. Deshalb finden Sie ganz am Ende Ausschnitte aus dem Programm von SGV Verlag und Texterclub.

Und für den Anfang? Seien Sie herzlich willkommen im Texterclub auf Facebook oder XING. Das ist die einfachste Art, in Kontakt zu bleiben. Vielleicht haben Sie auch schon ein paar Ideen, was fehlt.

Dann schreiben Sie mir einfach. Und bleiben Sie dran. Denn jeden Monat erweitern wir dieses Buch und meine Seminare mit einem Textertipp. Der kommt kostenlos, wenn Sie ihn haben wollen. Mit viel Raum für Entwicklungen und weitere Ideen.

Und nun: Legen Sie einfach los. Mit den vielen Informationen aus diesem Buch. Und den vielen Ergänzungen und Erweiterungen im Texterclub. Ich wünsche Ihnen viel Spaß und tolle Ergebnisse beim Texten und freue mich auf ein Wiedersehen, Wiederhören oder Wiederlesen!

Mit den besten Grüßen

Ihr

Stefan Gottschling

Das kleine Lexikon ...

Von A wie „AdWords" bis Z wie „Zielgruppe": Auf den folgenden Seiten finden Sie ein kleines Lexikon mit wichtigen Fachbegriffen und Fremdwörtern rund um den Verkaufstext in Print und Web. Zum Nachdenken und Nachschlagen für alle, die noch mehr lesen wollen ...

A

AdWords

AdWords (aus engl. *advert* = „Werbeanzeige" und *words* = „Wörter") sind werbende Kurz-Anzeigen der Suchmaschine Google. AdWords-Anzeigen sind kostenpflichtig, im Gegensatz zu den unabhängigen, nicht-kommerziellen Suchresultaten.

AIDA

Eine der bekanntesten Regeln für den Aufbau einer Werbebotschaft. Die Bezeichnung „AIDA" setzt sich aus den Anfangsbuchstaben der amerikanischen Bezeichnung für Aufmerksamkeit (*attention*), Interesse (*interest*), Wunsch (*desire*) und Handlung (*action*) zusammen. Das bedeutet: Zuerst Aufmerksamkeit erregen, dann Interesse für das Angebot wecken, den (Besitz-)Wunsch wecken und verstärken, zur sofortigen Handlung auffordern (und sie auch ermöglichen).

Antwortkarte

Die Antwortkarte hat viele Namen: Informationskarte, Anforderungskarte, Bestellkarte, Einladungskarte, Gutscheinkarte, Wertscheinkarte, Postkarte, QR-Code ... Aber welchen Namen sie auch trägt – sie ist wichtigster Bestandteil einer Direktwerbung, weil sie Sofortreaktionen ermöglicht und damit die Bestellquote erhöht. Nicht weniger wichtig ist ihre Funktion als „Erfolgsmesser". Die eingehenden Antwort- oder Bestellkarten sorgen für die hieb- und stichfeste Erfolgskontrolle jeder Direktwerbe-Aktion. Heute senden immer weniger Menschen eine Antwortkarte per Post, sondern sie wird einfach gefaxt. Andere wählen den direktesten Weg via QR-Code. Je nach Medium müssen natürlich Layout und Text angepasst werden.

Anzeige

Werbliche Mitteilung in Print-Medien und elektronischen Medien mit sehr unterschiedlichen Formaten und Größen. Grundsätzlich unterscheidet man zwei Typen von Anzeigen: die klassische Image-Anzeige und die Dialogmarketing-Anzeige (auch: Response-Anzeige). Bei Image-Anzeigen steht nicht der Verkauf im Mittelpunkt, sondern das Unternehmen, ein Produkt oder eine Dienstleistung. Immer mit dem Ziel, die Bekanntheit zu steigern. Die Dialogmarketing-Anzeige hingegen soll beim Betrachter eine direkte Reaktion auslösen.

Applikation

Eine Applikation, kurz auch „App" genannt, ist ein Anwendungsprogramm für Smartphones. Es bietet Nutzern eine zusätzliche Funktion, die sie jederzeit und überall mit ihrem Smartphone abrufen können. Zum Beispiel mit der App der Deutschen Post „Post mobil". Hier kann man beispielsweise mobil Briefmarken kaufen.

Augmented Reality

Augmented Reality (= erweiterte Realität) bzw. Augmented Print ist die computergestützte Erweiterung der Realität, also die Verbindung von realer und virtueller Welt. Bilder, Grafiken und ganze Print-Seiten mit versteckter Codierung lassen sich per Smartphone oder Tablet einscannen und führen ins Web.

B

B2B

Kurzbezeichnung für „Business-to-Business". Teil der Distributionspolitik. Hier wendet sich ein Unternehmen mit seinem Angebot an ein in der Wertschöpfungskette nachgelagertes, anderes Unternehmen.

B2C

Kurzbezeichnung für „Business-to-Consumer". Teil der Distributionspolitik, bei der sich ein Unternehmen mit seinem Angebot direkt an den Verbraucher wendet.

Blocksatz

Anordnung der Zeilen eines Textes, bei der Zeilenanfänge und -enden in senkrechter Ausrichtung übereinstimmen.

Blog

oder Weblog. Kleine Website mit Einträgen eines Autors oder einer Autorengruppe zu einem beliebigen Thema. Die Einträge sind wie in einem Tagebuch oder Logbuch (daher der Name) umgekehrt chronologisch geordnet.

Boilerplate

PR-Fachsprache. Hier wird kurz und auf den Punkt das Unternehmensprofil beschrieben. Die Textpassage findet sich als letzter Absatz unterhalb der Pressemeldung.

Briefing

Die schriftliche oder mündliche Übergabe aller Informationen, die zur Erarbeitung einer Werbeaktion notwendig sind. Dabei ist eine Vielzahl von Fakten festzuhalten und zu prüfen. Zum Beispiel zu Produkt bzw. Dienstleistung, Zielgruppe, Werbemittel / Medium und, und, und.

C

Corporate Communication

Jeglicher Kommunikationsvorgang eines Unternehmens mit der Öffentlichkeit. Dazu gehören vor allem Werbung, PR und Öffentlichkeitsarbeit. Daneben gibt es noch weitere Felder: das Corporate Publishing (Mitarbeiter-, Kunden- oder Unternehmensmagazine); Corporate Books (Bücher mit sachlichen Informationen, vom Unternehmen herausgegeben; enthalten keinen direkten Werbeinhalt); Corporate TV (eigene Informations- und Schulungssendungen, hauptsächlich für Mitarbeiter produziert); Corporate Blogs (Unternehmens-Blog, oft eigens für Mitarbeiter oder Kunden geführt).

Corporate Identity

Ganzheitlicher Charakter eines Unternehmens. Dazu gehört das Verhalten allgemein (Corporate Behaviour), die Unternehmenskommunikation (Corporate Communication) und das optische Erscheinungsbild (Corporate Design). Abzugrenzen ist der Begriff von „Corporate Image". Denn das ist das fremdbeobachtete Bild eines Unternehmens.

D

Dialogmarketing

früher meist mit dem Begriff „Direktmarketing" bezeichnet, umfasst alle Marketing- und Werbemaßnahmen, die eine direkte, persönliche Ansprache des Kunden mit einer Aufforderung zur Reaktion enthalten. Zu den Instrumenten des Dialogmarketings gehören neben adressierten Werbesendungen (Mailings), unadressierten Werbesendungen (zum Beispiel Postwurfsendungen) und Telefonmarketing inzwischen auch E-Mail-Newsletter, Werbe-SMS, Social-Media-Aktivitäten und vieles mehr. Der Begriff „Dialogmarketing" betont den Beziehungsaspekt zwischen werbendem Unternehmen und Adressat. Und er macht darauf aufmerksam, dass der Dialog heute natürlich auch von den Zielpersonen begonnen wird – und Reaktionen auf der Seite des Unternehmens auslöst.

E

Early Bird

Anreiz für den Empfänger Ihrer Werbebotschaft, seine Antwort so schnell wie möglich abzusenden. Verkürzt nicht nur die Reaktionszeit, sondern erhöht auch erfahrungsgemäß die Zahl der Reaktionen. Es kann sich zum Beispiel um ein Geschenk handeln, von dem gesagt wird, dass man nicht weiß, wie lange der Vorrat reicht. Eine Befristung des Angebotes durch einen ermäßigten Preis kann diesen Effekt ebenso auslösen. Oder es ist die befristete Zusatzverlosung eines Geldpreises in bar unter denjenigen, die ihre Karte bis zum Termin eingesandt haben.

E-Commerce

Electronic Commerce, also der Handel via Internet, ermöglicht den elektronischen Geschäftsverkehr in und zwischen Unternehmen sowie zwischen Endkunde und Unternehmen. Beim Bestelleingang setzt ein Workflow-Prozess ein, durch den der Auftrag sofort elektronisch an die beteiligten Stellen (Auftragsannahme, Lager, Versand, Kundendienst, Buchhaltung) weitergeleitet wird. Außerdem lassen sich Geschäftsvorgänge damit elektronisch archivieren. E-Commerce eignet sich hervorragend für den Direktvertrieb von Waren übers Internet.

Editorial

oder Anschreiber nennt man das Vorwort in Zeitschriften, Prospekten oder Katalogen sowie in E-Mail-Newslettern. Autor ist meistens der Herausgeber, Chefredakteur bzw. Geschäftsführer. Zentrale Elemente des Editorials sind das Foto des Autors und die (abgedruckte bzw. eingescannte) Unterschrift. Signal: „Hier schreibt der Chef für dich persönlich." Zweck des Editorials ist es, mit seiner briefartigen, persönlichen Anmutung den Leser in das Medium hineinzuziehen. Es präsentiert die Highlights der aktuellen Ausgabe in wenigen Sätzen – und gerne auch mal die ganz persönliche Meinung des Schreibenden.

E-Mail-Marketing

Dialogmarketing im Online-Bereich in Form von elektronischer Post. Wichtige Instrumente sind Korrespondenz-E-Mails, Werbe-E-Mails, Presse-E-Mails mit Pressemitteilungen oder → *Newsletter*. Beim Versand von E-Mails mit werbendem Inhalt sind die rechtlichen Bestimmungen zu beachten, zum Beispiel das „Gesetz gegen unlauteren Wettbewerb".

E-Mail-Newsletter → *Newsletter*

F

Flattersatz

Zeilenfall mit unterschiedlich langen Zeilen, meist linksbündig ausgerichtet. Die Zeilen „flattern" am Ende. Im Unterschied zum Blocksatz sind die Wort-Zwischenräume gleich breit.

Fließtext

nennt man den „normalen" durchlaufenden Text einer Drucksache, der nicht als Überschrift, Inhaltsverzeichnis, Legende o. Ä. ausgezeichnet ist. Um den Fließtext leichter lesbar zu machen und die Lesewahrscheinlichkeit zu erhöhen, sollte er durch Absätze, Zwischenüberschriften und Hervorhebungen strukturiert werden.

Flyer

Um die Portogrenze voll zu nutzen oder um besondere Aufmerksamkeit zu wecken, legen Direktwerbeprofis gerne ein meist kleines Prospektblatt der Aussendung bei: den Flyer. Auf ihm können nicht nur Sonderangebote oder ein Gratisgeschenk hervorgehoben werden. Auch abgedruckte

Kundenzuschriften, Gutachten oder Testergebnisse erhalten so besonderes Gewicht. Allerdings wird „Flyer" oft auch synonym gebraucht für „Prospekt".

G

Google Analytics

Kostenfreie Software von Google, um das Besucherverhalten auf Websites zu analysieren und auszuwerten. Untersucht werden zum Beispiel Herkunft der Nutzer, Verweildauer auf der Website und das Klickverhalten.

H

Headline

Zu Deutsch: Kopfzeile. Eine Headline ist ganz einfach gesagt eine werbliche oder journalistische Überschrift. Im Werbebrief haben Headlines längst die „Betreffzeile" ersetzt. Sie sind mehr als eine bloße Inhaltsangabe und damit auch mehr als der alte Betreff des Briefes: Denn sie führen direkt in den Text oder setzen ein „geistiges Bild". Das gilt auch für andere Werbemittel wie Anzeige, E-Mail oder Online-Texte. Die Headline soll die wichtigsten Informationen enthalten – im Internet gilt hier auch: Keywords nach vorne.

K

Katalog / Versandhauskatalog

In einem Katalog listet ein Versandhaus systematisch geordnet sein gesamtes aktuelles Sortiment inklusive Bildern auf. Im Gegensatz zum Prospekt zielt der Versandhauskatalog darauf ab, nicht nur Auszüge, sondern die vollständige Produktpalette mit jeweils umfassender Produktinformation aufzuführen und abzudrucken.

Keywords

Schlagwörter, die den Leitgedanken einer Website beschreiben. Keywords werden von Suchmaschinen erkannt und indexiert. Somit bestimmen sie auch darüber, wie gut eine Seite im Internet gefunden wird.

KISS

„Keep it short and simple" – halte es kurz und einfach. Ein oft nicht nur für klare Texte und für Direktwerbe-Aktionen erfolgsentscheidender Grundsatz.

L

Landing-Page

Landing-Pages, auch Landeseiten genannt, werden für On- und Offline-Werbekampagnen verwendet. Unter einer solchen Landeseite versteht man eine speziell eingerichtete Webseite, die zum Beispiel nach einem Mausklick auf ein (Online-)Banner bzw. einen Suchmaschinen-Eintrag oder beim Einscannen eines QR-Codes erscheint. Werbemittel und Landing-Page werden hier so aufeinander abgestimmt, dass die Webseite die vom Werbemittel geweckten Erwartungen erfüllt und den Seitenbesucher dort abholt, wo er nach dem Lesen des Werbemittels steht. So leitet man zum Beispiel bei der Bewerbung eines bestimmten Produktes den Interessenten nicht auf die Homepage des Unternehmens, sondern direkt auf die Produktseite (d. h. die Landing-Page). Hier kann er sich über das Produkt informieren und es auch gleich online kaufen. Die Möglichkeit zur Response ist ein wesentliches Element von Landing-Pages.

Layout

Die skizzierte Gestaltungsidee eines Werbemittels. Man unterscheidet zwischen Rohlayout (Scribble), bei dem die Verteilung von Bild, Text und anderen Gestaltungselementen in einer Grobskizze visualisiert wird, und dem (Edel-) Layout, bei dem mit Blindbildern, Blindtext, Farbfolien,

Farbpapieren usw. ein möglichst naturgetreues Bild des vorgesehenen Werbemittels erarbeitet wird.

Lead

Das Lead oder Lead-in ist der erste Absatz einer Pressemeldung. Es beantwortet in wenigen Sätzen die wichtigen W-Fragen und ist somit eine inhaltsgemäße Kurzfassung des eigentlichen Artikels.

M

Mailing

Werbemittel aus dem Bereich des Dialogmarketings. In erster Linie wird damit der klassische Verkaufsbrief bezeichnet. Meist beschränkt sich ein Mailing aber nicht auf diesen, sondern beinhaltet auch Prospekte, Response-Elemente usw. Auch Informationsschreiben, Einladungen und Versandhaus-Kataloge können Bestandteil eines Mailings sein.

Marketing

hat das Ziel, bestehende Absatzmärkte einer Ware zu erhalten, auszubauen und neue Märkte zu schaffen. Marketing bedeutet, alle Maßnahmen einer Unternehmung auf die Erfordernisse des Marktes auszurichten bzw. den Markt aktiv zu gestalten. So gehören zum Marketing u. a. Absatzpolitik, Marktforschung, Produkt- und Preispolitik, Public Relations, Verkaufsförderung, Verpackung, Werbung.

N

Nachrichtenfaktoren

Eine Art Index, mit dem Journalisten die Relevanz bzw. die Wichtigkeit eines Ereignisses bewerten. Ein Ereignis ist umso berichtenswerter, je mehr Nachrichtenfaktoren es bedient.

Newsletter

oder E-Mail-Newsletter sind meist werbliche E-Mails, die in regelmäßigen Abständen verschickt werden. Sie informieren den Leser über aktuelle Entwicklungen innerhalb eines Unternehmens oder einer Organisation. Newsletter sind kostenlos und dürfen nur an Empfänger versandt werden, die dem Erhalt zuvor explizit zugestimmt haben.

P

Prospekt

Kleinere, meist bebilderte Schrift (z.B. Faltblatt), die der Information und Werbung dient.

PS

Ausgeschrieben: „Postskriptum". Das PS ist der letzte Abschnitt eines Anschreibens, noch nach der Unterschrift. Heute ist es zwar längst nicht mehr nötig, aber gerade in Werbebrief und E-Mail gilt das PS als „Joker". Der Grund: Es ist oft der zuerst gelesene Absatz. Deshalb sollte hier ein Hauptvorteil oder eine positiv formulierte Aufforderung zur Reaktion platziert sein.

Public Relations

auch: Öffentlichkeitsarbeit, PR. Zielgerichtete Kommunikation, um ganze Prozesse der Kommunikation zu steuern und durch gezielte Informationsverbreitung zu lenken. Wichtigstes Instrument der Öffentlichkeitsarbeit ist die Pressemitteilung.

Q

Quelltext

Der Text, der Aufbau, Inhalt und Gestaltung einer Website bestimmt. Er wird vom Browser gelesen und in eine konkrete Darstellung umgesetzt. Quelltexte können unterschiedliche Skript- und Auszeichnungs-Sprachen enthalten.

QR-Code

QR-Codes (von engl. *Quick Response* – „schnelle Antwort") sind zweidimensionale Codes, die sich per Handy, Smartphone oder Tablet-PC einscannen lassen. Die dahinterliegenden Informationen, auf die sich so zugreifen lässt, sind vielfältig: Von (Produkt-)Videos über Mail-to-Links, elektronische Visitenkarten oder Geodaten ist fast alles möglich. Im Marketing inzwischen sehr verbreitet ist die kodierte Abbildung einer Web-Adresse, die auf eine Landing-Page mit weiterführenden Inhalten leitet – zum Beispiel in Zeitschriften, auf Flyern oder Werbeplakaten. Vorteil für den Leser: Das mühsame Abtippen der Internet-Adresse entfällt.

R

Response

Reaktion, Antwort, „Rücklauf" – das A und O des Dialogmarketings. Wenn mit dem Antwortelement nicht unmittelbar bestellt wird, sondern weitere Informationen angefordert werden, ist für die Beurteilung des Werbeerfolges nicht die reine Anforderungsquote maßgebend, sondern die „Umwandlungsrate".

RSS-Feed

RSS steht abgekürzt für „Really Simple Syndication". Via RSS kann man Websites und Blogs abonnieren. Gibt es einen neuen Eintrag auf einer abonnierten Seite, wird er im RSS-Reader (RSS-Feed) automatisch als ungelesen markiert und so hervorgehoben.

S

Social Media

Social Media ist der Oberbegriff für soziale Netzwerke und Netzgemeinschaften, die als Plattformen zum gegenseitigen Austausch von Meinungen und Erfahrungen dienen. Beispiele: Facebook, Twitter, XING.

T

Teaser

Ein Teaser (Anschreiber) stellt den ersten Kontakt zu einem Betrachter her. Im engen Sinn wird mit dem Teaser eine Werbebotschaft oder ein Produkt angekündigt. Dieses Marketing-Element muss deshalb die Aufmerksamkeit des potenziellen Kunden erregen (engl. *to tease* = „reizen") und seine Neugier am Thema wecken.

Testimonials

Referenzen, „Anerkennungsschreiben" bzw. entsprechende Aussagen von Kunden, die das angebotene Produkt gekauft haben, gehören zu den ältesten Werbeargumenten. Dennoch ist ihre Wirksamkeit auch heute ungebrochen – wie Tests immer wieder beweisen. Besonders erfolgreich sind Testimonials, die auf bestimmte Weise dargeboten werden, zum Beispiel als verkleinerte Ausgabe des Original-Schreibens oder mit einem Bild des zufriedenen Kunden. Eine große Rolle spielt dabei die Glaubwürdigkeit. Nichts ist schlimmer, als wenn durch unglaubwürdige Veröffentlichungen die angesprochenen Interessenten den Eindruck bekommen, es handle sich um unseriöse Tricks. Besonders wirkungsvoll: Testsiegel, Besprechungen Ihres Angebots aus der Presse, die Sie mit Quellenangabe in Ihr Werbemittel aufnehmen.

Tip-on-Card / Add-a-Card

Eine Postkarte, die auf eine Anzeige geklebt wird. Sie dient als zusätzliches Werbe-Element.

U

USP

<u>U</u>nique <u>S</u>elling <u>P</u>roposition – der einzigartige Verkaufs-vorteil oder Nutzen, der ein Angebot von allen Konkur-renzangeboten abhebt.

W

WDD

Mit Hilfe der <u>W</u>enn-<u>D</u>ann-<u>D</u>eshalb-Technik lässt sich ein Werbebrief ganz einfach strukturieren. Hier zeigt der erste Absatz ein Problem bzw. eine mögliche Lösung und beginnt mit dem Wörtchen „Wenn …". Der zweite Absatz beschreibt die Vorteile und steckt ein Ziel für den Leser. Er beginnt mit dem kleinen Wort „Dann …". Im dritten Absatz des Briefs geht's um die ganz konkreten Schritte, die der Leser tun muss, um diese Vorteile auch zu bekom-men. Ihre Beschreibung der notwendigen Schritte beginnt mit dem Wort „Deshalb …".

WDD+

Die Erweiterung der WDD-Technik. Hier kommt vor dem Deshalb-Absatz noch das Wörtchen „Weil …". In diesem Abschnitt beweisen Sie zum Beispiel mit Testimonials, warum es sich für den Leser lohnt, Ihr Angebot zu kaufen.

Weblog → *Blog*

Werbebrief

Ein naher Verwandter des persönlichen Briefes. Denn auch hier wird eine auf Papier fixierte Nachricht befördert, die eine für den Empfänger (persönliche) Nachricht enthält. Als Dialogmarketing-Instrument ist daher der Werbebrief wohl die persönlichste Form der Kontaktauf-nahme mit einem (potenziellen) Kunden.

Z

Zielgruppe

Die Adressaten, also alle bestehenden oder potenziellen Kunden, an die eine bestimmte Marketing-Aktion gerichtet ist. Bei der Planung und Konzeption einer Werbeaktion besteht einer der ersten Schritte darin, die Zielgruppe genau zu definieren. Dadurch kann die Response-Quote sehr stark erhöht werden.

Ihre Notizen:

....

....

Literatur-Verzeichnis

Duden: Briefe gut und richtig schreiben! Ratgeber für richtiges und modernes Schreiben. 4., überarbeitete und erweiterte Auflage. Bearbeitet von der Dudenredaktion. Mannheim: Bibliografisches Institut & F. A. Brockhaus AG, 2006.

Gottschling, Stefan: Werbebriefe einfach machen! Das So-geht's-Buch® für verkaufsstarke Briefe. 4., überarbeitete und erweiterte Auflage. Augsburg: SGV Verlag, 2013.

Gottschling, Stefan: Die Redigiertafel. Augsburg: SGV Verlag, 2012.

Gottschling, Stefan: SGV Workbook „Pressearbeit einfach machen!". So geht erfolgreiche PR heute. Augsburg: SGV Verlag, 2012.

Gottschling, Stefan: SGV Workbook „Briefe optimieren". In 30 Tagen zum perfekten Werbebrief. Augsburg: SGV Verlag, 2011.

Gottschling, Stefan (Hrsg.): Online-Marketing-Attacke. Das So-geht's-Buch® für messbar mehr Verkäufe im Internet. Augsburg: SGV Verlag, 2010.

Gottschling, Stefan: Lexikon der Wortwelten. Das So-geht's-Buch® für bildhaftes Schreiben. 3., überarbeitete und erweiterte Auflage. Augsburg: SGV Verlag, 2010.

Gottschling, Stefan: Einfach besser texten. 4., überarbeitete Auflage. Wiesbaden: Gabal, 2010.

Gottschling, Stefan (Hrsg.): Marketing-Attacke. Das So-geht's-Buch® für messbar mehr Verkäufe. 2. Auflage. Augsburg: SGV Verlag, 2009.

Gottschling, Stefan: Stark texten, mehr verkaufen. Kunden finden, Kunden binden mit Mailing, Web & Co. 3., erweiterte Auflage. Wiesbaden: Gabler, 2008.

Gottschling, Stefan: Was uns in den Kopf will und was nicht oder was Ihr Text tun kann, damit er schneller ankommt. In: Winter, Jörn (Hrsg.): Handbuch Werbetext. 3., erweiterte Auflage. Frankfurt/Main: Deutscher Fachverlag, 2008.

Gottschling. Stefan / Rechenauer, Hannes: Direktmarketing. München: Manz Verlag, 1994.

Reiners, Ludwig: Stilfibel. Der sichere Weg zum guten Deutsch. 3. Auflage. München: Deutscher Taschenbuch Verlag, 2011.

Schneider, Wolf: Deutsch für Kenner. Die neue Stilkunde. 7. Auflage. München: Piper, 2011.

Schneider, Wolf: Deutsch für Werber. Bonn: VDZ-Edition Publikumszeitschriften, 1997.

Sick, Bastian: Der Dativ ist dem Genitiv sein Tod. Folgen 1-3. Köln: Kiepenheuer & Witsch, 2004 / 2005 / 2006.

Textor, A. M.: Sag es treffender. 43. Auflage. Reinbek: Rowohlt Taschenbuch Verlag, 2002.

Die Literaturliste ist ein kleiner Ausschnitt der vielen Informationen, die hier eingeflossen sind. Sie soll einfach zum Lesen anregen. Internet-Quellen sind nicht genannt, da sonst lange Linklisten folgen müssten. Stellvertretend dafür finden Sie hier die Web-Adressen wichtiger Verbände:

- DDV Deutscher Dialogmarketing Verband e. V.: www.ddv.de
- BVDW Bundesverband Digitale Wirtschaft e. V.: www.bvdw.org
- eco Verband der deutschen Internetwirtschaft e. V.: www.eco.de
- BPWD Bundesverband professioneller Werbetexter Deutschland e. V.: www.bpwd.de

Danke

Dieses Buch ist Teamwork. Viele Hände und Köpfe waren an seiner Fertigstellung beteiligt. Ein großes Danke an ein großartiges Team. Ganz besonders an Kristina Würz und Sonja Röhsler. Sie hätten hier eine lange Aufzählung verdient: für all die schönen, aber auch schwierigen Jobs in Redaktion, Satz und Korrektur. Sie haben mit mir aus einer Idee und einem Manuskript erst dieses Buch gemacht. Danke an Michael Hewuszt für Redaktions- und Social-Media-Input und an Susanne Brem und Philipp Müller, die uns im Finishing als helfende Hände unterstützten. Ebenfalls ein großes Danke an Heinz Pichler für die geniale Umsetzung unserer Cover-Idee. Und: Danke an alle Seminarteilnehmer, Kunden, Freunde, Kollegen und an den Texterclub auf Facebook. Für Fragen, Ideen und viel, viel Inspiration.

Der Textertipp – und Ihr Texterbuch wächst weiter ...

Als Service für meine Leser schreibe ich alle zwei Wochen einen neuen Textertipp. Melden Sie sich einfach unter www.sgv-verlag.de für diesen **kostenlosen E-Mail-Service** an. Immer mit dabei: spannende Text-Themen, konkrete Praxishilfen oder Techniken, die Ihre Texte weiter verbessern. Garantiert praktisch und sofort umsetzbar. Außerdem erfahren Sie rechtzeitig von Subskriptionspreisen für Neuerscheinungen aus dem SGV Verlag, von exklusiven Rabatten auf Texterclub-Seminare und vielen weiteren Vorteilen. Einfach anmelden – und Ihr Texterbuch wächst und wächst und wächst ...

Ihre Notizen:

....

....

Stichwort-Verzeichnis

Der Autor

 Stefan Gottschling ist erfahrener Autor, Trainer, Berater und Texter aus Leidenschaft. Er ist Geschäftsführer des Texterclubs und des SGV Verlags sowie im Vorstand des IMW (Institut für messbare Werbung und Verkauf) und des BPWD (Bundesverband professioneller Werbetexter Deutschland e. V.). Der Dialogmarketing-Experte mit hoher Reputation im Markt gilt als einer der führenden Spezialisten für verkaufsstarke Texte und Konzepte.

Gottschling war mehrere Jahre als Texter und Kreativchef in einem Fachverlag tätig und berät noch heute zahlreiche Verlagsunternehmen. Als Geschäftsführer seiner Print- und Multimedia-Agentur erhielt er den deutschen PR-Preis, war Gründungsgesellschafter der Textakademie GmbH und dort lange Zeit Geschäftsführer. Viele Tausend begeisterte Zuhörer haben bis heute seine Texterseminare und Vorträge besucht.

Doch Kommunikation ist mit Social Media und Web 2.0 wesentlich dynamischer geworden. Auch das Lernen hat sich verändert. Deshalb gründete er 2011 den Texterclub, der als Seminaranbieter, Social-Media-Plattform und Kompetenz-Center Lernsysteme entwickelt und zahlreiche Wissensangebote bereitstellt.

Gottschling hat zahlreiche Fachbücher und Fachbeiträge veröffentlicht. Seine Bücher über das Texten gehören zu den Standardwerken der Texter-Ausbildung. Mit dem „Textinspektor" entwickelte er ein einfaches Werkzeug zur Qualitätssicherung und betreibt mit dem Texterclub auf Facebook eine Social-Media-Plattform für Texter. Seine Seminare hören Sie seit Anfang 2013 exklusiv in der Akademie des Texterclubs: www.texterclub.de.

Weiter im Text ...

... geht es auf der Website des SGV Verlags und mit den Büchern von Stefan Gottschling.

Alle Infos zu Büchern, Workbooks, Texter-Tools und anderen Produkten aus dem SGV Verlag finden Sie unter www.sgv-verlag.de.

Online-Shop: www.sgv-verlag.de/sgvshop
Bestell-Telefon: +49 821 / 650 380 5
Bestell-E-Mail: shop@sgv-verlag.de

Bücher & Textwerkzeuge von Stefan Gottschling

Der Crashkurs PR:
Multimediales Kompaktseminar zur Pressearbeit

Multimediales Trainings-programm für erfolgreiche PR. Inklusive E-Mail-Coaching, Online-Vorlesung und Teilnahme-Zertifikat!

Presse- und Öffentlichkeitsarbeit will gelernt sein! Denn mehr denn je zählt es heute, wie sich Unternehmen in der Öffentlichkeit präsentieren. Um Sie optimal vorzubereiten, haben wir den „Crashkurs PR" entwickelt. Und der hat es in sich: mit Büchern, Coaching-Mails, Texter-Tool und Online-Vorlesung. Hier bekommt jeder, der Pressemeldungen schreibt, das nötige Rüstzeug. Mit vielen spannenden Übungsaufgaben, Praxis-Beispielen und Experten-Tipps.

Ein multimediales Kompaktseminar für erfolgreiche PR. Fundiert, abwechslungsreich und praxisorientiert.

Werbebriefe einfach machen!
Das So-geht's-Buch® für verkaufsstarke Briefe

Was macht Werbebriefe erfolgreich? Welche Techniken führen den Leser zur Reaktion? Die Antwort gibt Stefan Gottschling in seinem Standardwerk „Werbebriefe einfach machen!". Jetzt neu in der 4., überarbeiteten und erweiterten Auflage.

Werbebriefe haben ein klares Ziel: Sie wollen eine Reaktion auslösen. Der Leser soll sagen: „Ja, ich bestelle!" Dieses Buch liefert viele konkrete Ansatzpunkte zur Optimierung Ihrer gesamten schriftlichen Kommunikation.

„Der derzeit mit Abstand beste Ratgeber für Werbebriefe (und Mailings). Umfassend, auf den Punkt geschrieben, übersichtlich gegliedert, praxisgerecht, und: für jedermann verständlich und nachvollziehbar."
(Claus Mayer, gkk DialogGroup GmbH)

Lexikon der Wortwelten
Das So-geht's-Buch® für bildhaftes Schreiben

Wenn Lesen „Fernsehen im Kopf" ist, dann liefert dieses Buch die Anleitung und Werkzeuge für „Filmemacher" dazu! Denn das Lexikon der Wortwelten ist eine thematisch gegliederte Sammlung von bildhaften Wörtern und Wendungen. In 23 Kapiteln wie Sport, Seefahrt oder Musik drängt sich eine Flut von Sprachbildern und will losgelassen werden.

Bereits in der 4., erweiterten Auflage!

Das Lexikon eignet sich für alle, die kräftige Einstiege oder die passende Metapher suchen oder Wortwelten als Kreativkick gegen Schreibblockaden nutzen. Ein unterhaltsames und nützliches Buch, das sich schnell unentbehrlich macht.

„Ein Must-have, mit dem Sie Stilbrüche vermeiden und Schreibblockaden überwinden können."
(W&V – Werben und Verkaufen)

„Kauf mich!"-Kommunikation:
Verführen, verzaubern, verkaufen. Ein So-geht's-Buch®

„Verkauf" wird heute ganzheitlich verstanden. Und doch – kaum einer erwähnt dieses Wort. Den Weg, durch den eine Ware oder Dienstleistung zum Kunden kommt, beschreiben wir mit vielen Fachbegriffen. Und kennzeichnen damit unterschiedliche Wegmarken: Social-Media-Marketing, Database-Marketing, Crossmedia-Marketing ... Aber wie trimmt man die auf Verkauf?

Herausgeber Stefan Gottschling hat 21 ausgewiesene Experten aus Wissenschaft und Praxis mobilisiert, die sagen, wie's geht und wohin der Trend führt: Über 200 ganz konkrete Tipps und 100 größte Fehler zeigen, wie Verkauf heute wirklich funktioniert!

Texter-Tools:
Ihr praktischer Werkzeugkasten zur Text-Optimierung

Texter-Tools sind die perfekten Helfer für Ihren Schreibtisch: praktisch, informativ und 100% Klartext. Ein Werkzeugkasten, der immer weiter wächst. Die laminierten Tafeln im A4-Format liefern jede Menge kompaktes Texter-Wissen. Damit optimieren Sie Ihre Texte systematisch und schnell.

Diese und weitere Themen warten auf Sie:

- Redigieren: Einfach besser schreiben!
- Grammatik: Was ist was?
- Rechtschreibung: Die größten Zweifelsfälle
- Wortwelten: Sprachbilder für Text-Profis
- Zitieren: Die wichtigsten Regeln
- PR: Tipps und Tricks für erfolgreiche Pressemeldungen

Noch weiter im Text …

… geht's in den Original-Texterseminaren von Stefan Gottschling

Zum Beispiel mit den beiden Ganztages-Seminaren „Texten 1 & 2": Erleben Sie anhand vieler Übungen und konkreter Beispiele, wie Sie mit starken Texten mehr verkaufen. Sehr praxisnah, mit viel Spaß und fundierten Werkzeugen arbeiten Sie auch an eigenen Texten. Dabei wird Ihre ausführliche Seminar-Unterlage zum maßgeschneiderten Arbeitsbuch.

 Mehr zum Thema gibt's hier im Video.

www.sgv-verlag.de/texterseminare.html

„Texten 1" führt Sie Schritt für Schritt in den Schreibprozess. Blickverläufe und Textstrukturen? Sie konzipieren ganz sicher. Schreibblockaden? Überwinden Sie spielend. Stilfragen? Klare Regeln helfen. Schon am ersten Tag entdecken Sie viele Optimierungschancen und profitieren von starken Textwerkzeugen. Mit den gelernten Techniken schreiben Sie überzeugende Texte, bewegen sich in unterschiedlichen Tonalitäten und beurteilen sofort die Textqualität.

Sie verbessern weiter, entwickeln wirksame Headlines und klare Argumente. Hier liegt der Schwerpunkt von „Texten 2". Auch Briefings und die langfristige Qualitätssicherung von Texten erhalten neue Impulse. Werkzeuge wie das praktische Redigiersystem zeigen sofort Ihr Verbesserungspotenzial. Texteinstiege gelingen spielend, Sie schreiben schnell und verkaufsstark. Und so ganz nebenbei nehmen Sie Werkzeuge und viele Argumente mit, um Ihre Texte überzeugend zu präsentieren.

Alle Infos und Termine sowie weitere spannende Seminarthemen rund um Marketing, Text und Kommunikation finden Sie unter www.texterclub.de.

Wir freuen und auf Ihren Besuch!

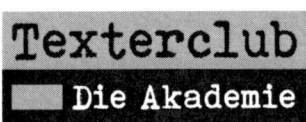

Viele weitere kostenlose Text-Services

Der Textertipp von Stefan Gottschling

 Alle zwei Wochen erhalten Sie praktische Gratis-Infos rund um die Themen Verkaufstext, Marketing und Kommunikation. Außerdem gibt's immer wieder spannende Gewinnspiele, exklusive Leseproben, Rabatte auf Bücher und Texterseminare und vieles mehr. Gleich registrieren unter texterclub.de.

Der Texterclub auf Facebook

 Ihr direkter Draht für alle Fragen rund um den (Werbe-)Text. Hier finden Sie aktuelle, nützliche und unterhaltsame Infos und Inhalte – und immer wieder was zu gewinnen. Jetzt Fan werden unter facebook.de/texterclub.

Textertipps in 140 Zeichen

 Jeden Tag neu, immer praktisch: der tägliche Textertipp auf Stefan Gottschlings Twitter-Kanal. Gleich folgen unter twitter.com/texterclub.

Wie verständlich ist Ihr Text?

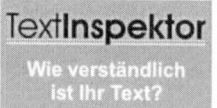 Dieses kostenlose Online-Tool zeigt, wie verständlich Ihr Text ist, und deckt Schwächen in Satz- oder Wortlängen auf. Ganz einfach und mit wenigen Klicks – auf textinspektor.de.

Ihre Notizen:

....

....

Ihre Gutscheine

einlösbar unter
sgv-verlag.de/sgvshop

Gleich einlösen und bis zu 20 Euro sparen!

Werbebriefe einfach machen!

Sie sparen 3 Euro!

Regulärer Preis: 19,80 €

Ihr Gutschein-Code: 2wem3t!

Lexikon der Wortwelten

Sie sparen 3 Euro!

Regulärer Preis: 29,90 €

Ihr Gutschein-Code: 2ww3t!

„Kauf mich!"-Kommunikation

Sie sparen 3 Euro!

Regulärer Preis: 39,00 €

Ihr Gutschein-Code: kmk3t!

Die Texter-Tools

Sie sparen 1 Euro!

Regulärer Preis: 9,80 €

Ihr Gutschein-Code: ttb1t!

Marketing-Attacke

Sie sparen 1 Euro!

Regulärer Preis: 26,90 €

Ihr Gutschein-Code: 2maa3t!

Rechtschreibung!

Sie sparen 2 Euro!

Regulärer Preis: 25,00 €

Ihr Gutschein-Code: res2t!

PR – Das Trainingsbuch

Sie sparen 3 Euro!

Regulärer Preis: 69,- €

Ihr Gutschein-Code: prb3t!

Der Texterclub-Becher

Sie sparen 1 Euro!

Regulärer Preis: 7,90 €

Ihr Gutschein-Code: 2tbe1t!

Die Texterclub-Tasche

Sie sparen 3 Euro!

Regulärer Preis: 29,90 €

Ihr Gutschein-Code: tta3t!

---

* Nur gültig in Zusammenhang mit dem Kauf des jeweiligen Produkts im Online-Shop des SGV Verlags. Keine Barauszahlung möglich. Es kann nur jeweils ein Gutschein-Code pro Person und Produkt eingelöst werden. Nicht mit anderen Rabatten kombinierbar.